O MÉTODO FORMAL NOS ESTUDOS LITERÁRIOS

INTRODUÇÃO CRÍTICA
A UMA POÉTICA SOCIOLÓGICA

Conselho Acadêmico
Ataliba Teixeira de Castilho
Carlos Eduardo Lins da Silva
Carlos Fico
Jaime Cordeiro
José Luiz Fiorin
Tania Regina de Luca

Proibida a reprodução total ou parcial em qualquer mídia
sem a autorização escrita da editora.
Os infratores estão sujeitos às penas da lei.

Consulte nosso catálogo completo e últimos lançamentos em **www.editoracontexto.com.br**.

PÁVEL NIKOLÁIEVITCH MEDVIÉDEV

CÍRCULO DE BAKHTIN

O MÉTODO FORMAL NOS ESTUDOS LITERÁRIOS

INTRODUÇÃO CRÍTICA
A UMA POÉTICA SOCIOLÓGICA

Tradução
Ekaterina Vólkova Américo
Sheila Camargo Grillo

Copyright © 2010 Iuri Pávlovitch Medviédev

Todos os direitos desta edição reservados à
Editora Contexto (Editora Pinsky Ltda.)

Montagem de capa e diagramação
Gustavo S. Vilas Boas

Preparação de textos
Daniela Marini Iwamoto

Revisão
Evandro Lisboa Freire

Dados Internacionais de Catalogação na Publicação (CIP)
(Câmara Brasileira do Livro, SP, Brasil)

Medviédev, Pável Nikoláievich, 1891-1938.
O método formal nos estudos literários : introdução crítica a uma poética sociológica / Pável Nikoláievich Medviédev ; tradutoras Sheila Camargo Grillo e Ekaterina Vólkova Américo. – 1. ed., 1ª reimpressão. – São Paulo : Contexto, 2018.

Título original: Formálnyi miétod v literaturoviédenii.
Bibliografia.
ISBN 978-85-7244-725-6

1. Crítica 2. Formalismo (Análise literária)
3. Literatura – História e crítica 4. Poética I. Título.

12-05845   CDD-801.95

Índices para catálogo sistemático:
1. Crítica literária 801.95

2018

EDITORA CONTEXTO
Diretor editorial: *Jaime Pinsky*

Rua Dr. José Elias, 520 – Alto da Lapa
05083-030 – São Paulo – SP
PABX: (11) 3832 5838
contato@editoracontexto.com.br
www.editoracontexto.com.br

Sumário

Apresentação
Importância e necessidade da obra
O método formal nos estudos literários:
introdução a uma poética sociológica (Beth Brait) 11

Prefácio
A obra em contexto:
tradução, história e autoria (Sheila Camargo Grillo) 19

Nota das tradutoras 39

PRIMEIRA PARTE
OBJETO E TAREFAS DOS ESTUDOS LITERÁRIOS MARXISTAS

CAPÍTULO PRIMEIRO
A ciência das ideologias e suas tarefas imediatas 43

    A especificação como o problema imediato
        fundamental da ciência das ideologias 43

    A crise da "filosofia da cultura" idealista
        e do positivismo nas ciências humanas 45

    O problema da síntese de uma visão de mundo filosófica
        com o caráter objetivo e concreto de um estudo histórico 47

    O caráter concreto e material do mundo ideológico 48

    Duas séries de problemas imediatos da ciência das ideologias 50

O problema do material ideológico organizado 51
O significado e o material. O problema de suas relações 54
O problema das formas e tipos de comunicação ideológica 55
Conceito e significado de meio ideológico 56

CAPÍTULO SEGUNDO
As tarefas imediatas dos estudos literários 59
O reflexo do meio ideológico no "conteúdo" de uma obra literária ... 59
Os três erros metodológicos fundamentais da crítica
  e da história da literatura russa 61
A crítica literária e o "conteúdo" 63
Tarefas da história da literatura em relação ao "conteúdo" 64
O reflexo do horizonte ideológico
  e a estrutura artística na obra literária 65
O "conteúdo" da literatura
  como problema da estética e da poética 68
O problema do distanciamento e do isolamento 69
Objeto, tarefas e métodos da história da literatura 71
Objeto, tarefas e método da poética sociológica 75
O problema do "método formal" nos estudos literários 82

SEGUNDA PARTE
UMA CONTRIBUIÇÃO À HISTÓRIA DO MÉTODO FORMAL

CAPÍTULO PRIMEIRO
A corrente formal nos estudos da arte da Europa Ocidental 87
O formalismo da Europa Ocidental e da Rússia 87
Premissas históricas do desenvolvimento
  do formalismo da Europa Ocidental 88
O horizonte ideológico geral do formalismo da Europa Ocidental 90

A direção fundamental do formalismo da Europa Ocidental 91
As tarefas construtivas da arte 92
Os meios da representação e da técnica 93
A dimensão ideológica da forma 95
O problema da visibilidade 97
A "história da arte sem nomes" 97
A corrente formal na poética 100

CAPÍTULO SEGUNDO
O método formal na Rússia 103
As primeiras manifestações do formalismo russo 103
Contexto histórico do aparecimento
  e do desenvolvimento do método formal na Rússia 104
A orientação do método formal para o futurismo 107
A tendência do formalismo ao niilismo 111
A deturpação da construção poética por seu tratamento negativo 113
O conteúdo positivo dos primeiros trabalhos formalistas 115
Os resultados do primeiro período 116
O segundo período do desenvolvimento do formalismo 118
A situação contemporânea do método formal 122
As causas da deterioração do formalismo 124

TERCEIRA PARTE
O MÉTODO FORMAL NA POÉTICA

CAPÍTULO PRIMEIRO
A linguagem poética como objeto da poética 131
O método formal como um sistema unificado 131
Os elementos fundamentais da doutrina formalista 132
A linguagem poética como um sistema linguístico especial 137

A linguagem poética e a construção da obra literária..................140
Poética e linguística..................143
Resultados da análise metodológica
    sobre o problema da linguagem poética..................144
O método apofático para a definição
    das particularidades da linguagem poética..................145
A linguagem poética como reverso da linguagem prática..................147
Abstração científica e negação dogmática..................149
O método apofático na história da literatura..................151
O problema da linguagem cotidiana e prática..................151
A linguagem cotidiana e prática nos formalistas..................153
A compreensão formalista da criação..................156
O estado atual do problema da linguagem poética nos formalistas..................157
O problema do som na poesia..................158

CAPÍTULO SEGUNDO
O material e o procedimento como componentes da construção poética..................165
A "palavra transmental" como o limite
    ideal da construção poética..................165
O desenvolvimento do enredo..................167
O material como motivação ideologicamente
    indiferente do procedimento..................170
A construção do *skaz*..................172
"O material e o procedimento" como
    o avesso de "conteúdo e forma"..................173
O significado construtivo dos elementos do material..................174
A crítica da doutrina dos formalistas
    sobre o material e o procedimento..................176
O segundo conceito de "material" em Tyniánov..................180

A correta colocação do problema da construção poética 181
A avaliação social e seu papel 183
A avaliação social e o enunciado concreto 186
A avaliação social e construção poética 189

CAPÍTULO TERCEIRO
Os elementos da construção artística 193
O problema do gênero 193
A dupla orientação do gênero na realidade 195
A unidade temática da obra 196
O gênero e a realidade 198
Uma crítica à teoria formalista dos gêneros 200
O problema do protagonista 202
Tema, fabulação e enredo 204
Conclusões 206

QUARTA PARTE
O MÉTODO FORMAL NA HISTÓRIA DA LITERATURA

CAPÍTULO PRIMEIRO
A obra de arte como um dado externo à consciência 211
A exterioridade da obra artística em relação
    ao horizonte ideológico na doutrina do formalismo 211
A teoria da percepção dos formalistas 215
A teoria da percepção e a história 217
A separação formalista da comunicação social real 218
A dialética do "externo" e do "interno" 220
O problema da convenção artística 222
O centro de valores do horizonte ideológico da época
    como o principal tema da literatura 224

CAPÍTULO SEGUNDO
A teoria formalista do desenvolvimento histórico da literatura............227
    O conceito formalista da sucessão histórico-literária........................227
    A premissa psicofisiológica
        do desenvolvimento histórico-literário...229
    O esquema da evolução literária..231
    A ausência da compreensão efetiva
        da evolução na doutrina formalista..233
    A lei de "automatização-perceptibilidade"
        como base do formalismo..235
    O material ideológico na história da literatura..................................238
    O caráter lógico e analítico da percepção artística
        na concepção dos formalistas...239
    A ausência da categoria do "tempo histórico"
        na história formalista da literatura...240
    A história como ilustração da teoria...241
    O formalismo e a crítica literária..242

Conclusão..245

Pável Nikoláievitch Medviédev: nota biográfica.............................247
(Iuri Pávlovitch Medviédev)

Bibliografia de Pável Nikoláievitch Medviédev...............................257
(Iuri Pávlovitch Medviédev)

As tradutoras...269

APRESENTAÇÃO

Importância e necessidade da obra O *método formal nos estudos literários: introdução a uma poética sociológica*

Beth Brait

> *Mas a prosa ficcional devora tudo o que encontra pela frente e é capaz de assimilar vários tipos de discurso não ficcional – carta, diários, depoimentos, até mesmo listas – e adaptá-los a seus propósitos específicos.*
> David Lodge

Os estudos advindos do que se denomina, hoje, *pensamento bakhtiniano* envolvem os trabalhos produzidos, ao longo de várias décadas, por Mikhail Bakhtin (1895-1975) e outros intelectuais russos: Valentin N. Volóchinov (1895-1936); Pável N. Medviédev (1891-1938); Matvei I. Kagan (1889-1937); Lev V. Pumpiánski (1891-1940); Ivan I. Sollertínski (1902-1944); M. Iúdina (1899-1970); K. Váguinov (1899-1934); B. Zubákin (1894-1937). O conhecimento produzido em diálogo intelectual por esses cientistas/literatos, filólogos, filósofos/professores/artistas integra o que pesquisadores contemporâneos denominam, não sem polêmica, *Círculo (de Bakhtin)*. Se a abertura de arquivos e a profusão de trabalhos desses pensadores levam os estudiosos contemporâneos a ampliar as reflexões sobre a produtividade dos conhecimentos por eles construídos e, ainda, à tentativa de especificar a participação maior, menor, ou exclusiva de cada um deles em determinados estudos, é verdade inequívoca que a postura diferenciada em relação à linguagem – constantemente em polêmica com tendências de peso, caso do estruturalismo e do formalismo, por exemplo – fez história para além da Rússia.

A partir, especialmente, da maneira como as traduções realizadas no Ocidente influíram nos estudos linguísticos, literários e, também, sobre diferentes ramos das ciências humanas, inaugurou-se a *era bakhtiniana*, cuja marca indelével é oferecer elementos, em confluência interdisciplinar, para a reflexão *sui generis* sobre a linguagem em uso, artístico ou cotidiano, sobre as relações constitutivas existentes entre linguagem, sujeitos, sociedades, culturas. Atualmente, diferentes teorias e análises do discurso, assim como a Linguística Aplicada, a Teoria Literária e os estudos da comunicação, para compor um leque reduzido, remetem e/ou referem-se à *concepção bakhtiniana de linguagem*, dela se utilizando com diferentes objetivos e com importantes consequências para seus horizontes teóricos e metodológicos.

E essa história, no ponto que chegou, não tem possibilidade de ser apagada ou interrompida. A concepção bakhtiniana da linguagem está aí, dada pelo conjunto das obras e suas traduções. Seria como não reconhecer, depois do conhecimento de Saussure para além do *Curso de linguística geral*, que foi esta obra que criou a Linguística como ciência, disciplina, definindo seus objetivos e métodos, diferenciando-a de outras ciências que tinham na língua e na linguagem apenas uma referência, e não um objeto exclusivo.

Na verdade, os trabalhos e suas traduções, se por um lado deixam ver que algumas obras são indiscutivelmente de Bakhtin, assinadas por ele em todas as edições russas e nas traduções (caso, por exemplo, de *Problemas da poética de Dostoiévski*, *A cultura popular na Idade Média e no Renascimento: o contexto de François Rabelais* e das coletâneas póstumas *Estética da criação verbal* e *Questões de literatura e de estética: a teoria do romance*), em outras (como *Marxismo e filosofia da linguagem: problemas fundamentais do método sociológico na ciência da linguagem* [MFL] e *O método formal nos estudos literários: introdução crítica a uma poética sociológica* [MFEL]), para ficarmos apenas em duas, as assinaturas oscilam: um dos nomes – MFL: Bakhtin ou Volóchinov; os dois: Bakhtin e Volóchinov, Volóchinov e Bakhtin; em MFEL, acontece coisa semelhante, sendo a combinatória Bakhtin/Pável Medviédev e, na última edição francesa (2008), Pável Medviédev/Cercle de Bakhtine. Até o momento, sem estudos suficientes para resolver com fundamentos científicos o enigma das assinaturas disputadas, resta reconhecer que as obras em seu conjunto, e não os autores empíricos, é que impulsionam essa nova maneira já histórica, mas não esgotada, de enfrentar a linguagem e suas produtivas consequências para as ciências humanas.

No Brasil, o *pensamento bakhtiniano*, reconhecido como resultado do envolvimento de Mikhail Bakhtin com outros intelectuais russos, tem grande alcance no meio acadêmico, como comprovam vários núcleos de estudos atuantes desde a década de 1980, grande número de artigos, coletâneas, livros autorais publicados, traduções, um periódico científico, *Bakhtiniana: Revista de Estudos do Discurso*, a presença em documentos oficiais de orientação de ensino/aprendizagem. Apesar dessa participação ativa nas reflexões sobre a linguagem, e contando com o papel decisivo, em especial, das traduções de Paulo Bezerra, não se tinha até o momento a versão para o português de *O método formal nos estudos literários: introdução crítica a uma poética sociológica* (MFEL). Agora ela vem a público, realizada a partir do russo por Sheila Camargo Grillo e Ekaterina Vólkova Américo.

A importância e a oportunidade desse acontecimento editorial, com consequências muito positivas para os estudos bakhtinianos no Brasil, podem ser evidenciadas de várias maneiras. Em primeiro lugar, é necessário observar que a iniciativa é de uma linguista/estudiosa do Discurso, professora de graduação e pós-graduação na FFLCH/USP, participante do GT/Anpoll *Estudos Bakhtinianos*, líder do GP/CNPq/USP *Grupo de Estudos do Discurso*; membro do GP/CNPq *Linguagem, identidade e memória*, atividades acadêmico-científicas que atestam a coerência de sua pesquisa em torno das obras do Círculo. Há alguns anos dedica-se ao estudo da língua russa, para poder consultar as obras do Círculo no original, tendo estagiado na Rússia em dois momentos para aperfeiçoamento da língua e pesquisa em arquivos. Coerente com seus princípios científicos, Sheila Camargo Grillo chamou para compartilhar a tradução de *O método formal nos estudos literários: introdução crítica a uma poética sociológica* a professora de russo, falante nativa, Ekaterina Vólkova Américo.

Se os aspectos anteriores credenciam a tradutora, a obra escolhida referenda sua perspicácia para as necessidades brasileiras de conhecimento de trabalhos do Círculo. Trata-se de estudo publicado em 1928, conhecido pelos brasileiros a partir das versões para a língua inglesa e para a língua espanhola, notabilizado pelo diálogo polêmico com a importante vertente dos estudos literários: o *formalismo russo*. Da mesma maneira que outras obras dos anos 1920 instauram o estruturalismo, a estilística, o freudismo, a psicologia e o marxismo ortodoxo como interlocutores, na busca de reflexões inovadoras e diferenciadas sobre a linguagem, *O método formal nos estudos literários: introdução crítica a uma poética sociológica* encarrega-se da reflexão sobre a questão literária, no que diz respeito a seus métodos e à necessidade de uma perspectiva sociológica, dimensão que interliga os diversos estudos do Círculo, incluindo a obra sobre Dostoiévski, o livro *O freudismo*, e *Marxismo e filosofia da linguagem*.

A delicada e espinhosa questão da autoria desse trabalho – Pável Medviédev? M. Bakhtin? Medviédev e Bakhtin? – é discutida pela tradutora no "Prefácio". Com base em consultas a bibliotecas de Moscou, e também em longas conversas com professores russos, estudiosos do pensamento bakhtiniano e com o filho de Pável Medviédev, Iuri Medviédev, as informações são trazidas para o leitor brasileiro sem paixão, radicalismos ou última palavra: o problema é apresentado de acordo com o ponto em que se encontra nas pesquisas, isto é, sem unanimidade.

O leitor encontrará, ao longo dos capítulos que obedecem à ordem original do texto russo, notas esclarecedoras que, muitas vezes, dizem respeito à escolha de palavras e expressões, ou ainda a importantes fontes para a compreensão do trabalho em russo e em português.

Se a obra como um todo é fundamental para que os leitores brasileiros conheçam aspectos importantes do *formalismo russo*, tendência bastante estudada até o final dos anos 1980, não para ser aplicada, mas para refletir a importância das artes e de seus estudos, e, ainda, de que maneira esse movimento é enfrentado pelo Círculo, é o capítulo "Os elementos da construção artística", que contribui para uma concepção de gênero fundada na ideia de que a linguagem se materializa por meio de enunciados concretos articulando "interior" e "exterior", viabilizando a noção de sujeito histórica e socialmente situado. Nessa obra, em que a criação artística é vista como a combinação de elementos vinculados à comunicação ideológica social e à compreensão temática da realidade, esse capítulo, subdividido em oito partes, trata especificamente de gênero.

Embora os títulos, da obra e dos capítulos, sugiram a ideia de estudos exclusivamente literários, a discussão passa por questões fundamentais para a compreensão do gênero do discurso de forma geral. Se a interlocução se dá com os formalistas russos, o leitor de hoje precisa conhecer essa forte tendência dos estudos da linguagem para compreender que, como nos demais trabalhos do Círculo, especialmente os produzidos na década de 1920, há sempre uma espécie de resposta a importantes pensadores da linguagem, cujos traços fundamentais são recuperados e problematizados a partir de uma nova visão sobre o tema. Sem entender a importância dos formalistas russos, fica difícil compreender os principais argumentos apresentados por Medviédev para fundamentar um novo conceito de gênero.[1]

Ao afirmar, por exemplo, que os formalistas *não compreenderam a importância dos gêneros*, quando estes devem ser o ponto de partida da Poética, Medviédev constrói o contexto teórico-metodológico em que a proposição sobre gênero estará ancorada, contrapondo-se ao estudo do gênero entrevisto unicamente por meio dos elementos formais da língua e propondo sua compreensão a partir da *totalidade* da obra/enunciado. Importante observar, de imediato, um primeiro traço que caracteriza o conjunto dos trabalhos do Círculo sobre gênero e que está aqui destacado: sem dispensar os aspectos formais da língua, eles propõem a articulação necessária com um novo ponto de vista, isto é, com a totalidade do enunciado.

Oferecendo uma fina discussão teórica e metodológica, o capítulo vai construindo definições de forma a explicitar aspectos essenciais à compreensão de gênero do discurso, que, ao final, poderia ser resumido da seguinte maneira: *o gênero emerge da totalidade concluída e solucionada do enunciado, que é o ato realizado por sujeitos organizados socialmente de uma determinada maneira. Trata-se de uma totalidade temática, orientada pela realidade circundante, marcada por um tempo e um espaço.* É importante destacar, aqui, o sentido de *enunciado* como *todo* que articula interior/exterior, que o autor reitera em outros momentos, e que coincide com os demais trabalhos do Círculo.

Dentre as características de gênero do discurso merece atenção, ainda, a ideia de que o gênero se define a partir de uma *dupla orientação na realidade*. Esse aspecto reitera a ideia presente em todos os trabalhos do Círculo, ou seja, para conceber gênero é necessário considerar as circunstâncias temporais, espaciais, ideológicas que orientam o discurso e o constituem, assim como os elementos linguísticos, enunciativos, formais que possibilitam sua existência. A primeira orientação é considerada a partir da exterioridade implicada no gênero, ou seja, relacionada à vida, no que diz respeito a tempo, espaço e esfera ideológica a que o gênero se filia. Compreende-se, assim, que o *enunciado como totalidade* se produz em um espaço e em um tempo reais, podendo ser oral ou escrito, implicando a existência de um auditório de receptores, destinatários, ouvintes e/ou leitores, e, de certo modo, a reação dessa recepção. Estabelece-se, portanto, entre o receptor e o autor uma inter-relação, uma interação.

A segunda orientação, também voltada para a vida, se dá a partir da interioridade do gênero, relacionada a formas, estruturas e conteúdo temático do enunciado em sua totalidade, fator que lhe permite ocupar um lugar na vida cotidiana, unindo-se ou aproximando-se de uma *esfera ideológica*. A reiteração da dimensão marcada por aspectos linguísticos, forma, conteúdo temático, não pode ser desvinculada de outro aspecto essencial à concepção de gênero presente no pensamento bakhtiniano: a noção de *esfera ideológica* que envolve e constitui a produção, circulação e recepção de um gênero, pontuando sua relação com a vida, no sentido cultural, social etc. Medviédev dá dois exemplos da dupla orientação do gênero na realidade: o primeiro é a *ode*, que, situada num determinado tempo e voltada para um auditório específico, é parte de uma festividade, unida à vida política e seus atos; o segundo é a lírica litúrgica, que é parte do serviço religioso.

Considerar gênero enquanto enunciado em sua totalidade, com dupla orientação na realidade, significa entender que ele

> [...] entra na vida e está em contato com os diferentes aspectos da realidade circundante mediante o processo de sua realização efetiva, como executada, ouvida, lida em determinado tempo, lugar e circunstâncias. Ela ocupa certo lugar, que é concedido pela vida, enquanto corpo sonoro real. Esse corpo está disposto entre as pessoas que estão organizadas de determinada forma. Essa orientação imediata da palavra como fato, mais exatamente como feito histórico na realidade circundante, determina toda a variedade de gêneros dramáticos, líricos e épicos.²

Além dessa característica essencial, é necessário destacar ao menos outra, relacionada à dimensão temática, e que está assim definida:

> Cada gênero é capaz de dominar somente determinados aspectos da realidade, ele possui certos princípios de seleção, determinadas formas de visão e de compreensão dessa realidade, certos graus na extensão de sua apreensão e na profundidade de penetração nela.³

A partir de minuciosa discussão, o autor esclarece, ainda, o difícil conceito de *tema*, de *unidade temática*, demonstrando que essa dimensão do gênero constitui-se *com a ajuda dos elementos semânticos da língua*, pois é *com a ajuda da língua que dominamos o tema*, mas que este transcende a língua. O que está orientado para o tema é o enunciado inteiro como *atuação discursiva*, a totalidade e suas formas, irredutíveis às formas linguísticas. Segundo o autor, o tema deriva do enunciado completo, enquanto ato sócio-histórico determinado, inseparável tanto da situação da enunciação quanto dos elementos linguísticos. O *tema*, que não pode ser confundido simplesmente com assunto, é tratado de forma detalhada, podendo ser assim resumido: (i) o conjunto dos significados dos elementos verbais da obra é um dos recursos para dominar o tema, mas não o tema em si mesmo; (ii) constitui-se com a ajuda dos elementos semânticos da língua; (iii) não é uma palavra isolada que está orientada para o tema, mas o enunciado inteiro como atuação discursiva; (iv) advém do enunciado completo/obra completa enquanto ato sócio-histórico determinado, sendo, portanto, inseparável tanto da situação da enunciação como dos elementos linguísticos; (v) não pode ser introduzido no enunciado e encerrado.

Como se pode observar, essa concepção de tema está ligada, teórica e metodologicamente, à dupla orientação do gênero na realidade:

> [...] a unidade temática da obra é inseparável de sua orientação original na realidade circundante, isto é, inseparável das circunstâncias espaciais e temporais.
>
> Assim, entre a primeira e a segunda orientação da obra na realidade (orientação imediata a partir de fora e temática a partir de dentro) estabelece-se uma ligação e uma interdependência indissolúveis. Uma é determinada pela outra. A dupla orientação acaba por ser única, porém bilateral.

A unidade temática da obra e seu lugar real na vida unem-se, de forma orgânica, na unidade dos gêneros.[4]

Considerando que "cada gênero possui seus recursos e modos de ver e conceber a realidade, só acessíveis a ele",[5] exemplifica com as artes plásticas para demonstrar que visão, representação e gênero se fundem:

> Seria ingênuo considerar que, nas artes plásticas, o homem primeiro vê e depois retrata o que viu, inserindo sua visão no plano do quadro com a ajuda de determinados meios técnicos. Na verdade, a visão e a representação geralmente fundem-se. Novos meios de representação forçam-nos a ver novos aspectos da realidade, assim como estes não podem ser compreendidos e introduzidos, de modo essencial, no nosso horizonte sem os novos recursos de sua fixação.[6]

Todos esses aspectos dizem respeito ao gênero e suas características essenciais, e não apenas aos gêneros englobados pela poética, como se pode observar em outro exemplo dado por Bakhtin/Medviédev: a piada, que, como gênero, caracteriza-se pela capacidade de construir e contar aspectos anedóticos da vida, segundo um modo particular de organização do material. Nem o material vale por si mesmo, tampouco os aspectos anedóticos isolados. É necessário um enunciado anedótico, construído e contado por um sujeito, participante de uma comunidade organizada de um determinado modo, que se dirige a um determinado auditório, objetivando sua reação, estabelecendo o processo de interação, para a piada se concretizar como gênero.

Esse texto demonstra, criteriosa e detalhadamente, que *gênero* é o conjunto dos modos de orientação coletiva dentro da realidade, encaminhado para a conclusão de que, por meio do gênero, é possível compreender novos aspectos da realidade, ou, em outras palavras, a realidade do gênero é a realidade social de sua realização no processo da comunicação, ligados de forma estreita ao *pensar*.

Como se pode constatar por essa síntese, e confirmar pela leitura completa da obra, *O método formal nos estudos literários: introdução crítica a uma poética sociológica* chega em um momento muito oportuno para os estudos bakhtinianos em língua portuguesa, ampliando o número de leitores, o que significa a probabilidade de um acréscimo qualitativo às discussões em torno do Círculo e de sua contribuição para os estudos da linguagem.

Notas

[1] A esse respeito, ver a leitura de Morson e Emerson, "Teoria dos gêneros", em *Mikhail Bakhtin: criação de uma prosaística*, Trad. Antonio de P. Danesi, São Paulo, Edusp, 2008, p. 287-322. No item "Ler de baixo para cima", estão elencados os argumentos dos formalistas a respeito de gênero e a maneira como Medviédev se contrapõe a eles.
[2] Ver, neste livro, a página 195.
[3] Idem, p. 196.
[4] Idem, p. 197.
[5] Idem, p. 199. Em "Os estudos literários hoje", resposta a uma pergunta da revista *Novi Mir*, 1970, Bakhtin afirma basicamente o mesmo: "Ao longo de séculos de sua vida, os gêneros (da literatura e do discurso) acumulam formas de visão e assimilação de determinados aspectos do mundo". M. Bakhtin, "Os gêneros do discurso", em *Estética da criação verbal*, Trad. P. Bezerra, São Paulo, Martins Fontes, 2003, p. 364.
[6] M. Bajtin (P. N. Medviédev), "Los elementos de la construcción artística", em *El método formal en los estudios literarios: introducción crítica a una poética sociológica*, Trad. Tatiana Bubnova, Madrid, Alianza Editorial, 1994, p. 214.

PREFÁCIO

A obra em contexto: tradução, história e autoria

Sheila Camargo Grillo

> *Aliás, se alguém soube compreender os formalistas, com todo seu espírito, mas também com todo seu instinto estético, foi bem Bakhtin. Na Rússia, diz-se que nós preferimos combater não tanto aqueles aos quais tudo nos opõe quanto aqueles dos quais somos intrinsecamente próximos, mas com quem temos divergências conceituais.*
> Vladímir Nóvikov

POR QUE TRADUZIR O MÉTODO FORMAL NOS ESTUDOS LITERÁRIOS?

O livro *O método formal nos estudos literários: introdução crítica a uma poética sociológica* foi publicado pela primeira vez em Leningrado, em 1928, e não conhecia tradução para o português até o momento, apesar de sua relevância à compreensão de conceitos desenvolvidos por um conjunto de intelectuais, hoje identificados como pertencentes ao Círculo de Bakhtin, e de já possuir traduções para o alemão, o inglês, o espanhol, o finlandês, o italiano, o tcheco, o romeno, o japonês, algumas delas produzidas há mais de três décadas. O interesse da tradução justifica-se, por um lado, em avaliar a contribuição de um pensador para o domínio teórico no qual ele se inscreve e, por outro, em especificar como esse pensamento, na relação com o estado presente da Ciência da Linguagem e da Teoria da Literatura, contribui de forma original e útil para a definição de objetos epistemológicos e/ou conceitos primitivos associados a esses objetos epistemológicos.[1]

A tradução foi realizada a partir da edição russa *Formálnyi miétod v literaturoviédenii: kritítcheskoe vvediénie v sotsiologuítcheskuio poétiku*,[2] disponível na Biblioteca Pública I. Lênin, em Moscou.

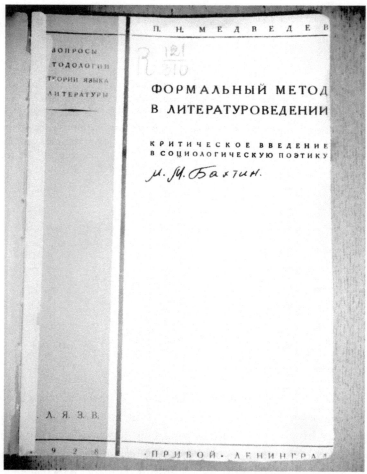

Fotografia do exemplar de 1928 de *O método formal nos estudos literários: introdução crítica a uma poética sociológica*, da Biblioteca de Lênin.

A escolha de uma tradução a partir do russo sinaliza a busca por um texto o mais próximo possível do original, respeitando, ao mesmo tempo, as particularidades da língua de chegada. Esse empenho não significa a desconsideração das traduções já realizadas, as quais nós, assim como os estudiosos brasileiros da obra de Bakhtin e do Círculo, estamos habituados a consultar, seja pela falta de uma tradução em português, seja pelo enriquecimento que a leitura em diferentes línguas permite à compreensão de um autor. Nessa direção, esta tradução resultou, ainda, do cotejo com as versões em inglês, espanhol, francês e italiano, que permitiram, tanto em momentos de consonância como de dissonância, balizar nossas escolhas, tornando-as mais conscientes. O trabalho foi feito a quatro mãos por uma linguista eslavista, Sheila Camargo Grillo, falante nativa de português, e por Ekaterina Vólkova Américo, teórica da literatura, falante nativa de russo.

Entre as diversas questões pertinentes de serem abordadas, este prefácio foi elaborado com vistas a fornecer algumas referências que pudessem enriquecer a recepção da obra pelo leitor de língua portuguesa no início do século XXI. Com esse propósito, serão tratados dois aspectos: uma breve apresentação do Círculo de Bakhtin nos anos 1910-1920 e uma síntese das discussões em torno da autoria da obra.

O Círculo de Bakhtin

O livro *O método formal nos estudos literários: introdução crítica a uma poética sociológica*, agora traduzido pela primeira vez em português, foi publicado originalmente em 1928, resultante de estreita colaboração intelectual entre Bakhtin/Medviédev/Volóchinov e os demais membros do chamado Círculo de Bakhtin. Os estudiosos tinham se encontrado, primeiramente, em Nevél e, depois, na cidade bielo-russa de Vítebsk, situada a aproximadamente 500 km ao sul de São Petersburgo, no início dos anos 1920. Foi nesse momento que elaboraram as linhas mestras do que realizaram em Leningrado: a elaboração de uma ciência das ideologias baseada no marxismo.[3]

O método formal nos estudos literários

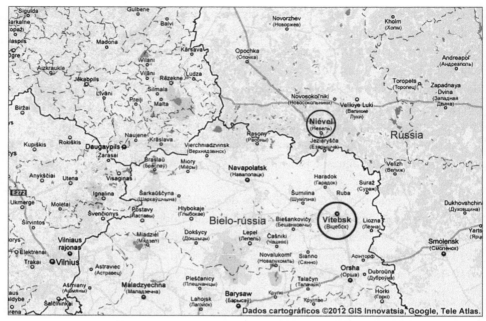

Mapa com a localização das cidades de Niével e Vítebsk.

Em 1918, Mikhail Bakhtin (1895-1975), Valentín Volóchinov (1895-1936, músico e linguista), Borís Zubákin (1894-1938, poeta, ativista maçônico e filósofo da religião), Matvei Kagan (1889-1937, filósofo), Liev Pumpiánski (1891-1940, filósofo, teórico da literatura e da cultura) e Maria Iúdina (1899-1970, pianista) encontraram-se na cidade russa de Niével, próxima à fronteira da atual Bielo-rússia. Segundo informações do livro de Chátskikh[4] e declarações do próprio Bakhtin,[5] Iúdina e Kagan voltavam à casa dos pais em sua cidade natal, Zubákin e Pumpiánski cumpriam serviço militar, enquanto Bakhtin e Volóchinov fugiam do período de fome que acometeu Leningrado logo após a Revolução de 1917 e foram parar em Niével a convite de Pumpiánski, amigo de adolescência de Bakhtin.[6] Em 1920, Bakhtin e Volóchinov se mudam para a cidade de Vítebsk (atualmente na Bielo-rússia), onde encontram Pável Medviédev, Ivan Sollertínskii (1902-1944, musicólogo, crítico de música e de teatro) e V. Reidemester. De 1920 a 1924, Bakhtin viveu em Vítebsk, onde "os membros da associação científica de Niével se reuniam em torno do líder".[7] De forma reiterada, Chátskikh enfatiza a liderança intelectual de Bakhtin com base em notícias de jornais e revistas e nas memórias publicadas de Pumpiánski.

Entretanto, para sermos fiéis à complexidade da história e de suas interpretações, é preciso considerar que a existência do Círculo de Bakhtin e a liderança exercida por aquele que lhe dá nome tem sido questionada. Em seu longo e bem documentado prefácio à tradução francesa de *Marxismo e filosofia da linguagem*, Sériot[8] afirma que o "Círculo de Bakhtin" nunca existiu e que essa expressão teria sido utilizada pela primeira vez em 1967 pelo psicolinguista A. A. Leóntiev. Sériot argumenta, ainda, que Bakhtin é apresentado como um homem sem idade e sem evolução e que, em 1919, quando chegou a Niével, tinha 24 anos, sendo difícil tornar-se o líder de uma escola de filosofia nessa idade. Utilizando-se de uma carta de Pumpiánski a Kagan, Sériot aponta o papel proeminente deste último no grupo, sustentando sua tese de que Bakhtin não era o líder do grupo de intelectuais que se reuniram em Niével, Vítebsk e Petrogrado. O curioso é que Chátskikh apoia-se justamente nas memórias publicadas de Pumpiánski para atestar a liderança de Bakhtin.

De todo modo, esse grupo de intelectuais, hoje mundialmente conhecido, não foi um fenômeno isolado na história da época. A Rússia dos anos 1920 era um "caldeirão" de ideias e fervores políticos e também de mudanças profundas em todos os campos da atividade intelectual. Diversos movimentos artísticos (futurismo, cubo-futurismo, acmeísmo, suprematismo etc.) propunham uma renovação cultural e de pensamento. Monroy[9] esclarece que os escritos controvertidos dos formalistas, por exemplo, participaram da necessidade de dar um giro radical nos estudos literários. Seus detratores provinham quase sempre do marxismo de orientação sociológica, mas suas propostas careciam da metodologia depurada que proporcionava solidez ao formalismo.

O Círculo de Bakhtin herdou, segundo Brandist,[10] a tradição dos círculos de discussão (*krug*) que foram uma forma maior da vida intelectual na Rússia a partir dos anos 1830. As origens econômicas e políticas da Rússia czarista associadas às tentativas da classe dominante de ocidentalizar o país criaram uma *inteligentsia* sem fundações institucionais fixas. Em face de severa censura, essa *inteligentsia* reprimida formou círculos secretos de discussão no quais ideais esclarecidos poderiam ter expressão.

Em suas entrevistas com Duvákin,[11] Bakhtin menciona a existência de vários círculos na São Petersburgo dos anos 1910 e 1920. Relata, inclusive, sua participação em um círculo de amigos estudiosos da tradição clássica, chamado "*Omphalos*" (do grego, "umbigo" ou "centro"), cujo líder era seu irmão Nikolai M. Bakhtin, e em um círculo filosófico-religioso que ele não chega a nomear. Na obra *Vítebsk: vida e arte 1917-1922*,[12] Chátskikh informa que Bakhtin e Pumpiánski participaram do grupo de cunho religioso-filosófico *Voskressiénie* (Ressurreição), liderado pelo filósofo Aleksándr Meier (1875-1939) e orientado no socialismo cristão.

No período pós-revolucionário e pós-guerra civil, ainda era possível uma forma mais aberta de vida intelectual para aqueles que, pelo menos, não fossem hostis à direção corrente das mudanças sociais e políticas. O Círculo de Bakhtin formou-se nessas circunstâncias. Entretanto, após a chamada Revolução Cultural que foi parte da "Revolução de Cima" (1928-32) de Stalin, a habilidade de tais círculos de manter uma existência formal interrompeu-se abruptamente.

A partir dessa brevíssima caracterização do contexto do Círculo de Bakhtin, abordaremos a polêmica em torno da autoria de *O método formal*.

O PROBLEMA DA AUTORIA

A polêmica sobre a autoria de *O método formal*, assim como de outras obras do Círculo, é tema de vivo debate entre os estudiosos russos e estrangeiros até os dias atuais. Nossa intenção, aqui, é apresentar as diferentes perspectivas sobre a autoria, a fim de que o público de falantes do português tenha conhecimento das posições em conflito, bem como dos argumentos que sustentam cada uma delas. Para isso, consultamos a bibliografia de proeminentes estudiosos da obra do Círculo em russo, francês, inglês e espanhol, bem como realizamos entrevistas com alguns dos principais interlocutores russos do debate durante viagem de estudos à Rússia, mas reconhecemos que nossa pesquisa não é exaustiva.

O alvo da polêmica sobre a autoria são as seguintes obras: de **Medviédev**, *Salierismo científico* (1925) e *O método formal nos estudos literários* (1928); de **Volóchinov**, *Pelo outro lado do social: sobre o freudismo* (1925), *Sociologismo sem sociologia* (1926), *A palavra na vida e a palavra na poesia* (1926), *O freudismo* (1927), *Marxismo e filosofia da linguagem* (1929), *Sobre as fronteiras entre a poética e a linguística* (1930), *Resenha sobre o livro de V. V. Vinográdov "Sobre a prosa artística"* (1930), *Estilística do discurso artístico* (1930), *A construção do enunciado* (1930), *O que é uma língua?* (1930); de **Kanaev**, *Vitalismo contemporâneo* (1926).[13] Todos esses textos estão publicados na coletânea organizada por Makhlin (2000),[14] *M. M. Bakhtin (sob máscara) – (M. M. Bakhtin (pod máskoi))*.

Entre os integrantes do chamado Círculo de Bakhtin, Volóchinov e Medviédev são os mais conhecidos do leitor brasileiro. Alpátov[15] chama-nos a atenção para uma diferença entre esses dois autores: a herança bibliográfica de Medviédev não se restringe aos textos disputados, enquanto a herança de Volóchinov está integralmente contida nos textos disputados. Com isso, segundo Alpátov, foi amplamente divulgado na Rússia que Volóchinov nada escreveu.

A polêmica entre os tradutores e os estudiosos da obra do Círculo se divide, como bem sintetizou Faraco,[16] em três posições principais: os que defendem que as obras são de Bakhtin, mas que, por motivos diversos, foram publicadas sob heterônimos; os que sustentam a autoria original; e os que advogam a coautoria. A seguir, nos concentraremos nos argumentos sobre o livro *O método formal*.

EM DEFESA DA AUTORIA DE BAKHTIN

A *primeira posição* (defesa da autoria apenas de Bakhtin) é adotada por Clark e Holquist na célebre biobliografia na qual, apesar de reconhecerem que não há nenhum registro em papel que comprove de maneira inequívoca a autoria de Bakhtin, afirmam:

> O resultado é que nenhum relato de como e por quem tais textos foram escritos pode jamais ser considerado como incontestável. No entanto, há boas razões para concluir que as obras em questão se devem à pena de Bakhtin a ponto de ser mister catalogá-lo como único autor, tendo Miedviédiev e Volochinov desempenhado um papel em grande parte editorial, em cada caso. Seja como for, nada até agora demonstrou que Bakhtin *não* poderia ter escrito e publicado sob o nome de amigos os textos disputados.[17]

Os autores apresentam Medviédev como alguém que "não possuía o calibre intelectual para redigir um desses textos impressos sob seu nome", mencionando um fragmento de uma carta escrita por Borís Pasternak, o escritor russo de *Doutor Jivago*, em 20 de agosto de 1929, no qual afirma surpreso: "Eu não sabia que você escondia em si um tal filósofo".[18] A presença de passagens marxistas é interpretada como interpolações de fachada, para atender às exigências de censores e editores da época. Procura-se, ainda, defender que obras de Bakhtin dos anos 1920 tinham influência marxista, assim como as de Medviédev e de Volóchinov.

Na Rússia, o primeiro e principal expoente da autoria de Bakhtin é o eminente filólogo e semioticista Viatchesláv V. Ivánov. No início dos anos 1970, ele afirma publicamente que Bakhtin publicou alguns de seus textos sob os pseudônimos de seus amigos e "discípulos" Volóchinov e Medviédev. Em um encontro no Laboratório de Linguística da Universidade Estatal de Moscou, para celebrar os 75 anos de Bakhtin na ausência deste, Viatchesláv Ivánov, em sua intervenção intitulada "O significado das ideias de M. M. Bakhtin sobre o signo, o enunciado e o diálogo para a semiótica contemporânea" (publicada em 1973 em Tártu),[19] cita e comenta passagens de *O método formal nos estudos literários*, assim como trabalhos originalmente publicados por Volóchinov, tomando-os como da autoria de Bakhtin. Para isso, Ivánov não apresenta nenhum argumento, agindo como se fosse evidente e amplamente aceita a autoria de Bakhtin. Esse texto é retomado por Wehrle,[20] tradutor da versão americana de *O método formal*, para defender a autoria bakhtiniana.

Em uma entrevista de 1973, Ivánov declara que não foi difícil para Bakhtin concordar em publicar seus trabalhos sob os nomes de Volóchinov e Medviédev, explicando e justificando o ocorrido com base na tese bakhtiniana de que "no diálogo manifesta-se o sentido enquanto tal, distribuído entre os interlocutores".[21]

Muito tempo depois, em 1995, Ivánov publica um pequeno artigo na revista *Diálogo, Carnaval, Cronotopo* para relatar os fatos que justificam sua posição a respeito da autoria das obras disputadas. Ele relata que, em 1956, Víktor Vinográdov (1894-1969, eminente linguista e teórico da literatura) afirmou-lhe que Bakhtin tinha escrito a obra *Marxismo e filosofia da linguagem*. Alguns anos mais tarde, em 1965, Ivánov encontrou-se pessoalmente com Bakhtin, pois estava interessado no tema do discurso alheio. Durante esse encontro, Bakhtin afirmou que os livros de Volóchinov e de Medviédev eram de sua autoria e justificou a publicação sob os nomes dos amigos em razão de sua discordância com o marxismo. Sempre segundo Ivánov, Bakhtin teria se recusado a assinar o documento oficial em que assumia a autoria das obras em respeito aos seus companheiros de Círculo nos anos 1920. Por fim, Ivánov relata que Bakhtin leu o texto (anteriormente citado) de sua conferência de 1970, agradeceu e não protestou contra a questão da autoria.

Por sua vez, o tradutor americano Wehrle,[22] além do testemunho de Ivánov, narra um experimento conduzido por V. N. Turbin que, conhecedor da reticência de Bakhtin sobre o livro, em visita a ele em 1965 depositou uma cópia de *O método formal* sobre a mesa sem nada dizer. Bakhtin permaneceu em silêncio, mas sua esposa exclamou: "Oh, quantas vezes eu copiei isso!". Disso, Turbin conclui que Bakhtin deu o livro a Medviédev como um presente, em espírito comunal, ao mesmo tempo em que essa doação poderia ser interpretada como uma atitude prática, ou seja, somente como um movimento – um conjunto de textos unidos pela mesma abordagem – as ideias de Bakhtin poderiam entrar em disputa ideológica com outras correntes de pensamento da época. Por outro lado, Sériot[23] levanta a possibilidade de interpretar esse episódio de outra forma, ou seja, a cópia do texto pela mulher de Bakhtin poderia ser simplesmente uma maneira de ganhar um pouco de dinheiro em tempos difíceis.

Wehrle, diferentemente de Clark e Holquist, conclui que: "Os trabalhos da escola de Bakhtin podem ser encarados como a realização de interação dialógica – do que se segue que a atribuição dos textos somente a Bakhtin os 'monologizaria'."[24]

Ainda em defesa da autoria de Bakhtin, os professores Nikolai Bogomólov (MGU – Universidade Estatal de Moscou), Natan Davídovitch Tamártchenko e Valiéri Ígorevitch Tiupá (ambos da RGGU – Universidade Estatal de Ciências Humanas de Moscou) argumentam que Medviédev publicou outro livro em 1934, *O formalismo e os formalistas*,[25] cujo conteúdo e estilo são muito diferentes de *O método formal* (1928).

A recorrência desse argumento na fala de diferentes professores russos apontou a necessidade da leitura da obra *O formalismo e os formalistas* (1934). Após um exame atento desse livro, observamos três diferenças em relação ao texto de 1928.

A primeira é o desaparecimento do método sociológico no texto de 1934, conforme já foi observado por Kaiser.[26] Enquanto em *O método formal* (1928) o autor faz uma crítica ao formalismo como meio para propor seu método sociológico, em *O formalismo e os formalistas* (1934) limita-se à crítica. No que concerne aos argumentos contra os formalistas, não observamos diferenças significativas entre os dois textos; pelo contrário, os autores citados, os exemplos e os argumentos são quase idênticos.

A segunda é o prefácio do texto de 1934 em que o autor faz citações de autores marxistas como Trotsky e Lênin e se retrata de críticas que o acusavam de formalista, como observamos nos fragmentos abaixo do prefácio da obra:

> Finalmente, a terceira tendência caracteriza-se pela, assim dizer, crítica "imanente" do formalismo. Como seu exemplo pode servir meu trabalho *O método formal nos estudos literários* (1927-28).
> [...] Mesmo se na opinião da crítica eu alcancei alguns resultados positivos, é ao mesmo tempo indubitável que o próprio princípio da imanência multiplicado pelos meus erros metodológicos gerais estreitou e, em muito, distorceu a minha crítica do formalismo. [...] O princípio da crítica imanente resultou – e não podia deixar de resultar – em deslize, em alguns casos, para as posições do próprio formalismo.[27]

Levantamos a hipótese de que esse prefácio pode ser justificado pela diferença do contexto histórico, social e político em que o livro de 1934 é escrito. Apesar de ainda não se encontrar em seu momento mais crítico, a repressão estalinista explicaria a retratação do autor.

Destacamos, ainda, o fato de que nossa cópia do livro de 1934 foi feita a partir do exemplar da Universidade Estatal de Moscou (MGU). Nele, o texto do prefácio foi retirado e a linha do sumário, a ele dedicada, está rasurada, como podemos notar na foto abaixo:

Foto a partir do exemplar da Universidade Estatal de Moscou (MGU).

Em um primeiro momento, pensamos que o prefácio tinha sido retirado, porque o prefaciador tentara proteger-se após Medviédev ter sido declarado "inimigo do povo" (*vrag naróda*) e fuzilado em 1938. Entretanto, durante entrevista com Iuri P.

Medviédev (filho de Pável N. Medviédev) em São Petersburgo, tivemos acesso ao seu exemplar e verificamos que o prefácio era do próprio autor. Imediatamente, Dária Medviédeva, esposa de Iuri Medviédev, folheou o prefácio e, ao encontrar diversas citações de Trotsky, conclui que isso já era suficiente para comprometer seu sogro, sendo este o motivo da ausência do prefácio no exemplar disponível na MGU.

Entretanto, após a leitura da obra, sentimos um contraste entre o prefácio e o restante do texto. O prefácio é, por um lado, cheio de citações de Lênin e Trotsky e, por outro, revela que o autor estava sendo acusado de formalista, como já tratamos anteriormente. As referências aos revolucionários marxistas aparecem escassamente no decorrer do texto, que traz passagens, referências a autores e argumentos muito próximos aos do livro de 1928. Diante disso, uma hipótese para a retirada do prefácio seria eliminar um elemento datado que, após o fim da União Soviética, poderia provocar uma rejeição no sentido oposto após as descobertas dos crimes do regime de Stalin.

Por fim, o texto de 1934 é menos complacente com os formalistas do que o texto de 1928. Um bom exemplo disso é o parágrafo final da conclusão de cada uma das edições:

> Supomos que a ciência marxista também deve agradecer os formalistas, porque a sua teoria pode transformar-se em objeto de uma crítica séria, no decorrer da qual podem ser compreendidas e fortificadas as bases dos estudos literários marxistas.
>
> Qualquer ciência jovem – e os estudos literários marxistas são muito jovens – deve apreciar muito mais um bom inimigo do que um mau aliado. (*O método formal nos estudos literários*, 1928)

> Se a história do formalismo acabou, se o formalismo desagregou-se e degenerou-se, ainda estão longe de terminar as tentativas de galvanizar seu cadáver. A ptomaína, como se sabe, é especialmente venenosa. Não sentimos falta daqueles que amam "sentir pena de si no caixão". Tudo isso deve ser fortemente lembrado. (*O formalismo e os formalistas*, 1934)

O tom do texto de 1934 é diferente e nada de positivo se apresenta como balanço da crítica ao formalismo. Apesar dessas diferenças, as semelhanças nos argumentos, nos autores e nas passagens citadas são muito grandes, sendo possível explicar as diferenças pela mudança do contexto histórico com a intensificação da repressão stalinista.

A esse respeito, porém, Tamártchenko levanta a questão: "Não seria possível a autodefesa sem disparar tiros naqueles que já estavam derrotados (naqueles que já estavam sob ataque)? Eles não mereceriam compaixão? Quem concorda com tais circunstâncias?"[28] Tamártchenko considera, ainda, que o argumento da mudança no contexto é convincente, porém, não suficiente para explicar as diferenças entre os dois livros. Após enumerar essas diferenças, que atestamos em nossa leitura das duas obras, Tamártchenko conclui: "a questão da relação com FML (*O método formal*) pode ser considerada resolvida, independentemente da possibilidade de P. Medviédev ter participado, de algum modo, seja ele qual for, da redação do livro".[29]

Apesar de considerarmos que o argumento mais substancial contra a autoria de Medviédev sejam as diferenças entre os livros *O método formal nos estudos literários* (1928) e *O formalismo e os formalistas* (1934), percebemos, por outro lado, evidentes semelhanças, algumas das quais sintetizamos a seguir, a fim de que o leitor tenha elementos para perceber a dificuldade em resolver a questão.

Primeiramente, na crítica ao formalismo da Europa Ocidental, os mesmos autores são passados em revista: Wölfflin, Hildebrand, Riegl, Schmarzov, Marées, Fiedler, Worringer, Hanslick, Bally etc. Nossa leitura leva-nos a discordar da posição de Kaiser[30] de que, em *O formalismo e os formalistas*, a discussão centra-se somente em Oskar Walzel e Heinrech Wölfflin.

Em segundo lugar, na análise do formalismo da Europa Ocidental, é citada a mesma passagem do prefácio de Adolfo Hildebrand ao seu livro "*O problema da forma na arte figurativa* (1914).[31] Assim como a citação, encontramos a mesma síntese do conceito de arquitetônica nas edições de 1928 e 1934: "Aquilo que Hildebrand chama 'arquitetônico' é a unidade construtiva da obra. O próprio termo 'arquitetônico' não se mantém, pois ele está ligado ao nosso tema por associações que lhe são estranhas" (na p. 5 de *O método formal* e na p. 27 de *O formalismo e os formalistas*).

Em terceiro lugar, ao abordar o princípio formalista da "história da arte sem nomes", encontramos, nas edições de 1928 (p. 72) e de 1934 (p. 35), os mesmos parágrafos para resenhar a obra de Worringer sobre o estilo geométrico e sua incorporação pelo estilo gótico:

> O estilo geométrico, baseado no princípio da abstração, exprime, de acordo com Worringer, uma visão puramente negativa do mundo.
> Quando o mundo é assustador, quando o homem o vê como inimigo e como caos privado de qualquer tipo de lei própria, resta-lhe apenas um meio de superá-lo: encerrá-lo em um sistema imóvel da lei geométrica férrea. Se o mundo em sua plenitude concreta, em seu movimento e desenvolvimento é reconhecido como fantasmagórico e insignificante – como é próprio, por exemplo, da visão do mundo oriental – a única forma lógica e admissível do absoluto será a abstração geométrica. O homem tende a aproximar cada objeto dessa abstração, tomada como um ideal. Com a ajuda da abstração, ele deseja salvar o objeto do caos da constituição, elevando-o à tranquilidade absoluta da lei geométrica imóvel e idealmente clara.[32]
> De acordo com Worringer, o estilo gótico é caracterizado por uma junção peculiar do estilo abstrato geométrico com o movimento que é próprio apenas do naturalismo. O estilo gótico é um movimento infinito da forma inorgânica.

Em seguida, ao iniciar a análise do formalismo russo, tanto na edição de 1928 (p. 78-79) quanto na de 1934 (p. 41), argumenta-se que o formalismo da Europa Ocidental surgiu como reação ao idealismo e ao positivismo, diferentemente do contexto russo, em que essas duas correntes não eram muito desenvolvidas:

> Nós não tivemos o idealismo formado e constituído como uma escola e com um método rigoroso. Seu lugar foi ocupado pelo periodismo ideológico e pela crítica de caráter religioso e filosófico. Esse pensamento russo livre, certamente, não pode desempenhar seu benéfico papel de adversário capaz de conter e de aprofundar, papel este que o idealismo desempenhou em relação ao formalismo ocidental. Foi muito fácil rejeitar as construções estéticas e as experiências críticas de nossos autoproclamados pensadores como algo que, evidentemente, não se sustentava.
> A situação não melhorou com o positivismo. Seu lugar foi ocupado, em nosso país, por um ecletismo banal e frágil, privado de fundamento científico e de rigor. Aquelas tarefas positivas, que o positivismo realizou nas ciências humanas da Europa Ocidental, como dominar o pensamento, discipliná-lo, habituá-lo a compreender o peso do fato concreto empírico, não foram realizadas e continuavam tarefas a serem cumpridas no nosso contexto à época do aparecimento dos formalistas.
> O positivismo produziu, em nosso país, apenas uma grande personalidade isolada: A. N. Vesselóvski.
> Seu trabalho, inacabado em muitos aspectos, continua, até o momento, insuficientemente assimilado e, em geral, não desempenhou um papel de destaque, que, como nos parece, lhe pertence por direito. Os formalistas quase não polemizaram com ele. Antes, aprenderam com ele. Mas eles não se tornaram seus continuadores.

Por fim, ao criticar a metodologia neokantiana, encontramos, nas duas edições (1928, p. 107; 1934, p. 71-72) a mesma abordagem da questão e a mesma designação dos neokantianos, que são tomados como centrados no método em detrimento do objeto:

> De fato, os formalistas não são metodologistas, como os neokantianos, para os quais o método de conhecimento é algo autossuficiente e autônomo em relação ao objeto.
> Do ponto de vista dos neokantianos, não é o método que se adapta ao ser real do objeto, mas é o próprio objeto que recebe do método toda a peculiaridade do seu ser: o objeto torna-se uma realidade determinada somente naquelas categorias, com a ajuda das quais o método de conhecimento lhe dá forma. No próprio objeto, não há qualquer determinação que não seja a do próprio conhecimento.

No segundo parágrafo dessa citação, encontramos o seguinte acréscimo na edição de 1934: "Para Kant, as formas do conhecimento são completamente indiferentes ao objeto de conhecimento" (p. 72).

Em síntese, apesar das inegáveis diferenças anteriormente apontadas entre as duas edições, as presenças das mesmas passagens, dos mesmos autores analisados, de citações dos mesmos fragmentos e dos mesmos argumentos nas edições de 1928 e

1934 enfraquecem, sem anular, o argumento de que Medviédev não pode ser o autor das duas edições.

Um argumento de natureza estilística é desenvolvido por Piéchkov[33] em um capítulo do livro *Bakhtin sob máscara*. Nele, o autor faz uma análise quantitativa de palavras e expressões nas obras de Bakhtin, Volóchinov e Medviédev, tomando como referência textos de Vygotski, Freidenberg, Vinokur Potebniá. A análise de Piéchkov compreende o levantamento das repetições de um conjunto de expressões, entre outras, em *Marxismo e filosofia da linguagem* (1929, MFL), *O método formal nos estudos literários* (1928, OMF), *Problemas da obra de Dostoiévski* (1929, POD) e *Psicologia da arte* (1925, PA). Por meio de recursos computacionais, o autor chega à seguinte tabela com a quantidade de expressões comuns aos quatro textos:[34]

MFL	OMF	POD	PA
1.020	895	694	689

Em seguida, ele faz um levantamento da recorrência de sintagmas em obras de autores diversos e chega à seguinte tabela:[35]

Medviédev. "no laboratório do escritor" (317 p.)	144
Potebniá. "pensamento e linguagem" (236 p.)	151
Propp. "raízes históricas do conto maravilhoso" (298 p.)	167
Freidenberg. "poética do enredo e do gênero" (260 p.)	144
Vinokur. "cultura da linguagem" (314 p.)	194
Vinokur. "artigos sobre Púchkin" (229 p.)	125
Vygotski. "psicologia da arte" (164 p.)	164

A partir desses e outros números, Piéchkov conclui:

> *O método formal nos estudos literários* parece bastante, do ponto de vista estilístico, com *Marxismo e filosofia da linguagem* e é muito diferente do livro do Medviédev autêntico. Nos dados estatísticos, está claro como o dia que Pável Nikoláievitch não escreveu *O método formal*.[36]

A nosso ver, essa afirmação categórica não pode ser deduzida dos dados apresentados. Primeiramente, os resultados do livro de Vygotsky, que, estilisticamente, aproxima-se das obras do Círculo de Bakhtin dos anos 1920, conforme os dados apresentados na primeira tabela, evidenciam poder se tratar de estilo de época na abordagem de temas semelhantes. Em segundo lugar, a recorrência de expressões em MFL, OMF e POD pode indicar que os autores trabalhavam em estreita parceria e comungavam a mesma concepção da linguagem, como bem afirmou Bakhtin em suas entrevistas.[37]

EM DEFESA DA AUTORIA DE MEDVIÉDEV

Diferentemente de Bakhtin, os trabalhos publicados sob os nomes de Medviédev e Volóchinov exibem uma terminologia marxista. Nesse sentido, há evidências históricas e teóricas de que Bakhtin nunca simpatizou com o marxismo. Em entrevista concedida a Botcharóv e publicada em Depretto,[38] encontramos a seguinte declaração:

> – M. M., o senhor foi talvez seduzido, em algum momento, pelo marxismo (– *M. M., vous avez peut-être été séduit un moment par le marxisme?*):
> – Não, jamais. Eu me interessei, como a muitas outras coisas, pelo freudismo e espiritismo. Mas eu jamais fui, de nenhum modo, um marxista. (– *Non, jamais. Je m'y suis intéressé, comme à beaucoup d'autres choses – au freudisme et même au spiritisme. Mais je n'ai jamais été, en aucune façon, un marxiste.*)

Acreditamos, pois, que a influência da dialética marxista sobre a obra de Bakhtin, se ela existiu, foi mediada pelas formulações de Volóchinov e de Medviédev. O próprio Iuri P. Medviédev, filho de Pável N. Medviédev, durante entrevista que nos concedeu em sua casa em 23 de maio de 2011, afirma que Bakhtin não era marxista, mas que seu pai era um adepto do marxismo científico e não do vulgar.

Essa diferença, entretanto, tem sido interpretada diversamente. Segundo Brandist,[39] os defensores da autoria de Bakhtin tendem a argumentar que essa terminologia aparece como uma espécie de "fachada" a fim de facilitar a publicação na Rússia pós-revolução, enquanto os que apoiam a autenticidade da autoria original das publicações levam a sério a abordagem marxista. Além disso, os que negam as assinaturas de Volóchinov e Medviédev minimizam o significado geral dessas personalidades, diminuindo a diversidade de perspectivas dessas obras. Essa atitude pode ser comprovada na seguinte passagem do livro de Clark e Holquist:[40]

> Durante quase cinco décadas, apenas um punhado de gente suspeitava que houvesse alguma ligação entre o jornalista literário e burocrata da cultura Pável Miedviédev, o linguista e às vezes musicólogo Valentin Volóchinov e o especialista de literatura Mikhail Bakhtin.

Concordamos com Faraco[41] e com Iuri P. Medviédev que os textos assinados por Volóchinov e Medviédev visam construir uma teoria marxista da criação ideológica, na qual a linguagem tem um papel preponderante. Esses autores demonstram partilhar do objetivo de Georgui Plekhánov (1857-1918) de contribuir para a construção do "socialismo científico", só que aplicado à Teoria da Literatura (Medviédev) e à Filosofia da Linguagem (Volóchinov).

Na defesa da *autoria original*, Morson e Emerson[42] afirmam que a atribuição a Bakhtin dos textos disputados sustenta-se em testemunhos orais de caráter anedótico e, portanto, não comprováveis. Ao ser obtido em situação de entrevista oral, o justo sentido das respostas só poderia ser aferido mediante o conhecimento das perguntas, o que não pode ser realizado, comprometendo, portanto, a pertinência dessas evidências. Morson e Emerson, assim como os trabalhos pioneiros de Todorov[43] e de Titunik,[44] entendem, ainda, que os trabalhos de Volóchinov e Medviédev são sinceramente marxistas, representando uma forma complexa e bem-sucedida dessa corrente.

Por outro lado, Bakhtin não era nem marxista nem semioticista. A recente tradução francesa de *O método formal* por Comtet e Vauthier[45] traz o nome de Medviédev acompanhado da expressão "Círculo de Bakhtin", já as versões alemã (a primeira de todas, em 1976), servo-croata, japonesa e finlandesa trazem apenas o nome de Medviédev na capa. Em sua extensa introdução, Vauthier reconhece Medviédev como o autor da obra, ao mesmo tempo em que defende a tese de uma coerência forte entre os escritos de Volóchinov, Medviédev e Bakhtin.

O filho de Pável N. Medviédev, Iuri Medviédev, crítico literário, jornalista e historiador da cultura, e sua esposa, Dária Medviédeva, afirmam que:

> Durante seu período em Vítebsk, Medviédev completou os manuscritos de três livros: *Premissas metodológicas para a história literária*; *Ensaios na psicologia da criatividade artística* e *Literatura russa do século XX* (*Russkaia literatura XX veka*). Esses foram os livros que ele informou ao Instituto Pedagógico de Vítebsk sobre os quais estava trabalhando em teoria da criatividade no Departamento de Teoria Literária. Esses três manuscritos subsequentemente tornaram-se, respectivamente, *O método formal nos estudos literários: uma introdução crítica à poética sociológica* (*Formal'nyi metod v literaturovedenii: kriticheskoe vvedenie v sotsiologicheskuiu poetiku*, 1928), *No laboratório do escritor* (*V laboratorii pisatelia*, 1933); e *Uma História da literatura russa do final do século XIX e início do século XX* (*Istoriia russkoi literatury kontsa XIX-nachala Xxveka*, 1937).[46]

Portanto, não é acidental o fato de Bakhtin ter afirmado, muitos anos mais tarde, que *O método formal* de Medviédev, *Marxismo e filosofia da linguagem* de Volóchinov e *Problemas da poética de Dostoiévski* baseavam-se em "uma concepção comum da linguagem e da produção discursiva",[47] e que ele tenha dado particular ênfase à independência e originalidade de cada uma dessas obras, uma vez que essa concepção comum foi desenvolvida em Vítebsk.

Nessa mesma direção, Todorov, em seu trabalho precursor, conclui: "eu diria que esses textos foram concebidos pelo mesmo (mesmos) autor(es), mas que eles foram redigidos, em parte ou totalmente, por outros".[48] Essa conclusão é precedida por comparações de natureza estilística das três obras: *O método formal* apresenta estilo claro e simples, frases curtas, numerosos subtítulos e uma clara articulação entre capítulos;

os livros assinados por Volóchinov são particularmente dogmáticos e se contentam frequentemente em afirmar sem provar; enquanto os livros de Bakhtin se caracterizam por uma composição confusa, por repetições e por uma inclinação à abstração. Vauthier e Comtet levantam outro dado de natureza estilística em defesa da autoria original: enquanto em *O método formal* o autor traz inúmeras citações dos autores analisados, no texto "O problema do conteúdo, do material e da forma na criação literária", em que faz um balanço crítico do método formal, Bakhtin declara:

> [...] isentamos nosso trabalho do lastro supérfluo de citações e referências que, geralmente, não têm significação metodológica direta para estudos não históricos e, num trabalho conciso de caráter sistemático, são completamente infrutíferas: elas são desnecessárias ao leitor competente e inúteis ao que não o é também.[49]

Diante do exposto, verificamos que, apesar de não serem definitivos e da posição majoritária dos estudiosos russos a favor de Bakhtin, há argumentos estilísticos, teóricos e ideológicos para sustentar a autoria de Pável. N. Medviédev.

Em defesa da coautoria Medviédev/Bakhtin

A *terceira posição*, que Faraco[50] chama de uma "solução de compromisso", é assumida, por exemplo, nas traduções em inglês de J. Wehrle e em espanhol de T. Bubnova que incluem os dois nomes na obra. Todorov propõe a manutenção dos nomes originais da publicação seguidos de uma barra oblíqua, precedendo o nome de Bakhtin:

> Medviédev/Bakhtin [...] A barra foi escolhida, em particular, devido à ambiguidade que ela autoriza: tratar-se-ia de uma relação de colaboração? De substituição (pseudônimo ou máscara)? Ou de comunicação (o primeiro nome designando o receptor, o segundo o emissor)?[51]

O delineamento geral do tema evidencia a intrincada rede de argumentos e a ausência de provas incontestáveis sobre a autoria. Uma posição, porém, parece prevalecer entre os tradutores eslavistas e estudiosos da obra: *O método formal*, assim como *Marxismo e filosofia da linguagem*, resultou de um período de estreita colaboração intelectual entre Bakhtin/Medviédev/Volóchinov, evidenciado em noções e termos comuns aos teóricos.

Alpátov[52] argumenta a favor da colaboração entre os autores. Por um lado, ele constata que Bakhtin tinha dificuldade para finalizar seus textos; prova disso é que, durante toda a sua vida, concluiu apenas dois livros: sobre Dostoiévski e sobre Rabelais, ambos, reconhece Alpátov, em duas versões. Todas as demais obras de Bakhtin –

"Estética da criação verbal", "Questões de literatura e estética" e "Por uma filosofia do ato" – são textos inacabados que foram editados e publicados postumamente. Por outro lado, Medviédev trabalhava mais rapidamente e publicou diversas obras, como pode ser constatado na sua bibliografia neste volume. Esse perfil autoral de Bakhtin não combinaria com a finalização de três livros no intervalo de dois anos: o *Método formal*, em 1928, *Marxismo e filosofia da linguagem*, em 1929, e *Problemas da obra de Dostoiévski*, também em 1929.

Entretanto, a diversidade de pensamento do grupo se manifesta em dois aspectos teóricos: primeiramente, na terminologia eminentemente marxista das duas obras citadas e na sua ausência nos trabalhos de Bakhtin; e, em segundo lugar, na menor importância dedicada à noção de "gênero" na versão de 1929 da obra de Bakhtin sobre Dostoiévski, se comparada ao papel de destaque que lhe é conferido no livro *O método formal* de 1928. Enquanto o quarto capítulo da versão de 1929 chama-se "Função do enredo de aventura nas obras de Dostoiévski" e tem 7 páginas, o mesmo capítulo na versão de 1963 chama-se "Peculiaridades do gênero, do enredo e da composição das obras de Dostoiévski" e tem 88 páginas. Constata-se, com isso, que o aprofundamento de considerações sobre o "gênero" ocorre na versão de 1963.

A constatação de semelhanças, ao mesmo tempo em que de diferenças estilísticas e conceituais entre os textos de Bakhtin e de Medviédev, bem como os distintos perfis autorais destes, embasa a perspectiva de que houve colaboração na escrita de *O método formal*.

* * * * * * * * *

O trabalho de tradução, a comparação entre diferentes obras de Medviédev, as leituras e as conversas com pesquisadores do tema resultaram nos argumentos sobre a autoria expostos neste prefácio. Esse percurso de pesquisa apontou-nos para a impossibilidade, no momento, de assumirmos uma posição unilateral sobre a autoria: a favor de Bakhtin, em defesa de P. Medviédev, ou mesmo de coautoria. O posicionamento hegemônico entre os pesquisadores russos com os quais tomamos contato é o da defesa da autoria exclusiva de Bakhtin, seguida, em grau menor, da coautoria. A nosso ver, os dados disponíveis até o presente impedem a resolução da questão.

Notas

[1] Sobre as noções de "objeto epistemológico" e de "conceito primitivo", consultar S. Bouquet, "Préambule", em *Introduction à la lecture de Saussure*, Paris, Payot, 1997.
[2] P. Medviédev, *Formálnyi miétod v literaturoviédenii: kpitítcheskoe vvediénie v sociologuítcheskuiu poètiku*, Leningrado, Pribói, 1928.
[3] C. Brandist, *The Bakhtin Circle: philosophy, culture and politics*, London, Pluto Press, 2002, p. 7; A. R. Monroy, "Prólogo. De la palabra y su fiesta de resurrección: problemas de uma poética formal", em M. Bajtin (P. N. Medvedev), *El método formal em los estudios literarios*, trad. T. Bubnova, Madrid, Alianza Editorial, 1994 [1928], p. 14.
[4] A. Chátskikh, *Vítebck, jizni i iskússtva 1917-1922*, Moscou: Iazýk Rússkoi Kulitúry, 2001.
[5] V. D. Duvákin, *Bessiédy s V. D. Duvákinym*, 2. i., Moscou: Soglácie, 2002.
[6] Chatskikh, op. cit.
[7] Idem, p. 207.
[8] P. Sériot, "Préface. Vološinov, la philosophie de l'enthymème et la double nature du signe", em V. N. Volosinov, *Marxisme et la philosophie du langage: les problèmes fondamentaux de la méthode sociologique dans la science du langage*, trad. P. Sériot e I. Tylkowski-Ageeva, Limoges, Lambert-Lucas, 2010, p. 13-93.
[9] Monroy, op. cit.
[10] Brandist, op. cit.
[11] Duvákin, 2002, op. cit.
[12] Chátskikh, op. cit., p. 215.
[13] Há uma tradução para o português desse texto no livro organizado por Beth Brait, *Bakhtin e o Círculo*, São Paulo, Contexto, 2009.
[14] V. L. Makhlin, *M. M. Bakhtin (pod máskoi)*, Moscou: Labirint, 2000.
[15] V. N. Alpátov, *Volóchinov, Bakhtin i Lingvística*, Moscou, Iazyk Slaviánskikh Kultur, 2005.
[16] C. A. Faraco, *Linguagem & diálogo: as ideias linguísticas do círculo de Bakhtin*, 2. ed., Curitiba, Criar, 2003.
[17] K. Clark e M. Holquist, *Mikhail Bakhtin*, trad. J. Guinsburg, São Paulo, Perspectiva, 1998, p. 172-3.
[18] A carta na qual se encontra esse fragmento está traduzida em Catherine Depretto (dir.), *L'héritage de Bakhtine*, Bordeaux, pub, 1997, p. 176-177.
[19] V. V. Ivánov, "Znatchiénie idei M.M. Bakhtiná o znáke, vyskázyvanii i dialogue dliá sovreniénnoi semiótiki", em *Ízbrannye trudý po semiótike i istórii kultúry*, tom vi, Moscou, Znak, 2009 [1973], p. 183-217.
[20] A. J. Wehrle, "Introduction: M. M. Bakhtin/P. N. Medvedev" em M. M. Bakhtin e P. N. Medvedev, *The formal method in literary scholarship: a critical introduction to sociological poetics*, trad. A. J. Wehrle, Baltimore/London, Johns Hopkins Press, 1991 [1928], p. ix-xxiii.
[21] Ivanov, 2009, op. cit., p. 103.
[22] Wehrle, op. cit.
[23] Sériot, op. cit.
[24] "The works of the Bakhtin school can be seen as the realization of dialogic interaction – from which it follows that to assign the texts to Bakhtin alone is to 'monologize' them", Wehrle, 1991, p. xii.
[25] Há uma tradução em inglês do sumário e do último capítulo deste livro na seguinte coletânea: M. Kaiser, *P. N. Medvedev's "The Collapse of Formalism"*, em B. A. Stolz; I. R. Titunik e L. Dolezel, *Language and literary theory*, Michigan, Ann Arbor, 1984, p. 405-42.
[26] Kaiser, op. cit.
[27] P. Medviédev, *O formalismo e os formalistas*, Leningrado, Izdátelstvo Picátelei v Leningráde, 1934, p. 11-2.
[28] N. Tamártchenko, "M. Bakhtin e P. Medviédev: sudbá 'Vvediéniia' v poétiky", em *Vopróssy Literatúry*, Moscou, set./out. 2008, p. 176.
[29] Idem, p. 177.
[30] Kaiser, op. cit.
[31] Há uma tradução francesa dessa obra: A. Hildebrand, *Le problème de la forme dans les arts plastiques*, trad. E. Beaufils, Paris, L'Harmattan, 2002.
[32] Ver trabalho *Abstraktion und Einfühlung* de Wilhelm Worringer.
[33] I. V. Piéchkov, "'Diélu': veniéts, ili eche raz ob ávtorstve M. Bakhtina v 'spórnykh tiékstakh'", em V. L. Mákhlin, *M. M. Bakhtin (pod máskoi)*, Moscou, Labirint, 2000, p. 602-25.

[34] Idem, p. 617.
[35] Idem, p. 619.
[36] Idem, p. 620.
[37] Duvákin, 2002, op. cit.
[38] Em Catherine Depretto (dir.), op. cit., p. 190.
[39] Brandist, op. cit.
[40] Clark e Holquist, op. cit., p. 171.
[41] Faraco, op. cit.
[42] G. S. Morson e C. Emerson, *Mikhail Bakhtin: creation of a prosaics*, Stanford, Stanford University Press, 1990.
[43] Tzvetan Todorov, *Mikhaïl Bakhtine: le principe dialogique, suivi de écrits du Cercle de Bakhtine*, Paris, Seuil, 1981.
[44] I. R. Titunik, "Bakhtin &/or Vološinov &/or Medvedev: Dialogue &/or Doubletalk?", em B. A. Stolz, I. R. Titunik e L. Dolezel, *Language and literary theory*, Michigan, Ann Arbor, 1984, p. 535-64.
[45] P. Medvedev, *La méthode formelle em littérature: introduction à une poétique sociologique*, éd. critique et trad. de B. Vauthier et R. Comtet, Toulouse, PUM, 2008.
[46] "During his Vitebsk period Medvedev completed the manuscripts of three books: *Methodological Premises for Literary History; Essays in the Psychology of Artistic Creativity*, and *Twentieth-Century Russian Literature (Russkaia literatura xx veka)*. These were the very books that he informed the Vitebsk Pedagogical Institute that he was working on when in 1919 and 1920 he proposed lecture courses on theory of creativity to the Literary Theory Department. These three manuscripts subsequently became, respectively, *The Formal Method in Literary Scholarship: A Critical Introduction to Sociological Poetics (Formal'nyi metod v literaturovedenii: Kriticheskoe vvedenie v sotsiologicheskuiu poetiku*, 1928); *In the Writer's Laboratory (V laboratorii pisatelia*, 1933); and *A History of Russian Literature of the Late Nineteenth and Early Twentieth Centuries (Istoriia russkoi literatury kontsa xix-nachala Xxveka*, 1937)". I. Medvedev e D. Medvedeva, *The Scholarly Legacy of Pavel Medvedev in the light of his dialogue with Bakhtin*, em C. Brandist, D. Sheperd e G. Tihanov, *The Bakhtin Circle: in the master's absence*, Manchester, Manchester University Press, 2004, p. 36.
[47] Essa declaração encontra-se em uma entrevista concedida a Botcharov, publicada originalmente em 1993 na *Nova Revista Literária* (*Novoe literatournoe obozrenie*), e traduzida para o francês por Depretto, op. cit., p. 190.
[48] "Je dirais que ces textes ont été conçus par le même (les mêmes) auteur(s), mais qu'ils ont été rédigés, en partie ou en totalité, par d'autres". Todorov, op. cit., p. 20.
[49] M. M. Bakhtin, "O problema do conteúdo, do material e da forma na criação literária", *Questões de literatura e de estética: a teoria do romance*, trad. A. F. Bernadini et al., São Paulo, Unesp, 1993 [1924], p. 13.
[50] Faraco, op. cit.
[51] "Medvedev/Bakhtine [...] La barre étant choisie, en particulier, à cause de l'ambigüité qu'elle autorise: s'agit-il d'un rapport de collaboration? de substitution (pseudonyme ou masque)? Ou de communication (le premier nom désignant le récepteur, le second l'émetteur)?" Todorov, op. cit., p. 24.
[52] Alpátov, op. cit.

Nota das tradutoras

Ekaterina Vólkova Américo
Sheila Camargo Grillo

Primeiramente, gostaríamos de agradecer a todos que contribuíram com a realização desta tradução. Mencionamos, em especial, a professora Beth Brait, apoiadora incondicional deste trabalho, e Luiz Rosalvo Costa, pela sua cuidadosa revisão. Agradecemos, ainda, aos professores Andrei Kofman, Andrei Jirmúnski, Iuri Medviédev, Dária Medviédeva, Maria Nadiárnykh, Nikolai Bogomólov, Natan Tamárchenko, Valeri Tiupá e Tatiana Tchedáeva pela ajuda em Moscou e São Petersburgo. Evidentemente, o texto é de nossa inteira responsabilidade.

O princípio norteador desta tradução foi a busca por um texto o mais fiel possível ao original russo. Tínhamos em mente um leitor estudioso da obra do Círculo de Bakhtin, isto é, um leitor ávido por compreender conceitos produzidos em um contexto intelectual preciso, em um tempo e uma cultura distantes. Para tanto, acrescentamos notas com informações sobre autores do formalismo russo e da Europa Ocidental, e sobre alguns aspectos históricos, sociais e culturais russos. Nas notas das tradutoras, mencionamos as traduções em português dos livros citados por P. N. Medviédev, porém, quando elas inexistiam, deixamos o título original seguido de sua versão em português.

No que tange aos aspectos textuais e estilísticos, respeitamos, por um lado, a paragrafação do original, mantendo parágrafos constituídos por uma única frase, pouco comuns em textos acadêmicos no português, mas, por outro, evitamos, quando não se tratava de conceitos, as constantes repetições de palavras, características da escrita russa, por comprometerem a qualidade e a fluência do texto em língua portuguesa.

Esclarecemos que a língua russa não possui acento ortográfico, podendo a sílaba tônica encontrar-se em qualquer posição da palavra. Decidimos marcar a sílaba tônica com acento ortográfico, seguindo a tabela de transliteração utilizada pelo curso de Literatura e Cultura Russa da USP. Por exemplo, o sobrenome do autor em outras traduções aparece como "Medvedev", porém, segundo a tabela, a transliteração para a língua portuguesa seria Medviédev.

Por fim, esclarecemos a escolha de alguns termos com vistas a auxiliar na compreensão de certos conceitos-chave da obra. A palavra russa *iazýk* recobre os vocábulos "língua" e "linguagem". Optamos pelas expressões "linguagem poética" e "linguagem prático-cotidiana" que melhor correspondem ao sentido exposto pelo autor no capítulo primeiro da terceira parte, na seção "A linguagem poética como um sistema linguístico especial".

A palavra *obchiénie* foi traduzida por "comunicação", tal como encontramos nas traduções espanhola e francesa; já na americana aparece *intercourse*. A leitura do texto evidencia que o autor não está se referindo a uma transmissão de mensagens de um locutor a um receptor, mas a trocas verbais situadas sócio-historicamente.

O vocábulo *perejivánie* foi traduzido por "vivência", tal como está na tradução espanhola. O tradutor francês preferiu "experiência vivida". Já a palavra russa *bytié* foi traduzida por "existência", assim como no espanhol, mas nas traduções francesa e americana encontramos "realidade".

Os termos *znatchiénie* e *smysl* referem-se à dimensão semântica da linguagem. O primeiro foi traduzido por "significado" e às vezes por "significação", e o segundo, por "sentido".

A expressão *khudójestvennoe proizvediénie* significa literalmente "obra de arte", sendo assim empregada em outras traduções. Entretanto, o significado mais preciso dela, inclusive neste livro, é "obra literária".

PRIMEIRA PARTE

OBJETO E TAREFAS DOS ESTUDOS LITERÁRIOS MARXISTAS

CAPÍTULO PRIMEIRO

A ciência das ideologias e suas tarefas imediatas

A ESPECIFICAÇÃO COMO O PROBLEMA IMEDIATO FUNDAMENTAL DA CIÊNCIA DAS IDEOLOGIAS

O estudo da literatura é um dos ramos do vasto campo da ciência das ideologias, abarcando, sobre o fundamento de um único princípio de compreensão do seu objeto e de um único método de estudo, todos os campos da criação ideológica do homem.

Os fundamentos dessa ciência das ideologias foram profunda e solidamente alicerçados no marxismo, que formulou uma definição geral das superestruturas ideológicas, de suas funções na unidade da vida social, de suas relações com a base econômica e, em parte, também da relação interna entre elas. No entanto, até hoje, o estudo detalhado das particularidades específicas, da peculiaridade qualitativa de cada campo da criação ideológica – ciência, arte, moral, religião –, encontra-se ainda em estado embrionário.

Entre a teoria geral das superestruturas em suas relações com a base e o estudo concreto de cada fenômeno ideológico específico existe uma espécie de ruptura, um campo nebuloso e instável que cada pesquisador atravessa por sua própria conta e risco; porém, muitas vezes ele simplesmente passa por esse campo, fechando os olhos para toda dificuldade e obscuridade. Como consequência, ou a especificidade do fenômeno estudado é afetada, como no caso da obra de arte, ou, então, sua análise "imanente", que leva em conta essa especificidade sem, no entanto, ter nada em comum com a sociologia, é ajustada artificialmente à base econômica.

O que falta é justamente um estudo sociológico elaborado sobre as particularidades específicas do material, das formas e dos propósitos de cada campo da criação ideológica.

Com efeito, cada um desses campos tem sua linguagem, com suas formas e métodos, suas leis específicas de refração ideológica da existência comum. Nivelar todas essas diferenças, desprezar a diversidade fundamental dessas linguagens, é o que há de menos peculiar no marxismo.

A especificidade da arte, da ciência, da moral, da religião, não deve, obviamente, encobrir a unidade ideológica desses campos enquanto superestruturas sobre uma base única, penetradas por uma única lei socioeconômica; no entanto, essa especificidade não deve apagar-se em prol de fórmulas gerais dessa lei.

É no terreno do próprio marxismo que devem ser elaboradas as especificações de um único método sociológico por meio da sua aplicação ao estudo das particularidades dos campos da criação ideológica, a fim de que esse método realmente possa dar acesso às estruturas ideológicas, em todos os seus detalhes e sutilezas.

Mas, para isso, antes de mais nada, essas particularidades ou peculiaridades qualitativas das séries ideológicas devem ser compreendidas e definidas.

O marxismo, obviamente, não pode tomar emprestadas essas definições da "filosofia da cultura" idealista nem dos ramos positivistas das "ciências" humanas (teoria da arte, da ciência, da religião): nessas condições, a base passaria a ser ajustada artificialmente a essas definições emprestadas, quando, na verdade, todas essas definições é que devem ser deduzidas da base.

Todas as definições semelhantes, elaboradas pela ciência da Europa Ocidental, não são, de antemão, sociológicas: ou elas são compreendidas de maneira naturalista (principalmente com base na biologia), ou foram pulverizadas de forma positivista na empiria, compreendidas de forma simplista, e perdidas no deserto de detalhes privados de sentido; ou, finalmente, foram privadas de qualquer empirismo, fechadas no reino independente e idealista dos "sentidos puros", dos "valores", das "formas transcendentais", tornando-se, por isso, absolutamente impotentes perante o fenômeno ideológico concreto, que é sempre material e histórico.

O numeroso material factual, elaborado pela ciência da Europa Ocidental, obviamente, pode e deve ser utilizado pelo marxismo (bem entendido, de forma crítica); mas os princípios, os métodos e, em parte, a metodologia concreta desse trabalho são inadmissíveis para ele (com exceção dos métodos preparatórios: a paleografia, os procedimentos de preparo filológico e de análise do texto etc.).

A CRISE DA "FILOSOFIA DA CULTURA" IDEALISTA E DO POSITIVISMO NAS CIÊNCIAS HUMANAS

Atualmente, na ciência e na filosofia da própria Europa Ocidental, observa-se uma grande insatisfação, por um lado, com o afastamento do idealismo em relação à realidade e, por outro, com a falta de sentido do positivismo e do naturalismo que são incapazes de realizar sínteses. Manifestou-se e intensificou-se a tendência para unificar os problemas de uma vasta síntese da visão de mundo (que antes fora o apanágio da "filosofia da cultura" idealista) com os problemas do estudo concreto da variabilidade existencial, da diversidade, da especificidade e da encarnação material dos fenômenos ideológicos (que, em contraposição ao idealismo, o positivismo propôs para cada uma das ciências humanas).

Com base nessa tendência, no próprio final do século passado, começou a se constituir nos estudos da arte o formalismo da Europa Ocidental (Fiedler,[I] Hildebrand,[II] Meier-Graefe),[III] que foi tão hostil ao positivismo da época anterior quanto à estética filosófica idealista, esta com suas grosseiras generalizações e seu distanciamento em relação aos fenômenos concretos da arte.

Essa luta nos estudos da arte que ocorreu nas duas frentes ao mesmo tempo – contra o positivismo e contra as pretensões da estética idealista – encontrou apoio nos principais representantes dos estudos da arte do final do século XIX ao início do século XX: Alois Riegl e Augusto Schmarsow.[1] Atualmente essa tendência rumo a uma vasta síntese, com base no material concreto da história da arte, manifesta-se mais intensamente nos trabalhos de Wölfflin[IV] e de Worringer.[V]

[I] N. T.: Konrad Fiedler (1841-1895), crítico e teórico da arte alemão, precursor do formalismo figurativo e defensor da tese de que as propriedades formais comporiam o único critério para o julgamento do valor estético.

[II] N. T.: Adolf Hildebrand (1847-1921), escultor e teórico da arte alemão, para quem o essencial comum às três artes – escultura, pintura e arquitetura – é o conceito de "arquitetônica", concebido como a construção de uma totalidade formal composta por um conjunto orgânico de relações.

[III] N. T.: Julius Meier-Graefe (1867-1935), escritor e historiador da arte de origem austro-húngara, atual Romênia, que concebia a arte moderna como uma série de problemas formais resolvidos no quadro.

[IV] N. T.: Heinrich Wölfflin (1864-1945), historiador da arte suíço e expoente do método formalista. Autor de livros consagrados, tais como: *A arte clássica*, *Conceitos fundamentais da história da arte* e *Renascença e barroco*. Os conceitos de estilo linear e estilo pictórico, que aparecem na obra de Volóchinov, *Marxismo e filosofia da linguagem*, foram inspirados em Wölfflin.

[V] N. T.: Wilhelm Worringer (1881-1965), historiador da arte alemão e teórico do expressionismo, foi professor na Universidade de Berna, Suíça, e em diversas universidades alemãs. Seus mais importantes trabalhos são *Abstraktion und Finfühlung* ("Abstração e empatia", 1907) e *Formprobleme der gotik* (tradução para o português, *A arte gótica*, Lisboa, Edições 70, 1992 [1911]).

Um movimento análogo ocorre, dentro do campo da filologia, na escola de Vossler (*Idealistische Neufilologie*), que tenta adaptar a filosofia idealista para solucionar os problemas concretos da linguística e da história da língua.

O mesmo acontece na história da literatura, na qual também se manifesta essa tendência para apoderar-se da realidade concreta e específica e da historicidade dos fenômenos literários, sem perder de vista, ao mesmo tempo, os princípios gerais e os vínculos com uma visão de mundo unificada. É suficiente citar Gundolf,[VI] Ermatinger,[VII] Hefele[VIII] e Walzel.[IX] A base filosófica para essas aspirações encontra-se em parte na fenomenologia (Husserl,[X] Scheler,[XI] Moritz Geiger),[XII] mas, sobretudo, na filosofia intuitiva da vida (Bergson,[XIII] Simmel).[XIV]

Em todo lugar, observa-se, simultaneamente à crise da filosofia geral da cultura, tal como ela foi elaborada nos sistemas neokantianos, a penetração do *pathos* filosófico no interior das próprias ciências humanas, as quais até recentemente foram o refúgio do positivismo.

Para essa "filosofia a partir da base", é muito característico o aparecimento de livros tais como *Ästhetik und kunsttheorie* ("Estética e estudos gerais da arte"), de Dessoir,[XV]

[VI] N. T.: Friedrich Gundolf (pseudônimo de Friedrich Leopold Gundelfinger) (1880-1931), poeta e teórico da arte alemão e um importante intelectual da República de Weimar.

[VII] N. T.: Emil Ermatinger (1873-1953), historiador da literatura e escritor de origem suíça, foi professor de literatura em Zurique.

[VIII] N. T.: Herman Hefele (1885-1936), linguista, historiador literário e tradutor alemão. Traduziu para essa língua diversos autores italianos (Francesco Petrarca, Augustinus, Gerolamo Cardano, Albert von Aachen, Stefano Infessura, Tristano Caracciolo, Antonio Beccadelli, Camillo Porzio).

[IX] N. T.: Oskar Walzel (1864-1944), nascido na Áustria, fez carreira como teórico da literatura na Alemanha, tornando-se discípulo de Heinrich Wölfflin.

[X] N. T.: Edmund Husserl (1859-1938), filósofo de expressão alemã e de origem judia, nascido na Morávia, Tchecoslováquia, foi figura central da fenomenologia, com diversas obras traduzidas para o português. Na busca de uma filosofia como saber rigoroso, Husserl aplicou-se à fenomenologia dos primeiros fatos da consciência, semelhantemente a Descartes.

[XI] N. T.: Max Scheller (1874-1928), fenomenólogo alemão, ligado ao grupo de Husserl e preocupado especialmente com a filosofia dos valores.

[XII] N. T.: Moritz Geiger (1880-1937), filósofo alemão discípulo de Edmund Husserl. Dedicou-se à psicologia, epistemologia e estética.

[XIII] N. T.: Henri-Louis Bergson (1859-1941), filósofo francês, cuja pesquisa filosófica é uma afirmação da liberdade humana diante das vertentes científicas e filosóficas que querem reduzir a dimensão espiritual do homem a leis previsíveis e manipuláveis, análogas às leis naturais, biológicas e sociais.

[XIV] N. T.: Georg Simmel (1858-1918), filósofo e sociólogo alemão, representante do neokantismo. Sua distinção entre mundo da cultura e mundo da vida exerceu grande influência sobre formulações de integrantes do Círculo de Bakhtin.

[XV] N. T.: Max Dessoir (1867-1947), filósofo alemão que trabalhou especialmente na área da estética.

Grundlegung der allgemainen Kunstwissenschaft ("Fundamentos dos estudos gerais da arte"), de Utiz,[XVI] e *Ästhetik* ("Estética"), de Hamann.[XVII]

Esses livros são radicalmente distintos das habituais estéticas sistemáticas: eles são penetrados pela aspiração de partir das questões concretas e das necessidades do estudo da arte em suas especificidades, e não das demandas gerais de um sistema filosófico. Mas, ao mesmo tempo, não se trata dos trabalhos positivistas de tipo habitual.

Tudo isso distingue nitidamente as pesquisas filosóficas e científicas modernas, realizadas atualmente no Ocidente, da aspiração a uma "sistematicidade a todo preço", o que era próprio do período anterior e que se manifestou mais claramente no neokantismo.

No neokantismo, predominava a tendência a reduzir os princípios e os métodos autossuficientes a um sistema, enquanto nos estudos estéticos atuais pretende-se penetrar, mediante um único sentido, o mundo das coisas concretas e dos fatos históricos vivos em sua irrepetibilidade e individualidade. O neokantismo esforçou-se para reunir tudo em um pensamento abstrato sobre o mundo, enquanto nos estudos estéticos atuais busca-se compreender as vivências concretas da vida e da história em toda a sua inconstância e diversidade.

A "vontade para tudo reduzir a um sistema" foi visivelmente substituída pelo desejo de dominar o mundo concreto material dos objetos e dos acontecimentos que são materialmente expressos, mas sem os fundamentos positivistas e sem a perda da sua união viva e racional.

O PROBLEMA DA SÍNTESE DE UMA VISÃO DE MUNDO FILOSÓFICA COM O CARÁTER OBJETIVO E CONCRETO DE UM ESTUDO HISTÓRICO

Essa crise simultânea do idealismo e do positivismo é vivida de modo muito agudo no pensamento científico europeu contemporâneo. Mas haveria um fundamento para uma solução positiva dessa crise?

Nós acreditamos que esse fundamento só pode estar no materialismo dialético. Em qualquer outro fundamento filosófico, a tarefa de unificar uma síntese ampla e

---

[XVI] N. T.: Emil Utiz (1883-1956), filósofo, psicólogo e historiador da arte nascido em Praga. Professor de filosofia e estética, foi influenciado por Max Dessoir e Edmund Husserl.

[XVII] N. T.: Richard Hamann (1879-1961), historiador da arte alemão, próximo de Max Dessoir e discípulo de Wilhem Dilthey. Foi professor de história da arte em Marburg.

uma concepção geral de mundo com o domínio dos fenômenos ideológicos, em sua diversidade material e em sua constituição histórica, revelou-se uma tarefa insolúvel e até contraditória. Para a concepção de mundo burguesa, entre o positivismo empirista banal e o idealismo propenso ao fechamento em si mesmo – *tertium non datur*.[XVIII] Uma "filosofia da vida" semimística, que sobrevive somente graças ao caráter inacabado de sua expressão e pensamento, só pode proporcionar uma solução aparente.

Somente o materialismo dialético pode realizar a almejada síntese da concepção de mundo filosófica com todo o estudo histórico concreto dos fenômenos específicos à arte, à ciência, à moral, à religião. Ele dispõe, para isso, de bases sólidas.

Mas é necessário ir além das declarações sobre os fundamentos mencionados, com suas infinitas repetições, para a elaboração, na sua base, dos problemas concretos do estudo da arte, da ciência etc. É necessário preencher a lacuna entre os estudos gerais das superestruturas ideológicas e a elaboração concreta das questões particulares. É preciso superar, de uma vez por todas, receios ingênuos de que a particularidade qualitativa, por exemplo, da arte possa, de repente, não ser sociológica. Como se no interior da série sociológica não pudesse haver profundas diferenças qualitativas!

É claro e não há qualquer dúvida de que a tendência de especificar foi usada para deixar de lado a sociologia. Mas disso resulta uma necessidade ainda maior de o próprio marxismo encarregar-se dessa especificação, sem ignorar todos os problemas especiais subsequentes nem as correspondentes orientações metodológicas específicas como ramificações de um método sociológico único.

O CARÁTER CONCRETO E MATERIAL DO MUNDO IDEOLÓGICO

Todos os produtos da criação ideológica – obras de arte, trabalhos científicos, símbolos e cerimônias religiosas etc. – são objetos materiais e partes da realidade que circundam o homem. É verdade que se trata de objetos de tipo especial, aos quais são inerentes significado, sentido e valor interno. Mas todos esses significados e valores são somente dados em objetos e ações materiais. Eles não podem ser realizados fora de algum material elaborado.

As concepções de mundo, as crenças e mesmo os instáveis estados de espírito ideológicos também não existem no interior, nas cabeças, nas "almas" das pessoas. Eles tornam-se realidade ideológica somente quando realizados nas palavras, nas ações, na

---

[XVIII] N. T.: Em latim, "não há meio termo".

roupa, nas maneiras, nas organizações das pessoas e dos objetos, em uma palavra, em algum material em forma de um signo determinado. Por meio desse material, eles tornam-se parte da realidade que circunda o homem.

Essa ligação de todas as significações ideológicas, por mais "ideais" e "puras" que sejam, com o material concreto e sua organização, é muito mais natural, essencial e profunda do que parecia antes. A filosofia e as ciências humanas gostavam demais de se ocupar com a análise dos aspectos puramente semânticos dos fenômenos ideológicos e com a interpretação de seus significados abstratos, subestimando as questões ligadas à sua realidade imediata nos objetos e às suas realizações efetivas nos processos das relações sociais.

Até nossos dias a ciência interessava-se somente pelos processos individuais, fisiológicos e, sobretudo, psicológicos da criação e da compreensão dos valores ideológicos, negligenciando o fato de que o homem individual e isolado não cria ideologia, que a criação ideológica e sua compreensão somente se realizam no processo da comunicação social. Todos os atos individuais participantes da criação ideológica são apenas os momentos inseparáveis dessa comunicação e são seus componentes dependentes, e, por isso, não podem ser estudados fora do processo social que os compreende como um todo.

O sentido ideológico, abstraído do material concreto, é oposto, pela ciência burguesa, à consciência individual do criador ou do intérprete. As ligações sociais complexas, dentro dos limites do ambiente material, são substituídas pela ligação inventada entre uma consciência individual solitária e o sentido que a ela se opõe.

O "sentido" e a "consciência" são dois termos fundamentais de todas as teorias e filosofias da cultura burguesa. A filosofia idealista ainda coloca, entre a consciência individual e o sentido, a "consciência transcendental" ou "consciência em geral" (*Bewusztsein überhaupt*), que deve zelar para que a união e a pureza dos sentidos abstratos não se dispersem nem se turvem na constituição viva da realidade material.

Com base em tal abordagem da criação ideológica, foram criadas determinadas práticas de pensamento e de pesquisa difíceis de superar. Implantava-se uma surdez e uma cegueira persistentes em relação à realidade ideológica concreta, à realidade dos objetos e das atividades sociais, assim como em relação àquelas ligações materiais complexas que interpenetram essa realidade. Nós, de bom grado, imaginamos a criação ideológica como um processo interior de entendimento, de compreensão, de penetração e não nos damos conta de que, na realidade, ela está completamente manifesta exteriormente – para os olhos, para os ouvidos, para as mãos –, que ela não se situa dentro de nós, mas entre nós.

Duas séries de problemas imediatos da ciência das ideologias

O primeiro princípio, do qual deve partir a ciência marxista das ideologias, é o da materialização e da completa objetividade do dado de toda a criação ideológica. Tudo está no mundo objetivo exterior, tudo é completamente acessível ao método único e objetivo do conhecimento e do estudo.

Cada produto ideológico e todo seu "significado ideal" não estão na alma, nem no mundo interior e nem no mundo isolado das ideias e dos sentidos puros, mas no material ideológico disponível e objetivo, na palavra, no som, no gesto, na combinação das massas, das linhas, das cores, dos corpos vivos, e assim por diante. Cada produto ideológico (ideologema) é parte da realidade social e material que circunda o homem, é um momento do horizonte ideológico materializado. Não importa o que a palavra signifique, ela, antes de mais nada, está materialmente presente como palavra falada, escrita, impressa, sussurrada no ouvido, pensada no discurso interior, isto é, ela é sempre parte objetiva e presente do meio social do homem.

Mas essa presença material do fenômeno ideológico não é presença física ou, de modo geral, puramente natural, e a esse fenômeno não está oposto, em absoluto, o indivíduo fisiológico e biológico.

Não importa o que a palavra signifique, ela estabelece uma ligação entre os indivíduos de um meio social mais ou menos amplo, ligação objetivamente expressa em reações unificadas das pessoas por meio da palavra, do gesto, da ação, da organização etc.

Não há significado fora da relação social de compreensão, isto é, da união e da coordenação mútua das reações das pessoas diante de um signo dado. A comunicação é aquele meio no qual um fenômeno ideológico adquire, pela primeira vez, sua existência específica, seu significado ideológico, seu caráter de signo. Todos os objetos ideológicos pertencem às relações sociais e não à utilização, à contemplação, à vivência e ao deleite hedonista individuais. É por isso que a psicologia subjetiva não pode abordar a significado de um objeto ideológico. Ocorre o mesmo com a fisiologia e a biologia.

É em relação a tudo isso que a ciência marxista das ideologias levanta duas séries de problemas fundamentais:
1. Os problemas das particularidades e das formas do material ideológico organizado como material dotado de significado;
2. Os problemas das particularidades e das formas de comunicação social que realizam esse significado.

Somente uma elaboração meticulosa de todos os problemas pertencentes a essas duas séries poderá trazer a forma acabada e a precisão necessárias para o estudo marxista do reflexo e da refração da existência nas significações ideológicas.

O PROBLEMA DO MATERIAL IDEOLÓGICO ORGANIZADO

Na primeira série de problemas levanta-se, antes de mais nada, a questão das particularidades gerais do material ideológico organizado, isto é, das particularidades dos objetos ideológicos na sua diferenciação quanto: 1) aos corpos físicos e, em geral, os corpos naturais, 2) aos instrumentos de produção e, finalmente, 3) aos produtos de consumo.

O positivismo naturalista e o materialismo mecanicista subestimaram ou simplesmente ignoraram as diferenças do primeiro tipo, isto é, as diferenças entre o objeto ideológico e o corpo natural, procurando descobrir, em todo lugar e, antes de mais nada, as leis mecânicas e naturais de alcance geral. É claro que, para o naturalismo subsequente, permanecem fora de seu alcance não só as formações ideológicas mais refinadas, como a ciência, a literatura, mas também todas as questões fundamentais da criação ideológica em geral. Como expressão mais consequente de tal naturalismo é possível apontar para a teoria das "leis fonéticas"[XIX] (*Lautgesetze*) na linguística dos neogramáticos ou para o estudo pragmático da cultura, entendida como adaptação do organismo humano ao meio puramente natural.

O positivismo utilitarista, capaz de infiltrar-se às vezes até no marxismo, ignorava as diferenças de segundo tipo, e compreendia os objetos ideológicos por meio da analogia com os instrumentos de produção (e em parte com os objetos de consumo).

Mas os instrumentos de produção não têm qualquer caráter semiótico, eles não expressam e nem refletem nada, eles têm apenas uma finalidade externa e a organização técnica de seu corpo físico adaptada à sua finalidade.

O positivismo utilitário aninhou-se solidamente nos estudos da arte da segunda metade do século XIX (sobretudo no campo da arqueologia clássica). Aqui, ele apoiou-se, prin-

---

[XIX] N. T.: Uma lei fonética designa o princípio da regularidade de uma mudança fonética dada. O termo foi empregado, na segunda metade do século XIX, por foneticistas neogramáticos, nos quais predominavam concepções positivistas segundo as quais as únicas causas verificáveis devem ser buscadas na atividade dos sujeitos falantes, que transformam a língua ao utilizá-la, e não em vastas explicações filosóficas. Para os neogramáticos, as leis fonéticas são imutáveis: o mesmo fonema, num contexto fonético dado, sofre, na mesma língua e durante certo período, a mesma mudança em todas as palavras da língua em questão. As causas de tais mudanças são de duas ordens: articulatória – passíveis de uma explicação fisiológica; e psicológica – tendência à analogia, baseada nas leis da associação de ideias.

cipalmente, na autoridade de Gottfried Semper,[2] que deu uma definição característica da obra de arte: "[...] *ein mechanishes Produkt aus Gebrauchszweck, Rohstoff und Technik*" ("um produto mecânico, constituído da finalidade prática, do material bruto e da técnica").

Essa é uma definição excelente e bastante completa para um instrumento de produção, mas não serve para descrever nenhum produto ideológico.

Em torno de tal compreensão da obra de arte, proliferou todo tipo de teorias que explicavam a origem de algumas formas e estilos artísticos a partir da técnica de produção correspondente (têxtil, de cerâmica, entre outras).

Todas essas teorias e a fórmula de Semper foram submetidas a uma crítica esmagadora por parte de Alois Riegl[3] e de August Schmarzov.[4]

Alois Riegl contrapôs a fórmula de Semper anteriormente citada à sua fórmula, que se tornou fundamental para todos os estudos ocidentais da arte da época contemporânea: "*Ein Kunsrwerk ist das Resultat eines bestimmten und zweckbeurissten Kunstwollens, das sich im Kampfe mit Gebrauchszweck, Rohstoff und Technik durchsetzt*" ("Uma obra de arte é o resultado de determinada vontade artística consciente de suas finalidades, realizando-se no processo da luta com a finalidade prática, com a matéria bruta e com a técnica").

Os conceitos de "vontade artística" (*Kunstwollen*) e de "resistência do material", aos quais também pertencem a finalidade utilitária (se ela existe) e a técnica da elaboração, são atualmente os conceitos fundamentais dos estudos formalistas da arte na Europa Ocidental. A técnica não possui nenhum papel criativo. A "habilidade" (*Können*) não exerce nenhuma influência determinante sobre a "vontade artística". Todos os movimentos e a evolução na história da arte explicam-se somente pela variação da "vontade artística" e, de modo nenhum, pela ampliação e pelo aprofundamento da "habilidade" artística. Assim, por exemplo, Worringer, em seu livro *Abstraktion und finfühlung* ("Abstração e empatia"), não explica as formas plásticas arcaicas (os braços colados ao corpo, as pernas juntas, e assim por diante) pela falta de habilidade correspondente (o que, nesse caso, seria realmente absurdo), mas mediante determinada vontade artística: tendência para compactação e integridade do corpo sem organicidade, preferência pelas formas não naturais às naturais.

O positivismo utilitário, com sua compreensão dos objetos ideológicos por analogia aos instrumentos de produção, pode ser considerado completamente superado nos estudos europeus contemporâneos da arte. A especificidade de um objeto ideológico, do material organizado ideologicamente, é reconhecida e compreendida por todos.

Com certeza o próprio conceito de "vontade artística" é inaceitável para o marxismo. Recusa-se também a oposição dessa vontade à habilidade técnica, mas, incontestavelmente, é absurdo compreender a história da arte como a do aperfeiçoamento da habilidade técnica. Entretanto, toda a parte crítica dos trabalhos sobre os estudos contemporâneos da arte, quando dirigida contra o positivismo em suas duas variantes (a naturalista e, sobretudo, a utilitarista), deve ser inteiramente aceita.

A distinção entre os objetos ideológicos como significantes, refletores e refratores da existência, e os instrumentos de produção deve ser assimilada e afirmada enfaticamente. Devem ser compreendidas e estudadas as formas especiais de organização do material ideológico, que se distinguem claramente de qualquer técnica de produção e não se reduzem a ela.

Finalmente, são muito difundidas as teorias que compreendem os objetos ideológicos por analogia com os produtos de consumo. É verdade que ninguém tem coragem de levar essa analogia até o fim. Aqui, nós não encontraremos a lógica do positivismo utilitário. Não obstante, de modo velado, essa concepção dos produtos ideológicos como objetos de consumo está muito difundida e, atualmente, começa a penetrar em quase todas as elaborações dos críticos burgueses decadentes.

Isso diz respeito, antes de mais nada, a todas as teorias hedonistas das ideologias, em especial às da arte. A compreensão da obra de arte como objeto de deleite e de vivência individuais expressa, na sua essência, justamente essa tendência a equiparar o fenômeno ideológico ao produto de consumo individual.

Entretanto, a obra de arte, como qualquer produto ideológico, é objeto da comunicação. Nela, são importantes não aqueles estados individuais do psiquismo subjetivo, tomados por si só, que ela desperta, mas as relações sociais, a interação de muitas pessoas que ela proporciona. Tudo aquilo que se realiza em um organismo psicofísico isolado, sem que ultrapasse seus limites, é igual a zero, no sentido ideológico. Todos os processos psíquicos e fisiológicos subjetivos são aqui somente ingredientes sem autonomia dos processos sociais.

O alimento é ingerido no organismo individual como tal; a roupa o aquece. Quando várias pessoas consomem produtos, elas, na medida em que se trata do processo de consumo, permanecem entidades desconexas. Por outro lado, a participação na percepção do produto ideológico pressupõe relações sociais específicas. Aqui, o próprio processo é internamente social. Uma coletividade possuidora de percepção ideológica cria formas específicas de comunicação social.

O auditório de um poeta, o público leitor de um romance, o auditório de uma sala de concerto, tudo isso corresponde a um tipo especial de organização coletiva, sociologicamente peculiar e extraordinariamente essencial. Fora dessas formas peculiares de comunicação social não há poema, nem ode, nem romance, nem sinfonia. Determinadas formas de comunicação social são constitutivas do significado das próprias obras de arte.

A doutrina da obra de arte enquanto um objeto de consumo individual, mesmo adotando-se formas refinadas e ideais (deleite artístico, deleite intelectual da verdade, bem-estar, êxtase artístico, e assim por diante), é completamente inadmissível para o marxismo, porquanto ela não é adequada à natureza especificamente social do fenômeno ideológico. E, por mais sublimes e refinadas que sejam as fórmulas propostas por essas doutrinas, elas, no final das contas, baseiam-se em um hedonismo grosseiro. Veremos adiante que nosso método formal também não evitou os desvios de tal hedonismo na compreensão das formas artísticas.

O SIGNIFICADO E O MATERIAL. O PROBLEMA DE SUAS RELAÇÕES

Depois de solucionada a primeira questão, isto é, depois do estabelecimento das particularidades específicas dos objetos com significações ideológicas enquanto diferentes dos corpos naturais, dos instrumentos de produção e dos objetos de consumo, a especificação deve continuar no interior do próprio mundo ideológico concreto. É necessário o estabelecimento de diferenças precisas e concretas entre as diversas ideologias: ciência, arte etc. Entretanto, essa diferenciação não deve ser feita em termos do seu significado abstrato, tal como fez a "filosofia da cultura" idealista, mas, sim, por um lado, a partir do ponto de vista das formas da sua realidade concreta e material, e, por outro, de suas significações sociais, que se realizam nas formas da comunicação concreta.

A realidade material concreta e o significado social devem ser sempre os critérios norteadores dessa especificação.

Antes de mais nada, observamos nos objetos ideológicos os tipos distintos de ligação do significado com seu corpo material. Essa relação pode ser mais ou menos profunda e natural. Assim, na arte, o significado é absolutamente inseparável de todos os detalhes do corpo material que a encarna.

A obra de arte é significativa em sua totalidade. A própria criação de um corpo-signo [*tiélo-znak*] tem aqui uma importância primordial. Os momentos tecnicamente auxiliares e, portanto, substituíveis estão reduzidos a um mínimo. A própria realidade singular do objeto, com todos os seus traços não repetíveis, adquire aqui significado artístico.

Na ciência, essa relação com o material que lhe dá forma é um pouco diferente. Embora mesmo que nesse caso não haja e não possa haver significado fora do material (como em todos os fenômenos ideológicos), esse mesmo material, em seu fundamento, possui um caráter convencional e substituível. Um significado científico traduz-se facilmente de um material para outro, reproduz-se e repete-se sem dificuldade. As características singulares e irrepetíveis da organização material de uma obra científica não têm, na maioria dos casos, importância. Em uma obra científica, existem muitos momentos acessórios, significativos somente de um ponto de vista técnico e, por isso, inteiramente substituíveis, e, muitas vezes, absolutamente indiferentes.

Mas, fora dessa relação com o material, com seus aspectos e particularidades nas diferentes ideologias, também são diversas as significações, isto é, diferentes são as funções da obra na unidade da vida social. Com respeito a isso, as relações sociais que produzem significado são variadas, isto é, o conjunto de todas aquelas ações e interações que se produzem e se organizam por meio do significado ideológico. Somente nelas se tornam compreensíveis também as diferentes relações das ideologias com a existência por elas refletida, que são peculiares a cada uma das leis ideológicas da refração dessa existência.

O PROBLEMA DAS FORMAS E TIPOS DE COMUNICAÇÃO IDEOLÓGICA

A questão da realização efetiva do significado introduz-nos no segundo conjunto já mencionado de problemas imediatos da ciência das ideologias.

Até agora, as formas e os tipos de comunicação ideológica mal foram estudados. De forma nefasta, manifestam-se aqui os hábitos de pensamento formados no idealismo, com sua tendência persistente a representar a vida ideológica como uma consciência solitária, oposta ao sentido.

Não é, entretanto, menos nocivo imaginar a relação ideológica de forma simplista, como uma multidão concentrada em um só lugar, por exemplo, em uma sala de concerto ou em uma exposição de arte. Tal comunicação direta é somente uma das espécies da comunicação ideológica, mas, atualmente, pode não ser uma das principais. As formas da relação direta são constitutivas somente para alguns gêneros artísticos.

Seria absurdo imaginar a comunicação científica como sendo constitutiva para as próprias formas da ciência, tais como uma reunião ou uma sessão científica. As formas de comunicação cognitiva são extremamente complexas, sutis e estão profundamente alicerçadas na base econômica. Com efeito, o fundamental para o homem – a reação coletiva e organizada diante da natureza – determina as próprias formas de conhecimento dela, desde uma simples tomada de consciência cotidiana até os métodos complexos para sua indagação científica. Cada ato de reflexão cognitiva é determinado pela orientação mútua entre as pessoas, e quanto mais complexa, diferenciada e organizada for essa orientação, tanto mais essencial e profundo será o conhecimento.

Não menos complexas e sutis são as formas de comunicação artística, que são extremamente variadas e diferenciadas: desde os "auditórios" íntimos do artista lírico de câmara, até as imensas "massas humanas" de um trágico e de um romancista.

Nos estudos da arte da Europa Ocidental, temos conhecimento de apenas um trabalho que dá a devida atenção às formas de comunicação artística na definição das estruturas das obras de arte: é a obra de P. Bekker[xx] sobre a história das formas sinfônicas de Beethoven a Mahler. Para esse autor, o auditório da sinfônica, entendido como uma coletividade organizada de determinada maneira, é um elemento da construção que determina o gênero sinfônico.[5]

Conceito e significado de meio ideológico

Os problemas fundamentais que enumeramos não esgotam, certamente, toda a série de problemas atuais da ciência marxista das ideologias. Resta ainda um muito importante que chamaremos de problema do meio ideológico.

O homem social está rodeado de fenômenos ideológicos, de "objetos-signo" dos mais diversos tipos e categorias: de palavras realizadas nas suas mais diversas formas, pronunciadas, escritas e outras; de afirmações científicas; de símbolos e crenças religiosas; de obras de arte, e assim por diante. Tudo isso em seu conjunto constitui o meio ideológico que envolve o homem por todos os lados em um círculo denso. Precisamente nesse meio vive e se desenvolve a sua consciência. A consciência humana não toca a existência diretamente, mas através do mundo ideológico que a rodeia.

O meio ideológico é a consciência social de uma dada coletividade, realizada, materializada e exteriormente expressa. Essa consciência é determinada pela existência econômica e, por sua vez, determina a consciência individual de cada membro da coletividade. De fato, a consciência individual só pode tornar-se uma consciência quando é realizada nessas formas presentes no meio ideológico: na língua, no gesto convencional, na imagem artística, no mito e assim por diante.

O meio ideológico é o meio da consciência. Somente por meio dele e com seu auxílio a consciência humana abre caminho para o conhecimento e para o domínio da existência socioeconômica e natural.

[xx] N. T.: Paul Bekker (1882-1937) foi um dos mais articulados e influentes críticos musicais da Alemanha do século xx.

O meio ideológico é sempre dado no seu vir a ser dialético vivo; nele, sempre existem contradições que, uma vez superadas, reaparecem. Mas para cada coletividade, em dada época do seu desenvolvimento histórico, esse meio se manifesta em uma totalidade concreta, singular e única, reunindo em uma síntese viva e imediata a ciência, a arte, a moral e outras ideologias.

O homem produtor real orienta-se diretamente no meio socioeconômico e natural por meio do seu trabalho. Mas cada ato de sua consciência bem como todas as formas concretas dos seus atos fora do trabalho (as maneiras, as cerimônias, os signos convencionais da comunicação etc.) orientam-se diretamente no meio ideológico, estão determinados por ele e, por sua vez, o determinam, embora reflitam e refratem somente indiretamente a existência socioeconômica e natural.

O conceito de meio ideológico concreto tem, em nossa opinião, uma enorme importância para o marxismo. Além da significação metodológica e teórica geral, esse conceito é dotado ainda de uma enorme importância prática. Com efeito, fora da criação puramente ideológica, toda uma série de atos sociais mais importantes está diretamente voltada para a elaboração desse meio em sua totalidade concreta. A política da educação e da formação social, a propaganda cultural, o trabalho de proselitismo, são todas formas de influência organizada sobre o meio ideológico que presumem o conhecimento de suas leis e das suas formas concretas.

Nesse caso, a filosofia da cultura idealista desempenhou um triste papel na compreensão do meio ideológico: ela nos acostumou a substituir as ligações vivas entre todas as formações ideológicas em um horizonte ideológico materialmente expresso pelas ligações sistemáticas entre os significados abstratos extratemporais e extraespaciais.

Para as ciências humanas positivistas, jamais existiu um meio ideológico unitário. Ele foi pulverizado no empirismo banal, repleto de fatos isolados, sem nenhuma relação entre si e, quanto mais isolado e sem sentido ficava um fato particular, tanto mais sólido e positivo parecia. É suficiente lembrar-se da linguística positivista e da história da língua dos neogramáticos ou da arqueologia clássica positivista, para convencer-se disso. As esperanças inúteis e falsas de reduzir a criação ideológica às leis da natureza conduziram a ignorar a união social e a lei do mundo ideológico.

O naturalismo e o pragmatismo ignoraram o meio ideológico na sua singularidade, assim como o fizeram com o meio socioeconômico, obrigando o organismo humano a adaptar-se diretamente ao meio biológico natural.

Os marxistas frequentemente subestimam a união concreta, a singularidade e a importância do meio ideológico e passam apressados demais e de maneira imediata do fenômeno ideológico isolado às condições do meio socioeconômico de produção. Neste caso, perde-se de vista o fato de que o fenômeno isolado é somente parte dependente do meio ideológico concreto e é determinado de forma direta por ele de modo mais imediato. Pensar que as obras particulares e separadas da união do mundo ideológico sejam determinadas, em seu isolamento, de forma direta por fatores econômicos é tão ingênuo quanto considerar que uma rima ajusta-se com outra rima e uma estrofe com outra dentro dos limites de um poema sob o efeito da ação imediata da causalidade econômica.

Esse é o conjunto de problemas mais imediatos da ciência marxista das ideologias. Esboçamos, aqui, somente as linhas fundamentais para sua delimitação e sua solução. O que nos importa é abordar as tarefas concretas de apenas um dos ramos dessa ciência: as tarefas dos estudos literários.

Somente uma elaboração minuciosa e profunda de todas as questões brevemente assinaladas trará uma diferenciação necessária ao método sociológico marxista unitário e permitirá o domínio científico, mediante o método mencionado, das estruturas específicas no fenômeno ideológico, em todos os seus detalhes.

Notas

[1] Esses fundadores dos estudos contemporâneos de arte na Europa não podem ser incluídos na corrente formalista, apesar de terem sofrido forte influência de Hildebrand. Eles foram especificadores no melhor sentido dessa palavra, livres de quaisquer ideias preconcebidas e quaisquer correntes.

[2] Cf. seu trabalho inacabado: *Stil in den technischen und tektonischen Künsten*. [N. T.: Gottfried Semper (1803-1879), arquiteto e historiador da arte alemão. Trabalhou em departamentos de história da arte em Dresden, Londres, Zurique e Viena; e realizou importantes obras arquitetônicas em Dresden e Viena. Seus trabalhos foram influenciados por Wilhelm Dilthey e Heinrich Wölfflin.]

[3] Cf. seu *Stilfragen, Grundlegung zu einer Geschichte der Ornamentik* (1893). [N. T.: Alois Riegl (1858-1905), historiador da arte austríaco, conhecido por seus trabalhos sobre arte medieval e barroca e figura-chave dos métodos modernos de história da arte.]

[4] Cf. seu *Grundbegriffe der Kunstwissenschaft* (1905), sobretudo I (Einleitung): "Gottfried Semper Alois Riegl". [N. T.: August Schmarzov (1853-1936), teórico e historiador da arte alemão, é conhecido por conceber a arquitetura como arte espacial. Foi professor de história da arte em Leipzig.]

[5] Ver Paul Bekker, *Die Symphonie Von Beethoven bis Mahler* (há tradução para o russo em brochura separada). Ver também o artigo de V. Volóchinov, "Slovo v jizni i slovo v poézii" ("A palavra na vida e a palavra na poesia"), *Zvezdá*, 1926, n. 6.

CAPÍTULO SEGUNDO

As tarefas imediatas dos estudos literários

O REFLEXO DO MEIO IDEOLÓGICO NO "CONTEÚDO" DE UMA OBRA LITERÁRIA

A união das áreas da ciência literária (poética teórica, poética histórica e história da literatura) está embasada, por um lado, na união dos princípios marxistas de compreensão das superestruturas ideológicas e da sua relação com a base, e, por outro, nas particularidades específicas (igualmente sociais) da própria literatura.

Os estudos literários são um dos ramos da ciência das ideologias. Todas as suas tarefas imediatas, por nós analisadas no capítulo anterior, valem, ainda, para os estudos literários, sendo, portanto, também suas tarefas imediatas. Porém, nesse âmbito, a delimitação correta e a elaboração das tarefas apontadas são agravadas por uma circunstância especial.

Entre as particularidades da literatura, há uma muito importante e que desempenhou e continua a desempenhar um papel nefasto na história dos estudos científicos dos fenômenos literários. Justamente ela tem desviado os historiadores e os teóricos da literatura do seu estudo direto, prejudicando a delimitação correta dos problemas dos estudos literários.

Essa particularidade diz respeito à relação da literatura com outras ideologias, com sua posição singular no todo do meio ideológico.

A literatura insere-se na realidade ideológica circundante como sua parte independente e ocupa nela um lugar especial sob a forma de obras verbais organizadas de determinado modo e com uma estrutura específica própria apenas a elas. Ela, como qualquer estrutura ideológica, refrata à sua maneira a existência socioeconômica em formação. Porém, ao mesmo tempo, a literatura, em seu "conteúdo", reflete e refrata as reflexões e as refrações de outras esferas ideológicas (ética, cognitiva, doutrinas políticas, religião, e assim por diante), ou seja, a literatura reflete, em seu "conteúdo", a totalidade desse horizonte ideológico, do qual ela é uma parte.

Geralmente, a literatura toma emprestados os conteúdos éticos, cognitivos e outros não do sistema do conhecimento e do *ethos*, nem dos sistemas ideológicos sedimentados (apenas o classicismo procedeu em parte dessa forma), mas diretamente do próprio processo de constituição viva do conhecimento, do *ethos* e de outras ideologias. É por isso que a literatura, com tanta frequência, antecipou os ideologemas filosóficos e éticos, ainda que sob uma forma pouco desenvolvida, mal fundamentada e intuitiva. Ela é capaz de infiltrar-se no próprio laboratório social das suas formações e formulações. O artista tem ouvido apurado para os problemas ideológicos em seu surgimento e desenvolvimento.

In statu nascendi o artista os escuta, por vezes, melhor do que o "homem da ciência", o filósofo ou o prático cautelosos. A formação do pensamento, da vontade ética e dos sentimentos, suas divagações, suas buscas pela realidade que ainda não ganharam forma, sua fermentação surda nas profundezas da assim chamada "psicologia social", todo esse fluxo ainda não articulado da ideologia em formação reflete-se e refrata-se no conteúdo das obras literárias.

O homem, sua vida e destino, seu "mundo interior", sempre são refletidos pela literatura dentro do horizonte ideológico; tudo, aqui, realiza-se no mundo de parâmetros e valores ideológicos. O meio ideológico é a única ambiência na qual a vida pode realizar-se como objeto da representação literária.

A vida, como totalidade de ações, acontecimentos e vivências determinadas, converte-se em enredo, fábula, tema, motivo,[1] somente refratada pelo prisma do meio ideológico, somente encarnada em uma ideologia concreta. Se ela ainda não foi refletida ideologicamente, a realidade bruta, como se diz, não pode fazer parte dos conteúdos da literatura.

Em qualquer enredo ou motivo que consideremos, havemos de desvendar sempre os valores puramente ideológicos que constituem sua estrutura. Se os concebermos, se colocarmos o homem diretamente no meio material de sua existência produtiva, isto é, se o imaginarmos dentro de uma realidade absolutamente pura, não refratada

---

[1] N. T.: Os formalistas definiam o motivo como a menor unidade temática de uma obra; a fábula como o conjunto de motivos em sua sucessão cronológica, de causa e efeito; e o enredo como o conjunto desses mesmos motivos, mas segundo a sucessão na qual aparecem em uma obra.

ideologicamente, não restará nada do enredo ou do motivo. Não um enredo concreto em particular, como o enredo de *Édipo rei* ou o de *Antígona*, mas qualquer enredo como tal é uma fórmula de vida refratada ideologicamente. Essa fórmula é constituída pelos conflitos ideológicos, por forças materiais já refratadas ideologicamente. Bem, mal, verdade, crime, dever, morte, amor, proeza etc., fora desses valores ideológicos e de outros semelhantes não há enredo nem motivo.

Com certeza, todos esses valores apresentam diferenças profundas, segundo pertençam ao horizonte ideológico de um senhor feudal, de um grande burguês, de um camponês ou de um proletário. Dependendo disso, são profundamente diferentes os enredos constituídos por esses valores. Mas a refração ideológica do mundo, que se tornou objeto de representação literária, refração cognitiva, ética, política ou religiosa, vem a ser uma condição prévia, obrigatória e insubstituível de sua entrada na estrutura da obra literária, em seu conteúdo.

Não apenas o enredo, mas também um motivo lírico, ou qualquer outro problema e, em geral, todo momento significativo do conteúdo é submetido a essa lei fundamental: por meio dela, a realidade já refratada ideologicamente toma forma artística.

OS TRÊS ERROS METODOLÓGICOS FUNDAMENTAIS DA CRÍTICA E DA HISTÓRIA DA LITERATURA RUSSA

Assim, a literatura reflete, em seu conteúdo, um horizonte ideológico, isto é, as outras formações ideológicas não artísticas (éticas, cognitivas etc.). Mas, ao refletir esses outros signos, a própria literatura cria novas formas e novos signos de comunicação ideológica. E esses signos, que são as obras literárias, tornam-se elementos efetivos da realidade social do homem. Ao refletir algo que se encontra fora delas, as obras literárias aparecem, ao mesmo tempo, como valores em si mesmas e como fenômenos singulares do meio ideológico. Sua realidade não se reduz a um único papel técnico e auxiliar para refletir outros ideologemas. Elas têm seu próprio papel ideológico autônomo e seu tipo de refração da existência socioeconômica.

Por isso, ao falar sobre o reflexo da existência na literatura, é necessário diferenciar com rigor dois tipos de reflexo:
1. o reflexo do meio ideológico no conteúdo da literatura; e
2. o reflexo da base econômica na própria literatura enquanto uma das superestruturas autônomas, assim como ocorre com todas as ideologias.

Esse duplo reflexo e essa dupla orientação da literatura para a existência complicam e dificultam, de forma extraordinária, a metodologia geral e o método concreto de estudo dos fenômenos literários.

A crítica literária e a história da literatura na Rússia (Pýpin,[II] Venguiérov[III] e outros), ao estudar o reflexo do meio ideológico no conteúdo, cometeram três erros metodológicos fatais:

1. Limitaram a literatura exclusivamente a esse reflexo, isto é, reduziram-na ao papel de simples serviçal e transmissora de outras ideologias, ignorando por completo a realidade autônoma das obras literárias, sua independência e especificidade ideológicas.
2. Tomaram o reflexo do horizonte ideológico pelo reflexo direto da própria existência, da própria vida. Não levaram em conta que o conteúdo reflete apenas o horizonte ideológico, que é somente o reflexo refratado da existência real. Desvendar o mundo artístico representado não significa ainda penetrar na realidade efetiva da vida.
3. Dogmatizaram e finalizaram os principais momentos ideológicos refletidos pelo artista no conteúdo, ao transformar os problemas vivos, tomados em sua formação, em fatos, afirmações e soluções prontas – filosóficos, éticos, políticos, religiosos. Não foi compreendido nem considerado aquele momento profundamente importante: que a literatura no fundamento do seu conteúdo reflete somente as ideologias em formação, somente o processo vivo de constituição do horizonte ideológico.

O artista não tem nada a fazer com postulados prontos e confirmados: eles serão inevitavelmente um corpo estranho na obra, um prosaísmo, uma tendência. Eles devem ocupar seu lugar natural no sistema da ciência, da moral, no programa do partido político, e assim por diante. Na obra literária, esses postulados dogmáticos prontos, no melhor dos casos, podem ocupar um lugar apenas das sentenças secundárias; eles nunca formam o próprio núcleo do conteúdo.

São esses os três erros metodológicos principais cometidos, de forma mais ou menos grosseira, por quase todos os críticos e historiadores da literatura. Eles tiveram

---

[II] N. T.: Aleksandr Nikoláevitch Pýpin (1837-1904) foi historiador, filólogo e professor de literatura na Universidade de São Petersburgo. É autor de obras importantes sobre história da literatura russa.

[III] N. T.: Semión Afanássievitch Venguiérov (1855-1920) foi professor e importante estudioso da obra de Púchkin no início do século XX. É autor de um dicionário monumental de escritores e eruditos russos. Seus seminários sobre Púchkin foram seguidos por eminentes formalistas, como Víktor Chklóvski (1893-1984), Borís Eikhenbáum (1886-1859) e Iuri Tyniánov (1894-1943).

por consequência que uma ideologia autônoma e específica, como a literatura, fosse reduzida a outras ideologias, dissolvendo-se nelas sem deixar rastro. Como resultado da análise literária da obra artística extraiu-se uma má filosofia, uma declaração sociopolítica superficial, uma moral ambígua, um ensino religioso efêmero. Aquilo que sobra dessa extração, isto é, o mais importante em uma obra literária, sua estrutura artística, foi simplesmente ignorado, como se se tratasse de mero suporte técnico para outras ideologias.

Mas esses mesmos extratos ideológicos eram profundamente inadequados em relação ao conteúdo real de uma obra. O que era dado na constituição viva e na união concreta do horizonte ideológico era ordenado, isolado e desenvolvido até chegar a uma construção finalizada e sempre de má qualidade dogmática.

A crítica literária e o "conteúdo"

Essa reação do crítico, e, sobretudo, de um crítico contemporâneo, é plenamente compreensível e em parte natural. O crítico, como também o leitor que o crítico representa, é normalmente levado por esse fluxo da ideologia em formação, que lhe é desvendada pelo artista. Se uma obra é realmente profunda e atual, o crítico e o leitor se reconhecem a si mesmos, seus problemas, seu vir a ser ideológico pessoal (suas "buscas"), reconhecem as contradições e conflitos do seu próprio horizonte ideológico que é sempre vivo e sempre complexo.

Com efeito, no horizonte ideológico de qualquer época e de qualquer grupo social não existe uma única verdade, mas várias verdades mutuamente contraditórias, não apenas um caminho ideológico, mas vários divergentes. Quando o homem escolhe uma das verdades como indiscutível e toma um dos caminhos como evidente, ele escreve um tratado científico, adere a alguma tendência, ingressa em algum partido. E tampouco nos limites do tratado, do partido, da crença, ele jamais poderá "dormir sobre os louros": o fluxo da constituição ideológica voltará a colocá-lo diante de dois caminhos duplos, duas verdades, e assim por diante. O horizonte ideológico está em constante formação, considerando que o homem não estacou em um atoleiro da vida. Tal é a dialética da vida viva.

E quanto mais intenso, tempestuoso e difícil for esse processo de constituição e quanto mais profundo e essencial for seu reflexo na obra literária autêntica, tanto mais ideológica, interessada, comprometida será a reação do crítico e do leitor. Isso é tão inevitável quanto bom.

Porém, é ruim se o crítico começa a impor ao artista afirmações enquanto tais como a "última palavra", e não como um pensamento em formação. É ruim se ele esquecer que na literatura não há filosofia, mas somente um filosofar; não há conhecimento, mas somente processo de cognição. É ruim se ele dogmatizar a composição do conteúdo ideológico extra-artístico como tal. Tampouco é bom se o crítico, por causa dessa constituição apenas refletida do horizonte ideológico extra-artístico, não perceber e não valorizar a constituição efetiva da arte sob a forma de uma obra determinada; não perceber a autonomia nem o dogmatismo já indiscutível e a solidez da posição puramente artística do autor.

Pois, na realidade, o artista só se afirma como tal no processo de escolha artística e de formação do material ideológico. E essa sua afirmação artística não é menos social e ideológica do que qualquer outra – seja cognitiva, ética ou política.

Uma crítica literária saudável e séria não deve ignorar tudo isso.

Tarefas da história da literatura em relação ao "conteúdo"

Tudo isso, porém, é pouco para o historiador e o teórico erudito da literatura.

O crítico pode permanecer dentro dos limites do horizonte ideológico, tanto do refletido pelo conteúdo quanto do artisticamente real. O historiador deve revelar o próprio mecanismo da constituição ideológica.

Por detrás da constituição do horizonte ideológico refletido e do real (diferenciados com rigor, porquanto a metodologia do seu estudo seja diferente), ele deve revelar a luta das classes sociais. Por meio do horizonte ideológico, ele deve examinar a existência socioeconômica real de determinado grupo social.

Para um historiador marxista da literatura, o mais fundamental é o reflexo da existência nas formas da própria literatura como tal, isto é, o modo como a vida social é expressa na linguagem específica de uma obra poética. Ele preferirá estudar a linguagem das outras ideologias por meio de documentos mais diretos, e não pela sua refração secundária na estrutura da obra artística.

O menos lícito para um marxista é tirar quaisquer conclusões diretamente do reflexo secundário de qualquer ideologia na literatura acerca da realidade social de uma época dada, como fizeram e fazem os pseudossociólogos, prontos a projetar qualquer elemento estrutural de uma obra artística, por exemplo, o protagonista ou enredo, diretamente na vida real. Para um sociólogo autêntico, o protagonista de um romance e o acontecimento do enredo, certamente, falarão muito mais como elementos da estrutura artística, isto é, na sua linguagem artística própria, do que suas ingênuas projeções diretas na vida.

O REFLEXO DO HORIZONTE IDEOLÓGICO E A ESTRUTURA ARTÍSTICA NA OBRA LITERÁRIA

Analisemos um pouco mais detalhadamente as relações entre o horizonte ideológico refletido e a estrutura artística na unidade de uma obra literária.

O protagonista do romance, por exemplo, Bazárov,[IV] de Turguiênev, fora da estrutura romanesca, não é de modo algum um tipo social no sentido rigoroso dessa palavra, mas somente uma refração ideológica de um tipo social determinado. Bazárov não é, de modo algum, um *raznotchínets*[V] em sua existência real, como o define a história socioeconômica científica. Bazárov é uma refração ideológica do *raznotchínets* na consciência social de um grupo determinado, que, em Turguiênev, era a nobreza liberal. No essencial, esse ideologema do *raznotchínets* é ético-psicológico, e, em parte, também filosófico.

Esse ideologema do *raznotchínets* é um elemento inalienável do horizonte ideológico único do grupo social da nobreza liberal, à qual pertencia Turguiênev. A imagem de Bazárov é um documento indireto desse horizonte ideológico. Mas essa mesma imagem é distante e quase inutilizável como documento para a história socioeconômica dos anos 50 e 60 do século XIX, isto é, como material para o estudo verdadeiro do *raznotchínets* histórico.

É o que ocorre se consideramos Bazárov fora da estrutura artística do romance. Porém, na realidade, Bazárov não nos é dado diretamente como ideologema ético-filosófico, mas como elemento estrutural da obra poética. E nisso está sua realidade fundamental para o sociólogo.

Bazárov é, antes de tudo, o "protagonista" do romance de Turguiênev, isto é, um elemento de um gênero determinado em sua realização concreta. Aqui, o ideologema *raznotchínets* visto por um nobre assume uma função artística determinada: antes de

---

[IV] N. T.: Personagem do romance *Pais e filhos* (tradução para o português pela editora Cosac Naify, 2004) de Ivan Serguiéevitch Turguêniev (1818-1883). Bazárov é discípulo dos materialistas vulgares para quem tudo que não é útil é puro romantismo. Ele não admite a coexistência de diferentes pontos de vista.

[V] N. T.: No século XIX, são intelectuais de variada origem social, como aponta a etimologia da palavra, que preconizavam uma mudança social drástica.

tudo, no enredo; depois, no tema (no sentido amplo da palavra), no problema temático e, por fim, na construção da obra em sua totalidade.

Aqui, essa imagem é construída de uma maneira absolutamente diferente e desempenha outras funções quando comparada, digamos, com as imagens dos protagonistas da tragédia clássica.

É verdade que nosso ideologema do *raznotchínets*, ao entrar no romance e ao se tornar um elemento da estrutura dependente da totalidade artística, não deixa de ser, de modo algum, um ideologema ético-filosófico. Ao contrário, ele transfere para a estrutura do romance todo seu significado ideológico extra-artístico, toda sua seriedade e toda a plenitude da sua responsabilidade ideológica. Um ideologema, privado de seu significado direto, de seu ferrão ideológico, não pode integrar-se à estrutura artística, porquanto ele não introduz justamente aquilo que é necessário à estrutura poética, que é seu momento constitutivo, isto é, sua agudeza ideológica plenamente significante.

Mas, sem perder seu significado direto, um ideologema, ao entrar na obra literária, ingressa em uma nova ligação química, mas não mecânica, com as peculiaridades da ideologia artística. Seu *pathos* ético-filosófico torna-se um ingrediente de um *pathos* poético, enquanto a responsabilidade ético-filosófica é absorvida pelo todo da responsabilidade artística do autor, pela totalidade da sua atuação artística. Esta última é, com certeza, a própria atuação social, como também o são a ético-filosófica, a política e qualquer outra.

É necessário um método específico e uma metodologia concreta e bem elaborada para extrair, de maneira cuidadosa e minimamente precisa, os ideologemas extra-artísticos a partir das estruturas artísticas. Na maior parte dos casos, tal trabalho é totalmente injustificado e inútil.

As intenções puramente artísticas do romance penetram até o fundo o ideologema ético-filosófico de Bazárov. É muito difícil separá-lo do enredo. Pois o enredo, com suas leis específicas, sua lógica, determina a vida e o destino de Bazárov em um grau bem mais alto que a concepção refletida, ideológica e extra-artística da sua vida enquanto *raznotchínets*.

Não é menos difícil separar esse ideologema da totalidade da unidade temática que, em Turguiênev, tem uma coloração lírica, e do problema temático das duas gerações.[VI]

Geralmente, o protagonista é uma formação literária extremamente complexa. Ele é construído no ponto de intersecção das linhas estruturais mais importantes da

---

[VI] N. T.: O romance de Turguênev, *Pais e filhos* (*Ottsí i diéti*, 1862), reúne vários conflitos artísticos, entre os quais se destacam os conflitos arquetípicos entre pais e filhos, o velho e o novo etc., que se reproduzem em cada época.

obra. Por isso é tão difícil separar o ideologema extra-artístico, que se encontra em seu fundamento, do puro tecido artístico que o envolve. Os problemas metodológicos e as dificuldades são, aqui, muito numerosos; de propósito, nós os simplificamos um pouco e não os desenvolvemos de forma plena.

Aproveitemos uma analogia grosseira das ciências naturais. O oxigênio como tal, ou seja, em toda a sua peculiaridade química, entra na composição da água. Mas é preciso um método químico determinado e o domínio de uma metodologia de laboratório específica, isto é, da produção técnica de análises concretas sob o fundamento metodológico da química geral, para retirá-lo da água.

O mesmo ocorre em nosso exemplo: a existência incondicional de um ideologema ético-filosófico na composição de uma totalidade artística de forma alguma garante a correção e a pureza metodológica de sua extração. Ele se apresenta em composição química com o ideologema artístico.

Além disso, uma metodologia especial é necessária para relacionar a extração do ideologema individual com a unidade do horizonte ideológico do grupo social correspondente. Pois esse ideologema, retirado da obra na qual ele existia como um elemento dependente, torna-se, em seguida, um elemento dependente do horizonte ideológico geral.

Diante de tudo isso, é necessário, ainda, levar em conta, do modo mais rigoroso, o fato de que o próprio ideologema e o horizonte ideológico que o abarca se apresentam em processo de constituição. O ideologema do *raznotchínets* na imagem de Bazárov não é, de modo algum, uma afirmação ético-filosófica no sentido exato dessa palavra, mas uma constituição contraditória dessa afirmação. Isso não pode ser esquecido.

Mas a principal tarefa do marxista, seja ele historiador ou teórico da literatura, reiteramos, não consiste na extração dos ideologemas extra-artísticos, mas na definição social do próprio ideologema artístico, isto é, da própria obra literária.

Certamente, é possível extrair o oxigênio da água, se for preciso. Mas o oxigênio não equivale à água como um todo. A água figura na vida e é necessária nela justamente como um todo. Assim, o romance está presente na vida social e é eficiente dentro dela justamente como romance, como totalidade artística. A tarefa fundamental do teórico e historiador da literatura é estudar o romance como tal, e não o ideologema, inserido nele, do ponto de vista de suas funções artísticas nesse romance.

Tanto a estrutura artística do romance em sua totalidade quanto as funções artísticas de cada um dos seus elementos não são menos ideológicos e nem menos sociológicos do que os ideologemas éticos, filosóficos e políticos. Mas a ideologia artística do romance é, para o pesquisador da literatura, mais direta, mais primária do que os ideologemas extra-artísticos apenas refletidos e duplamente refratados nele.

Um ideologema extra-artístico introduzido em uma obra literária, em ligação química com a construção artística, forma a unidade temática de determinada obra. Essa unidade temática representa um modo singular, próprio somente da literatura, de orientação na realidade que confere a possibilidade de dominar aspectos da realidade inacessíveis a outras ideologias. Tudo isso compete a um estudo especial fundamentado em procedimentos metodológicos especiais.

O "CONTEÚDO" DA LITERATURA COMO PROBLEMA DA ESTÉTICA E DA POÉTICA

A particularidade da estrutura artística por nós analisada, sua riqueza de conteúdo, isto é, a inserção natural de outras ideologias no processo de sua constituição, é patrimônio comum de quase todas as estéticas e poéticas, com exceção das estéticas orientadas para as correntes decadentes da criação artística.

Entre os estudos estéticos mais recentes, essa particularidade é fundamentada e analisada de forma minuciosa e de acordo com certos princípios na estética de Hermann Cohen,[VII] ainda que na linguagem idealista de seu sistema filosófico.

Cohen concebe o "estético" como uma espécie de superestrutura sobre outras ideologias, sobre a realidade do conhecimento e do ato. A realidade, dessa maneira, entra na arte já como um fato conhecido e eticamente avaliado. Entretanto, essa realidade do conhecimento e da avaliação ética é, para Cohen, que é um idealista mais coerente, uma "última realidade". Cohen desconhece a existência real, a que determina o conhecimento e a avaliação ética. Para Cohen, o horizonte ideológico, privado, ademais, do caráter concreto e material, e sintetizado em uma unidade sistemática e abstrata, é a realidade última.

É perfeitamente compreensível que, diante dessas premissas idealistas, a estética de Cohen não tenha dominado toda a plenitude concreta da obra de arte e suas relações concretas com outros fenômenos ideológicos. Ele substitui essas relações concretas pelas relações sistemáticas entre as três partes do sistema filosófico: a lógica, a ética e a estética. Também é perfeitamente compreensível que Cohen não tenha desenvolvido

---

[VII] N. T.: Hermann Cohen (1842-1918) foi um filósofo alemão fundador da Escola Neokantiana de Marburg. M. I. Kagan (1889-1937), atraído pelo socialismo ético da Escola de Marburg, foi discípulo de Hermann Cohen e integrou, após sua volta da Alemanha, o "Seminário Kantiano" em Niével, do qual faziam parte, entre outros, Medviédev, Volóchinov e Bakhtin.

nem analisado aquelas funções artísticas que os ideologemas extra-artísticos, conhecimento e avaliação ética, desempenham na estrutura concreta da obra.

A mesma ideia de inclusão de valores extraestéticos na obra de arte foi, embora de modo menos preciso e fundamentado, desenvolvida na estética idealista de Jonas Cohn[1] e Broder Christiansen.[2] De modo ainda menos preciso, essas ideias foram analisadas nas estéticas psicológicas da empatia (*Einfühlungsästetik*) de Lipps[VIII] – e Volkelt.[IX] Aqui já não se trata de incluir os ideologemas na estrutura concreta da obra de arte, mas das diferentes combinações no psiquismo do artista e do contemplador entre, por um lado, os atos cognitivos e éticos (sensações e emoções) e, por outro, os atos estéticos. Tudo está dissolvido no mar de vivências, no qual esses autores tentam tatear, em vão, algumas relações e leis estáveis. A colocação dos problemas concretos dos estudos da arte nesse instável terreno subjetivo e psicológico, com certeza, é impossível.

É possível encontrar nosso problema colocado de forma mais concreta nas metodologias do estudo da arte de Max Dessoir e Emil Utiz; este último no terreno do método fenomenológico. Entretanto, não encontramos aqui aquele grau de precisão e concretude metodológicas que pudesse satisfazer a ciência marxista das ideologias.

As construções estéticas de Hamann[3] trouxeram uma grande confusão a essa questão. Esse esteta e estudioso da arte, sob a influência das artes, ou mais precisamente das correntes não objetuais e do expressionismo nas artes figurativas, superestimou, sobretudo em seus últimos trabalhos, o caráter "reificado" e a "artificialidade construtiva" de uma obra de arte. Em suas primeiras obras, ele superestimou o princípio de distanciamento e isolamento estético,[4] correto de um modo geral, mas puramente negativo e vazio do ponto de vista formal.

O PROBLEMA DO DISTANCIAMENTO E DO ISOLAMENTO

Iremos nos deter um pouco mais minuciosamente no princípio do distanciamento e do isolamento, em vista de sua importância geral para a estética. Pois pode parecer que o distanciamento e o isolamento da obra de arte e de seu conteúdo contradizem as particularidades, antes analisadas por nós, da estrutura poética.

[VIII] N. T.: Theodor Lipps (1851-1914), psicólogo alemão, foi professor na Universidade de Munique. Ficou mais conhecido por sua teoria estética, em particular o conceito de empatia, que descrevia como o ato de projetar-se no objeto de percepção.

[IX] N. T.: Johannes Volkelt (1848-1930), filósofo neokantiano alemão, foi professor em Leipzig.

De fato, isso, com certeza, não é assim. Se esse princípio é compreendido corretamente, não há aqui nenhuma contradição. O que precisamente distancia-se e isola-se na arte? E do que provém esse distanciamento?

Certamente, não se distanciam as qualidades físicas abstratas, mas justamente os significados ideológicos, de qualquer fenômeno da realidade social e da história. O distanciamento em relação à arte já não provém do seu significado ideológico. Ao contrário, é justamente esse significado que faz parte da existência distanciada da arte. O fenômeno entra na arte precisamente como o bom ou o mal, o insignificante ou o grande etc.

Já sabemos que, fora das avaliações ideológicas, abstraindo-as, o enredo, o tema e o motivo não podem ser realizados. De fato, o distanciamento é feito não a partir do valor ideológico do fenômeno, mas a partir da sua realidade e de tudo aquilo que está ligado à existência efetiva desse fenômeno: uma possível atração sensual, a orientação para o consumo individual, o medo diante da representação, e assim por diante. O fenômeno entra na existência distanciada da arte com todos os seus coeficientes avaliativos; não como corpo natural nu e sem sentido, mas como significação social.

Porém, distanciado da realidade, isolado dos seus vínculos pragmáticos, o significado social, que compõe o conteúdo da obra, vai unir-se novamente com a realidade e com os laços que ela possui sob outro ângulo, em outra categoria social; e o será justamente como elemento da obra de arte, a qual como realidade social específica não é menos real e nem menos eficiente do que outros fenômenos sociais.

Ao voltar ao nosso exemplo, veremos que o romance de Turguiênev não é menos real e, enquanto fator real, não está menos entrelaçado de modo estreito e indissolúvel com a vida social dos anos 1860 do que um *raznotchínets* real e vivente, sem falar no ideologema do *raznotchínets* segundo a concepção da nobreza. Nota-se somente que sua realidade, enquanto romance, é outra em comparação com o real homem social que foi o *raznotchínets*.

Assim, o significado social, que faz parte do conteúdo do romance ou de outra obra distanciada da realidade por um de seus aspectos, compensa-se pela sua nova integração à realidade social, sob outra categoria social. Não se deve perder de vista essa realidade social de um romance em prol da realidade refletida e distanciada dos elementos do seu conteúdo.

A realidade de um romance, seu contato com o real, sua participação na vida social, não se reduz unicamente ao reflexo da realidade em seu conteúdo. Não, ele participa da vida social e é eficiente justamente como romance e ocupa na realidade social um lugar importante, às vezes não menos importante do que os fenômenos sociais refletidos em seu conteúdo.

O medo de perder o contato com a realidade imanente da literatura em prol de outra realidade, somente refletida nela, não deve levar à negação da presença desta última na obra literária, como se faz no formalismo russo, ou ao menosprezo de seu papel estrutural nela, como no formalismo europeu. Isso é nefasto não somente do ponto de vista dos interesses metodológicos gerais e sociológicos (relativamente) extrínsecos à arte, mas também do ponto de vista da própria arte, pois se menospreza um dos elementos estruturantes mais importantes e fundamentais, e, devido a isso, toda a sua estrutura é deformada.

Uma correta orientação filosófica geral e a necessária precisão metodológica, em todas as questões expostas, podem ser dadas somente no terreno do marxismo. Somente aqui a realidade específica da literatura pode ser acordada com o conteúdo do horizonte ideológico (isto é, de outros ideologemas) nela refletido, articulando-se à unidade da vida social sobre a base de uma lei socioeconômica, que penetra de ponta a ponta toda a criação ideológica.

No terreno do marxismo, diante da premissa do caráter sociológico de todos os fenômenos ideológicos, incluídas as estruturas poéticas com todos seus detalhes e nuances puramente artísticos, evita-se igualmente tanto o perigo de uma fetichização da obra e sua transformação em objeto sem sentido, convertendo a percepção artística na "sensação" descarnada dessa coisa – como no nosso formalismo –, quanto o perigo oposto da transformação da literatura em simples serva de outras ideologias, perdendo a obra literária em sua especificidade artística.

Objeto, tarefas e métodos da história da literatura

O horizonte ideológico, além de refletir-se no conteúdo da obra literária, exerce uma influência determinante nela como um todo.

A obra literária, de modo mais preciso, é parte de um meio literário, entendido como a totalidade das obras literárias socialmente influentes em dada época e em dado grupo social. Do ponto de vista estritamente histórico, uma obra literária isolada não é autônoma e, por isso, é realmente um elemento inseparável do meio literário. Nesse meio, ela ocupa um lugar determinado e é diretamente determinada por suas influências. Seria absurdo pensar que a obra, que ocupa um lugar justamente no meio literário, pudesse escapar da sua influência direta e determinante e pudesse distanciar-se da unidade natural e das leis desse meio.

Mas o próprio meio literário, por sua vez, é somente um elemento dependente e, por isso, realmente inseparável do meio ideológico geral de dada época e de dada totalidade social. A literatura, tanto em sua integridade como em cada um dos seus elementos, ocupa um lugar determinado no meio ideológico, sendo orientada nele e determinada por sua influência direta. Por sua vez, o meio ideológico como um todo e em cada um dos seus elementos é igualmente um elemento dependente do meio socioeconômico, determinado e penetrado de baixo para cima por uma única lei socioeconômica.

Recebemos, desse modo, um sistema complexo de inter-relações e de interações. Cada elemento desse sistema é determinado por algumas peculiaridades, que são mutuamente permeáveis.

Uma obra literária não pode ser compreendida fora da unidade da literatura. Mas essa unidade em seu todo, assim como cada um de seus elementos, não pode ser compreendida fora da unidade da vida ideológica. Por sua vez, essa unidade não pode ser estudada em sua totalidade, nem em seus elementos isolados, fora de uma única lei socioeconômica.

Dessa forma, para extrair e determinar a fisionomia literária de uma obra, é impossível não extrair, ao mesmo tempo, sua fisionomia ideológica geral, pois uma não pode existir sem a outra, e a revelação desta última nos levará à sua natureza socioeconômica.

Somente diante da observação de todas essas condições é possível realizar o autêntico estudo histórico concreto da obra de arte. Não é possível escapar de nenhum dos elos dessa cadeia unitária da compreensão do fenômeno ideológico, tampouco é possível deter-se em um elo sem passar ao próximo. É completamente inadmissível estudar a obra literária direta e exclusivamente como elemento do meio ideológico, como se ela fosse um exemplar único da literatura, e não um elemento direto do mundo literário em sua peculiaridade. Sem haver concebido o lugar de uma obra na literatura e a sua dependência direta dela, não se pode compreender seu lugar no meio ideológico.

É ainda mais inadmissível saltar diretamente por dois elos e tentar compreender uma obra diretamente a partir do seu meio socioeconômico, como se ela fosse um exemplo único da criação ideológica e não se orientasse no meio socioeconômico, antes de tudo, a partir de toda a literatura e de todo o horizonte ideológico conjuntamente, como seu elemento inalienável.

É tudo isso que determina as tarefas e os métodos extremamente complexos da história da literatura.

A história da literatura estuda a vida concreta de uma obra literária na unidade do meio literário em constituição; esse meio literário dentro da constituição do meio ideológico que a abarca; este último, por fim, na constituição do meio socioeconômico que o rodeia. Desse modo, o trabalho do historiador da literatura deve realizar-se na interação contínua com a história das outras ideologias e com a história socioeconômica.

O historiador marxista não tem motivo para temer o ecletismo e a substituição da história da literatura pela história da cultura. Esse ecletismo e essa substituição são perigosos somente no terreno do positivismo, onde a unidade é obtida sempre à custa da confusão e de toda sorte de substituições. A unidade concreta do materialismo histórico não teme tais especificações e diferenciações e, ao mesmo tempo, nunca perderá de vista, por causa delas, a unidade concreta do princípio e do método.

O medo do ecletismo e da substituição pode ser explicado por meio de uma convicção ingênua de que a especificidade e a peculiaridade de alguma área podem ser mantidas apenas por meio do seu isolamento absoluto, por meio da desconsideração de tudo que esteja fora dela. Porém, na verdade, toda área ideológica, assim como todo fenômeno ideológico separado, obterá sua verdadeira particularidade e especificidade justamente na interação viva com outros fenômenos.

Ao se estudar a literatura na interação viva com outros campos e na unidade concreta da vida socioeconômica, não somente não se perde de vista sua peculiaridade como, ao contrário, é somente nesse processo de interação que essa peculiaridade poderá revelar-se e determinar-se plenamente, sob todos os aspectos.

O historiador da literatura não deve esquecer, nem por um minuto, a dupla ligação de uma obra literária com o meio ideológico: por meio do reflexo desse meio em seu conteúdo e por meio de sua participação direta nele, em toda sua especificidade artística, como sua parte singular.

O fato de que a obra literária é determinada antes de tudo e diretamente pela própria literatura não pode e não deve, certamente, intimidar o historiador marxista. O marxismo admite, plenamente, a influência determinante de outras ideologias sobre a literatura. Além disso, ele admite a ação inversa das ideologias sobre a própria base. Por conseguinte, ele pode e deve, ainda mais, admitir a ação da literatura sobre a própria literatura.

Mas essa ação da literatura sobre a literatura não deixa de ser uma influência sociológica. A literatura, como qualquer outra ideologia, é social do começo ao fim. Uma obra literária individual não reflete a base "por sua conta e risco", separada e descolada da literatura como um todo. E a base não determina uma obra literária como se "a chamasse de lado" e "em segredo" do resto da literatura. Não, a base age justamente em toda a literatura e no meio ideológico como um todo, e exerce tal ação sobre uma obra particular enquanto obra literária, isto é, como um elemento desse todo, em sua ligação ininterrupta com a totalidade de uma situação literária dada.

A lei socioeconômica sabe falar a linguagem da própria literatura, assim como sabe expressar todas as linguagens ideológicas. A confusão e as rupturas são responsabilidade somente dos maus teóricos e historiadores, os quais imaginam que o fator sociológico deve ser necessariamente um fator "alheio" que, no caso da literatura, deveria ser forçosamente um "fator extraliterário", assim como na ciência seria um "fator extracientífico", e assim por diante.

Na realidade, a lei socioeconômica exerce uma ação sobre todos os elementos da vida social e ideológica, tanto de dentro quanto de fora. A ciência não deve deixar de ser ela mesma para tornar-se um fenômeno social; se assim ocorrer, ela se tornará uma ciência ruim. Mas, além disso, mesmo como ciência ruim, ela não deixa de ser um fenômeno social.

Mas o historiador da literatura deve realmente prevenir-se da transformação do meio literário em um mundo absolutamente fechado e centrado em si. A doutrina das séries culturais fechadas e independentes entre si é totalmente inadmissível. A peculiaridade de uma série ou, mais precisamente, do meio, como já havíamos visto, só pode ser explicada pela interação dessa série, tanto no todo quanto em cada um dos seus elementos, com todas as outras séries na unidade da vida social.

Cada fenômeno literário (assim como todo fenômeno ideológico), repetimos, é determinado tanto de fora quanto de dentro. De dentro, pela própria literatura. De fora, pelos outros campos da vida social. Mas, ao se determinar de dentro, uma obra literária o faz de fora também, pois a literatura que a define, por sua vez, é determinada de fora. E, ao se determinar de fora, ela também o faz de dentro, pois os fatores externos a determinam justamente como uma obra literária na sua especificidade e de acordo com toda situação literária, e não fora dela. Desse modo, o interno torna-se externo e vice-versa.

Essa dialética não é tão complexa. Somente no terreno dos resquícios primários e mecânicos pode manter-se aquela diferenciação realmente grosseira, inerte e irreversível entre os "fatores internos e externos" do desenvolvimento dos fenômenos ideológicos, que aparece, com muita frequência, nos trabalhos marxistas sobre a literatura e outras ideologias. Além disso, normalmente suspeita-se que o "fator interno" não seja suficientemente fiável do ponto de vista sociológico!

Qualquer fator externo, que exerça uma ação sobre a literatura, produz nela um efeito puramente literário, e esse efeito torna-se um fator interno determinante para o desenvolvimento posterior da literatura. E mesmo esse fator interno converte-se em um fator externo para outras esferas ideológicas, as quais irão reagir a ele na sua linguagem interna; essa reação, por sua vez, será um fator externo para a literatura.

Mas, certamente, todo esse jogo dialético dos fatores realiza-se nos limites de uma única lei sociológica. Nada na criação ideológica sai dos limites dessa lei: ela reina em cada recanto, em cada detalhe íntimo, por mais interno que seja, de uma construção ideológica. Nesse processo de contínua interação dialética, tudo conserva sua peculiaridade. A arte não deixa de ser arte, assim como a ciência não deixa de ser ela mesma. E tampouco a lei sociológica perde sua unidade e seu poder de determinação geral.

Somente na base dessa concepção dialética da peculiaridade e da interação entre os diversos fenômenos ideológicos pode ser construída uma história da literatura autenticamente científica.

Objeto, tarefas e método da poética sociológica

Entretanto, a história da literatura ainda não esgota todas as tarefas dos estudos literários. Mais do que isso, ela mesma pressupõe uma ciência que revelaria a peculiaridade das estruturas poéticas enquanto estruturas poéticas *sui generis*, isto é, a história científica da literatura pressupõe uma poética sociológica.

O que é uma obra literária? Qual é sua estrutura? Quais são os elementos dessa estrutura e quais são suas funções artísticas? O que é o gênero, o estilo, o enredo, o tema, o motivo, o protagonista, o metro, o ritmo, a melodia, e assim por diante? Todas essas questões, e, em particular, aquela sobre o reflexo do horizonte ideológico no conteúdo da obra e sobre as funções desse reflexo no conjunto de sua estrutura artística, pertencem ao vasto campo de pesquisas da poética sociológica.

Esse campo deve, antes de tudo, realizar todas aquelas tarefas que examinamos no primeiro capítulo de nosso trabalho, concretizando-as no material da literatura.

Em geral, a história da literatura já pressupõe as respostas da poética sociológica às questões colocadas. A história da literatura deve partir de conhecimentos precisos sobre a essência das estruturas ideológicas cuja história concreta está acompanhando.

Mas, ao mesmo tempo, a própria poética sociológica, para não se tornar dogmática, deve orientar-se para a história da literatura. Entre essas duas ciências deve haver interação constante. A poética proporciona à história da literatura as diretrizes fundamentais para a especificação do material de pesquisa e as principais definições de suas formas e tipos. A história da literatura traz suas correções para as definições da poética, tornando-as mais flexíveis, dinâmicas e adequadas à multiplicidade do material histórico.

Nesse sentido, podemos falar da necessidade da poética histórica específica ser um elo de intermediação entre a poética teórico-sociológica e a história da literatura.

Entretanto, a divisão entre poética teórica e histórica possui caráter mais técnico do que metodológico. A poética teórica deve ser histórica.

Cada definição da poética sociológica deve ser adequada a toda evolução da forma a ser definida. Assim, por exemplo, a definição de um romance oferecida pela poética sociológica deve possuir caráter dinâmico e dialético. Ela precisa tratar o romance como uma série de variedades desse gênero que se alteram, deve ser adequada justamente a essa série em constituição. A definição de um romance, que é incapaz de abranger todas as formas anteriores da sua constituição histórica, está longe de ser científica, é uma declaração artística de uma tendência literária, ou seja, ela expressa as avaliações e as opiniões dessa tendência em relação ao romance.

Para não se transformar em programa de uma escola literária (que é um destino real da maioria das poéticas) ou, no melhor dos casos, em um programa de toda modernidade literária, a poética sociológica deve ser historicamente orientada. O método dialético dá a ela uma arma insubstituível para a construção das definições dinâmicas, ou seja, aquelas que são adequadas à série em constituição do desenvolvimento de um gênero, de uma forma etc. Apenas com base na dialética é possível evitar, nas definições, tanto o normativismo e a assertividade dogmática quanto a dissipação positivista na multiplicidade dos fatores que não são ligados a nada e unidos apenas de forma condicional.

Então, o papel da poética histórica é o de preparar a perspectiva histórica para definições generalizantes e sintetizantes da poética sociológica; isso por meio de uma série de pesquisas monográficas sobre a história de um ou outro gênero ou até mesmo de um ou outro elemento estrutural como, por exemplo, a obra de A. N. Vesselóvski[x] *Ob istórii epíteta* (*Sobre a história do epíteto*).

E, apesar de o método marxista na história da literatura já ter sido utilizado, a poética sociológica marxista não existia e continua não existindo até o presente momento. Mais do que isso, ninguém nem pensou nela.

Diante de tal situação, o historiador marxista se viu obrigado a tomar emprestadas definições especificadoras dos fenômenos literários de poéticas não sociológicas. Certamente, tratava-se de definições ora naturalistas, ora positivistas, ora idealistas, e, em todo caso, notoriamente não sociológicas. Essas definições especificadoras ofereceram, certamente, uma resistência obstinada ao método marxista, pois elas foram um "corpo estranho" na pesquisa marxista.

---

[x] N. T.: Aleksandr Nikoláevitch Vesselóvski (1858-1906) foi historiador da literatura na Universidade de São Petersburgo, especialista em literatura italiana e autor de trabalhos sobre literatura geral como *Istorítcheskaia poética* ("Poética histórica"). Ele publicou ainda estudos sociológicos e antropológicos sobre o folclore.

Foi nesse terreno que nasceu a triste tendência a declarar guerra a tudo aquilo que é "imanentemente" literário na explicação dos fenômenos literários, reduzindo o método marxista à busca obstinada de fatores exclusivamente externos, que determinam os fenômenos literários independentemente uns dos outros.

Em vez de extrair a natureza sociológica dos fenômenos literários a partir do seu interior, tentou-se atingi-los do exterior, procurando a todo custo provar a influência determinante nos fenômenos literários dos fatores única e exclusivamente extraliterários (mesmo que pertencessem a outras ideologias). Como se a arte, somente quando fosse interpretada como não arte, e não por sua própria natureza, desenvolvesse o fator social. Como se a arte, a contragosto, se adaptasse à realidade social somente contra sua própria essência e lei!

Isso ocorreu porque alguns marxistas assimilaram, junto com os fundamentos emprestados da poética, os remanescentes do mau naturalismo e do positivismo, ideias errôneas de acordo com as quais os fenômenos artísticos seriam fenômenos naturais, não sociais ou uma espécie de essências ideais, isoladas da atividade social e independentes, como se as ideias pudessem nascer fora da comunicação social.

Todos os especificadores não marxistas com insistência sublinham e promovem o caráter internamente ("imanentemente") associal das estruturas artísticas. Baseando-se nisso, eles exigem uma limitação do método sociológico.

E, efetivamente, se a estrutura artística enquanto tal fosse internamente não social, o método sociológico marxista deveria ser limitado. Se a estrutura artística fosse análoga, por exemplo, a uma estrutura química, a qual por si, é, certamente, extrassocial, a literatura obedeceria à sua lei extrassocial, tão inacessível a quaisquer métodos sociológicos quanto a lei química. A história da literatura teria representado, então, o triste espetáculo da luta constante entre a natureza interna da literatura e as exigências sociais impostas e alheias a essa natureza. Um tema fundamental dessa história seria não a luta entre as classes, mas a luta das classes com a literatura.

A esse respeito é extremamente característico o ponto de vista de P. N. Sakúlin.[XI] Ele contrapõe "a essência imanente" da literatura, inacessível ao método sociológico, e a sua evolução imanente, também extrassociológica "por natureza", à influência exercida sobre ela pelos fatores sociológicos externos. Ele limita o método sociológico à influência casual dos fatores extraliterários sobre a literatura.

Se imaginarmos, de forma concreta, todo o processo de trabalho do historiador da literatura, diz o professor Sakúlin, então, naturalmente, ele começará com o estudo

---

[XI] N. T.: Pável Nikítich Sakúlin (1868-1930) foi professor de história e teoria da literatura na Universidade de Moscou e um dos líderes da "escola sociológica", procurando conciliar o marxismo com a teoria da literatura.

imanente de algumas obras e alguns escritores... Os elementos da forma poética (som, palavra, imagem, ritmo, composição, gênero), a temática poética, o estilo artístico como um todo – tudo isso é previamente estudado de forma imanente por meio daqueles métodos que a poética teórica elaborou apoiando-se na psicologia, na estética e na linguística e que são particularmente praticados hoje em dia pelo assim chamado método formal. Na essência, é a parte mais importante do nosso trabalho. Sem ela, é impossível avançar na nossa pesquisa...

> Vendo na literatura um fenômeno social, inevitavelmente chegamos à questão da sua causalidade condicionante. Para nós, é uma causalidade sociológica. Apenas agora o historiador da literatura adquire o direito de assumir o papel do sociólogo e apresentar os seus "porquês" para incluir os fatos literários no processo geral da vida social de um período estabelecido e, depois disso, determinar o seu lugar em todo o movimento histórico. É justamente aqui que entra em vigor o método sociológico que, aplicado à literatura, torna-se histórico-sociológico.[5]

Esse ponto de vista é muito característico. Ele não é o resultado de invenções subjetivas do professor Sakúlin; ao contrário, ele é, na verdade, a expressão bem-sucedida e claramente formulada daquele *usus* real que predomina, atualmente, nos estudos literários "marxistas" daquele dualismo metodológico que, por força das circunstâncias, formou-se neles. E aqueles que polemizam com o professor Sakúlin e não aceitam suas formulações sinceras e claras, na verdade obedecem, no seu trabalho prático, ao mesmo *usus* predominante: reduzem o método marxista ao estudo da influência dos fatores extraliterários na literatura. Enquanto tudo que tenha a ver com a própria literatura na sua especificidade – a terminologia, as definições, as descrições das particularidades estruturais dos fenômenos literários, do gênero, do estilo e dos seus elementos –, eles tomam emprestado da poética teórica que havia elaborado todos esses conceitos gerais do estudo da literatura, apoiando-se, como o nosso autor afirma de forma totalmente justa, na psicologia (é claro, subjetiva e subjetivista), na estética (idealista), na linguística (principalmente positivista e, em parte, idealista), mas de forma alguma no método sociológico marxista. O professor Sakúlin está totalmente certo quando diz que, sem todos esses conceitos principais de uma poética teórica, é impensável qualquer pesquisa histórico-literária.

Dessa forma, o professor Sakúlin expressou corretamente o *usus* predominante das pesquisas "sociológicas". Mas ele está profundamente errado quando considera que é impossível a construção de uma poética sociológica. Ele está errado quando tenta explicar o mau *usus* como um fato inevitável e metodologicamente justo, quando tenta transformar a limitação efetiva do método sociológico em sua delimitação necessária e legítima.

As tarefas da poética sociológica são, antes de tudo, especificadoras, descritivas e analíticas. Suas tarefas fundamentais são: delimitar a obra literária como tal, expor sua estrutura, determinar suas possíveis formas e espécies e determinar seus elementos e suas funções. Certamente, ela não pode construir nenhuma das leis do desenvolvimento das formas poéticas. Antes de procurar as leis do desenvolvimento das formas literárias, é preciso saber quais são essas formas. As próprias leis apenas podem ser encontradas como resultado de imenso trabalho histórico-literário. Desse modo, encontrar e formular as leis de desenvolvimento literário já pressupõe tanto uma poética sociológica quanto uma história da literatura.

Por isso não podemos concordar com a compreensão das tarefas da poética sociológica que V. M. Fritche[XII] propõe no seu artigo "Problemas da poética sociológica".

O professor Fritche compreende a poética como uma ciência nomotética e fundamentalista do desenvolvimento das formas poéticas.

> Se a poética dogmática do passado longínquo, fala ele, estabelecia as regras conhecidas que os poetas foram obrigados a seguir em sua criação, se a poética histórica do século XIX teve como propósito descobrir a gênese histórica das formas poéticas, a poética sociológica tem a finalidade de extrair as leis que existem na vida dessas formas.[6]

É o caso de perguntar: quem vai descobrir e descrever essas formas? Quem determinará suas peculiaridades e suas diferenças em relação a outras formas ideológicas?

Um pouco adiante, o professor Fritche diz: "A primeira tarefa da poética sociológica, em relação a esse problema cardinal da poética (o problema do estilo), consiste em estabelecer a correspondência regular dos conhecidos estilos poéticos com determinado estilo econômico".[7]

Entretanto, antes de estabelecer a correspondência regular dos estilos poéticos com os estilos extrapoéticos, é necessário elucidar a própria natureza (social) de um estilo poético como tal, em sua diferença dos estilos extrapoéticos! É necessário estudar a própria linguagem específica da poesia, para determinar sua correspondência com as linguagens específicas de outras ideologias.

Ao comparar o estilo clássico da poesia com os estilos de outros campos da vida social, o professor Fritche faz o seguinte balanço: "Desse modo, um estilo literário clássico, em seu campo, é somente a manifestação própria daquelas energias racionalistas que simultaneamente atuavam no campo do pensamento filosófico e científico, e no campo da construção econômica e política."[8]

[XII] N. T.: Vladímir Maksímovitch Fritche (1870-1929) foi teórico marxista da literatura, seguidor das teses de Plekhánov. Sua principal obra foi *Ótcherk razvítiia západnykh literatúr* ("Esboço do desenvolvimento das literaturas ocidentais"), de 1908.

Precisamente, é necessário, antes de tudo, determinar a manifestação a ela "inerente" e o "campo" da poética sociológica. A ciência das ideologias deve, também previamente, determinar "o campo" do pensamento filosófico e "o campo" do pensamento científico. O professor Fritche, ao estabelecer suas leis, pressupõe que tudo isso já seja conhecido.

Nas páginas seguintes de seu artigo, ele opera com os conceitos de "romance de aventura", "romance familiar e psicológico", "romance familiar de costumes", "romance gótico" etc. Ele estabelece as ligações desses diferentes gêneros de romance com os correspondentes fenômenos (extraliterários) socioeconômicos e ideológicos. Mas ele não oferece nem a definição nem a análise desses gêneros e de seus elementos, pois os dá por conhecidos. Adiante, ele detém-se na "tal questão formal e técnica", como um estilo da técnica do verso, e procura as correspondências extraliterárias para o "ritmo livre", dando por conhecidos e estudados os conceitos da técnica do verso, o conceito de ritmo, o conceito de verso livre, em outras palavras, todo o campo da métrica, do ritmo e da melodia.

Em uma palavra, nosso autor apoia-se o tempo todo no trabalho especificador, expositor e analítico da poética não sociológica, procurando para os conceitos emprestados dela correspondências e equivalências extraliterárias.

Não argumentamos, em absoluto, contra a importância e a seriedade dos problemas e das tarefas em si mesmas levantadas pelo professor Fritche, só que não se trata de problemas e tarefas da poética sociológica. O campo de pesquisa que ele esboça em seu artigo deveria ser mais corretamente chamado de "sociologia do desenvolvimento literário". Esse campo da sociologia da literatura, ao pretender formular as leis de seu desenvolvimento, já assume a existência prévia tanto da poética sociológica quanto da história da literatura e, além disso, todo o trabalho específico da ciência das ideologias (estudos científicos, estudos da religião etc.). Em todo caso, tal ciência é a última da série das ciências dos estudos literários. Ela pressupõe um alto grau de elaboração tanto da poética quanto da história da literatura. No caso contrário, ela não poderá avançar além de simples analogias semiartísticas.

A própria poética sociológica é a primeira da série de ciências dos estudos literários e se, em seu desenvolvimento e aprofundamento posterior, ela depender da história da literatura, então, de modo mais próximo, ela será fundamental para esta última, ao isolar e determinar seu material e ao assinalar as diretrizes básicas de seu estudo.

Enquanto não temos a poética sociológica, nem que seja em linhas gerais e mais simples, é impossível a elaboração produtiva da história da literatura sobre a base monística do método sociológico marxista.

Entretanto, existe ainda um campo intimamente interessado na criação de uma poética sociológica. Trata-se da crítica literária.

Atualmente, predomina nela uma ruptura completa entre, por um lado, as exigências e enfoques ideológicos (extraliterários) e, por outro, artísticos. Inclusive, até o momento, ela não conseguiu dar conta do conceito de conteúdo. Ao colocar à literatura exigências sociais, na maior parte dos casos corretas e justas, ao indicar para ela tarefas sociais necessárias e atuais, a crítica literária normalmente é extremamente incompetente em suas formulações, isto é, ela não consegue expressá-las na linguagem da própria literatura. Suas exigências são expostas de forma bruta e não especificadas. Por isso, às vezes, dá a impressão de exigir do artista que realize tarefas sociais não como artista, mas de modo imediato como político, como filósofo, como estudioso da sociologia, e assim por diante; em uma palavra, que ele trabalhe "fora de sua especialidade".

Um poeta, para poder realizar uma tarefa social que lhe é dada, deve traduzi-la na linguagem da própria poesia, formulá-la enquanto problema puramente poético, a ser resolvido com a força da própria poesia. A tarefa deve ser orientada e compreendida no contexto dos meios disponíveis e das possibilidades da arte poética, deve ser compatível com os fenômenos anteriores da literatura, em uma palavra, deve ser expressa, em todos os seus momentos, na linguagem atual da própria poesia. Deve aparecer como tarefa poética.

Uma crítica competente e saudável deve apresentar ao artista uma "demanda social" em sua própria linguagem enquanto demanda poética. Quando há uma grande cultura artística, a própria sociedade, a própria massa leitora, realiza, de modo natural e fácil, a tradução de suas exigências e necessidades sociais na linguagem imanente da arte poética. É verdade que isso só é possível em condições raras nas quais há uma completa homogeneidade de classe e harmonia entre o poeta e seu auditório. Porém, a crítica, em todo caso, deve ser uma tradutora competente, um *medium* entre eles.

Do ponto de vista dos formalistas e de todos os demais defensores da natureza extrassocial da literatura, essa tradução da tarefa social na linguagem da arte poética não é possível. Do ponto de vista desses especificadores, a vida social e a criação poética são dois mundos internamente distintos um do outro, carentes de uma linguagem comum. Entre eles é possível somente uma interação mecânica e externa, que não introduz na poesia novas possibilidades sociais, mas, no melhor dos casos, somente atualiza as possibilidades imanentes, previamente existentes, da própria poesia.

Acreditamos que uma tarefa social pode penetrar e penetra no interior da arte como se fosse sua própria natureza, e que a linguagem da arte somente é um dos dialetos da linguagem social única. Por isso, a tradução desse dialeto nos dialetos de outras ideologias realiza-se com uma adequação ideal.

É verdade que existem épocas em que o artista e a classe dominante deixam de compreender-se. O cliente, pela sua natureza, não pode traduzir sua demanda social na linguagem da arte e exige que a arte produza uma não arte. O artista não compreende as tarefas sociais da vida e oferece-lhe uma experimentação formalista ou exercícios escolares. Porém, isso acontece somente em épocas de aguda e profunda desagregação social.

É necessário aprender a compreender a linguagem da poesia como uma linguagem social do começo ao fim. É isso que a poética sociológica deve realizar. Duas funções fundamentais da crítica literária – a apresentação da demanda social e a avaliação da sua realização – pressupõem um domínio perfeito dessa linguagem.

O problema do "método formal" nos estudos literários

Uma elaboração positiva das tarefas mais difíceis e de grande responsabilidade da poética sociológica deve ser precedida por uma limpeza crítica do seu domínio de investigação.

Pode-se dizer que, atualmente, na URSS, o problema da poética encontra-se monopolizado pelo chamado método "formal" ou "morfológico". Durante o breve período de sua existência histórica, os formalistas souberam abarcar um amplo círculo de problemas da poética teórica. Não há nenhuma questão concernente que eles não tenham, de um modo ou de outro, tocado em seu trabalho. O marxismo não pode passar por esse trabalho dos formalistas por alto, sem submetê-lo a uma crítica analítica rigorosíssima.

O marxismo não pode, menos ainda, escapar do método formal que os formalistas levaram adiante justamente como especificadores e, de fato, atuaram nesse papel, praticamente pela primeira vez, na ciência da literatura russa. Eles souberam dar grande agudeza e força ao problema da especificação na ciência da literatura que os eleva de uma forma vantajosa sobre o fundo frouxo do ecletismo e da falta de princípios dos estudos literários acadêmicos.

A especificação, como vimos, é a tarefa imediata da ciência marxista das ideologias e, em particular, dos estudos literários.

Entretanto as tendências à especificação de nossos formalistas são diametralmente opostas às marxistas. Eles concebem a especificação como o isolamento de dado campo ideológico, como o seu fechamento em relação a todas as outras forças e energias da vida ideológica e social. Eles consideram a especificidade, a peculiaridade, como uma força hostil e inerte diante de todo o diferente, isto é, eles não concebem a peculiaridade dialeticamente e, por isso, são incapazes de combiná-la com a interação viva na unidade concreta da vida social e histórica.

O fato de os formalistas defenderem consequente e exaustivamente o caráter não social da estrutura artística enquanto tal faz com que o encontro do marxismo com os formalistas seja especialmente importante e, portanto, produtivo. Os formalistas constroem a sua poética como puramente não social.

Se eles têm razão, se a estrutura de um fenômeno literário não é, de fato, social, o papel do método sociológico nos estudos literários é extremamente limitado e não diz respeito, na realidade, aos fatores do desenvolvimento, mas somente aos obstáculos ao desenvolvimento da literatura, aquelas pedras que a história põe no caminho da evolução literária.

Se eles não têm razão, sua teoria, elaborada com tal consequência e acabamento, deve resultar numa esplêndida *reductio ad absurdum* de uma poética por princípio não social. Esse absurdo deve manifestar-se, antes de tudo, em relação à própria literatura, à própria poesia.

Pois se a literatura é um fenômeno social, o método formal, ao ignorar e negar sua natureza social, revela-se, antes de tudo, inadequado à própria literatura, dando interpretações e definições errôneas justamente de seus traços específicos e peculiares.

Por isso, a crítica marxista do método formal não pode e não deve ser uma "crítica externa".

Reiteramos que o estudo da literatura marxista encontra-se com o método sociológico e choca-se com ele no terreno comum do problema atual e imediato: o da especificação. Por isso, a crítica do formalismo deve e pode ser "imanente", no melhor sentido dessa palavra. Cada argumento dos formalistas deve ser posto à prova e rejeitado em seu próprio terreno, naquele da peculiaridade do fato literário. O próprio objeto, a própria literatura em sua peculiaridade deve abolir e inutilizar as definições dos formalistas inadequadas a ela e à sua peculiaridade.

Assim compreendemos a crítica do método formal.

Notas

[1] Jonas Kon, *Óbchaia estétika* ("Estética geral"), Giz, 1921. Trad. para o alemão de Jonas Cohn, Allgemeine Ästhetik, Leipzig, 1901. [N. T.: Jonas Cohn (1869-1947), psicólogo, pedagogo e filósofo alemão.]
[2] Broder Xristiansen, *Filossófia iskússtva* ("Filosofia da arte"), Petersburgo, 1911. Trad. para o alemão de Broder Christiansen, *Philosophie der Kunst*, Hanau, 1909). [N. T.: Broder Christiansen (1869-1958), esteta alemão apreciado pelos formalistas russos.]

3 Richard Hamann, *Estetika*, Moscou, 1913.
4 Na literatura russa dos últimos anos, a particularidade da literatura que acabamos de analisar também foi apresentada, por repetidas vezes, no processo da polêmica com os formalistas, entretanto, sob fundamentos errados e sem a precisão metodológica suficiente. A. A. Smirnóv insistiu particularmente nisso em seu interessante trabalho "Osnovnýe zadátchi naúki o literature" ("Tarefas fundamentais da ciência da literatura", *Literatúrnaia Mysl*, 1923, livro II). Ele define a obra poética como uma unidade inseparável e mutuamente penetrada pelos momentos cognitivo, ético e estético. Entretanto, o agnosticismo intuitivo desse autor não permitiu que ele abordasse os problemas concretos da estrutura poética. Todos os métodos científicos, pelo imaginário do autor referido, só conduzem o pesquisador ao limiar do "santo dos santos" da estrutura poética. O acesso a suas profundezas é fechado para os métodos científicos: somente a intuição tem acesso a elas.
 A particularidade referida da literatura é tratada também nos trabalhos de A. Askóldov (*Literatúrrnaia Mysl*, livro III) e Sezeman (*Mysl*, 1922, n. 1), de maneira particularmente clara, ainda que mais resumida, neste último. Entretanto, não encontraremos aqui uma análise metodológica autêntica.
5 *Sotsiologuítcheskii miétod v literaturoviédenii* ("O método sociológico nos estudos literários"), p. 26-8.
6 *Viéstnik Komunistítcheskoi Akadiémii* ("Boletim da Academia Comunista"), 1926, livro 17, p. 169.
7 Idem, p. 171.
8 Idem, p. 172.

SEGUNDA PARTE

UMA CONTRIBUIÇÃO À HISTÓRIA DO MÉTODO FORMAL

CAPÍTULO PRIMEIRO

A corrente formal nos estudos da arte da Europa Ocidental

O formalismo da Europa Ocidental e da Rússia

De uma perspectiva mais ampla, o método formal russo é apenas uma das ramificações da corrente formal geral nos estudos da arte europeus.

É verdade que não é possível apontar uma dependência imediata, direta dos nossos formalistas em relação aos seus precursores da Europa Ocidental. Pelo visto, aqui não houve uma ligação genética e direta. Os nossos formalistas, em geral, não se apoiam em ninguém e não citam ninguém, a não ser eles próprios.

Principalmente no primeiro período de desenvolvimento, o horizonte científico dos formalistas estava extremamente limitado; o movimento possuía o caráter fechado de um círculo. A própria terminologia dos formalistas, privada de qualquer orientação científica ampla, tinha uma natureza fechada, com matiz de jargão. O desenvolvimento posterior do formalismo aconteceu nas condições de isolamento científico, o que também não podia favorecer a sua ampla e clara orientação em relação a outras correntes e tendências de estudos de arte e de literatura da Europa Ocidental.

É necessário mesmo dizer que, até o presente momento, ainda não aconteceu a verdadeira orientação de todos os termos e definições do formalismo no contexto científico geral. Até o presente momento, ainda não foi feita nenhuma tentativa séria e ampla, por parte dos formalistas, de esclarecer a sua posição histórica, de definir a sua relação com os principais fenômenos dos estudos modernos da arte e da literatura da Europa Ocidental.[1]

Esse caráter um pouco primitivo do nosso formalismo oculta a sua participação real no formalismo geral da Europa e na corrente especificadora.

Nosso formalismo constituiu-se na mesma atmosfera e expressou as mesmas mudanças tanto na própria arte quanto em seu horizonte ideológico em geral, que condicionaram o desenvolvimento do formalismo na Europa Ocidental. É verdade que, como veremos, o nosso formalismo difere significativamente do formalismo ocidental em vários momentos essenciais da sua teoria. A nossa tarefa não consiste em um detalhado esboço histórico e em uma análise crítica do método formal da Europa Ocidental. Para nós, é importante apenas delimitar aquela constelação de problemas da qual surgiu essa corrente e apenas esboçar as principais linhas do seu desenvolvimento. Essa característica do formalismo ocidental deve tão somente servir de pano de fundo sobre o qual aparecerão, de forma mais clara, as particularidades do formalismo russo.

Premissas históricas do desenvolvimento do formalismo da Europa Ocidental

A corrente formal nos estudos da arte no Ocidente emergiu no terreno das artes figurativas e em parte da música (Hanslick).[1] Somente nos últimos tempos, essa corrente começou a adentrar os estudos literários, mas, aqui, ela não encontrou uma expressão bem finalizada.

A corrente formal dos estudos da arte, assim como todas as correntes do pensamento teórico sobre a arte, foi preparada pelo próprio desenvolvimento artístico. Ela foi, antes de tudo, a expressão daquelas tendências e daqueles problemas que se tornaram emergentes no trabalho dos próprios artistas e na consciência dos conhecedores e apreciadores da arte.

Na arte daquele tempo, as tendências naturalistas, que predominaram na época precedente, foram plenamente desenvolvidas e esgotadas. Na perspectiva desse caminho percorrido, já assimilado pelos epígonos, as tarefas construtivas da arte destacaram-se e manifestaram-se com muita força.

Essas tarefas construtivas, por causa da reação ao predomínio precedente das tarefas sobre a representação e sobre a expressão, tomaram às vezes formas hostis a

---

[1] N. T.: Eduard Hanslick (1825-1904) foi um musicólogo nascido em Praga, mas que fez sua carreira na Universidade de Viena (Áustria). Ele se opôs à estética do sentimento para lançar as bases de uma estética especificamente musical. Há uma obra sua traduzida para o português: E. Hanslick, *Do belo musical*, trad. N. Simone Neto, Campinas, Ed. Unicamp, 1992.

todo conteúdo refletido. O estudo sobre a arte não objetiva[II] e as próprias tentativas nesse sentido foram fenômenos de caráter reativo.

Por mais radical que seja a forma dessas tendências, em todo caso, o desenvolvimento da própria arte favorecia a compreensão dos momentos construtivos de uma obra artística. O pensamento teórico dos pesquisadores não podia deixar de dirigir-se para esse lado. Aqui, abria-se um círculo novo, ainda não estudado, de problemas e tarefas.

Simultaneamente a essas transformações na nova arte europeia, acontece a ampliação tanto do horizonte contemplativo do conhecedor e apreciador quanto do horizonte científico de um estudioso da arte. Para a consciência artística europeia, abriam-se mundos inteiros das novas formas da arte oriental.

Essa ampliação surpreendente do mundo concreto da arte não podia deixar de revelar um caráter bastante estreito e unilateral daqueles conceitos e definições que foram elaborados pelos estudos da arte no campo da arte realista, em sua maioria europeia. No processo de assimilação dessas novas e mais variadas formas da "arte de outrem", as tarefas construtivas da arte foram cada vez mais bem compreendidas. Pois as dificuldades não estavam na assimilação do novo conteúdo, e sim nos próprios princípios e métodos de apresentação. O novo era não aquilo que era visto, e sim as próprias formas de visão.

Em seguida, tornou-se claro que não se tratava de outro grau da habilidade artística nem de outro grau da perfeição técnica, como, com toda ingenuidade, foi sugerido anteriormente em relação à arte arcaica. Não, na "arte de outrem" tratava-se de um novo princípio de compreensão dos próprios métodos artísticos de expressão, de novas tarefas artísticas que se subordinavam a esses métodos. Tratava-se da assimilação justamente daquilo que os novos estudos de arte determinaram através do termo "vontade artística".

Uma série de novas "vontades artísticas" na "arte de outrem" revelou-se diante do apreciador e estudioso da arte. As "vontades artísticas", em sua peculiaridade e em suas divergências, expressavam-se, antes de tudo, nos meios de construção da própria obra-coisa artística, ou seja, da própria realidade artística.

Em comparação com essas "vontades artísticas" de outrem, a "vontade realista" europeia, com sua atitude especial em relação à realidade representada, apareceu

---

[II] N. T.: De acordo com Chipp (*Teorias da arte moderna*, São Paulo, Martins Fontes, 1999), a arte não objetiva ou abstrata refere-se à ideia de que a pintura deveria ser uma entidade absoluta, sem relação com os objetos do mundo visível, e compor-se de formas totalmente abstratas que tinham sua origem na mente humana. A afirmação mais radical do ideal do absoluto na arte veio de Moscou. Segundo Kasímir Maliévitch (1878-1935), o sentimento seria o elemento determinante por meio do qual a arte chega à representação não objetiva que ele chamou de "suprematismo".

somente como uma das maneiras possíveis de construção da obra de arte, mas sua dominante realista (o reflexo da realidade extra-artística como ela é) foi somente uma das possíveis dominantes construtivas.

À luz da "arte alheia" abriram-se também os caminhos para uma nova compreensão de fenômenos conhecidos como o gótico. Worringer, por exemplo, descobriu a peculiaridade da "vontade gótica" de uma maneira totalmente nova em seu livro *Formprobleme der Gotik* (*A forma no gótico*).[III] Nessa relação, uma revisão dos olhares sobre o arcaísmo artístico tem origem.

Tais são as premissas da corrente formalista que foram preparadas, reforçadas e aprofundadas pelo próprio desenvolvimento da arte europeia no processo de comunhão da consciência artística europeia com as formas da "arte de outrem".

O horizonte ideológico geral do formalismo da Europa Ocidental

A crise do idealismo e do positivismo aconteceu, como sabemos, no horizonte ideológico geral daquela época. Isso foi acompanhado do aumento de interesse e da intensificação da sensibilidade em relação a todas as expressões concretas de concepção de mundo: nas cores, nas formas espaciais, nos sons sem objetos; em uma palavra, não nas formas do pensamento sobre o mundo, mas nas formas de visão e de audição concretas do mundo e seus objetos.

A corrente formal europeia surgiu e tomou forma na luta tanto com o idealismo quanto com o positivismo. Essa situação histórica do formalismo, entre esses dois campos inimigos, teve uma enorme importância e determinou toda a sua fisionomia espiritual.

Os dois adversários eram sérios. Tanto o idealismo quanto o positivismo possuíam doutrinas formadas, metodologicamente precisas, elaboradas e detalhadas. Os dois adversários tinham sua escola e tradição. Toda investida leviana, fracamente armada e irrefletida, e todo ataque ou ignorância eram aqui impossíveis. Um radicalismo teatral de algum inovador desclassificado não podia ter nenhuma chance, não somente para a liderança, mas também para exercer qualquer influência fundamental sobre o pensamento científico nos estudos da arte. A "filosofia da cultura" idealista com sua

---

[III] N. T.: Essa obra tem uma tradução para o português: Wilhem Worringer, *A arte gótica*, Lisboa, Edições 70, 1992.

metodologia complexa e suas nuances de sentido, por um lado, e o positivismo com seu cuidado científico disciplinado e meticuloso, por outro, criaram uma atmosfera muito pouco favorável a amplas generalizações levianas e conclusões precipitadas.

Tudo isso não podia deixar de exercer uma influência benéfica sobre o desenvolvimento do formalismo europeu, ao manter seu alto nível científico e preservá-lo de uma ligação muito estreita e apressada com qualquer corrente artística determinada. É verdade que o formalismo europeu continha alguns elementos programáticos, o que, aliás, é impossível de ser evitado por qualquer corrente teórica sobre a arte.

Entretanto, em termos gerais, o formalismo europeu guardava a devida distância em relação ao alvoroço que acompanha os sucessivos programas, manifestos e declarações dos diversos agrupamentos artísticos.

A DIREÇÃO FUNDAMENTAL DO FORMALISMO DA EUROPA OCIDENTAL

O berço do formalismo da Europa Ocidental foi o círculo do artista Hans Von Marees (m. 1887).[2] Daí saíram os principais teóricos dessa corrente: o estudioso de arte Konrad Fiedler e o escultor Adolf Hildebrand.[3] Aqueles elementos da confissão pessoal artística, contidos nos primeiros e mais importantes trabalhos (sobretudo na obra de Hildebrand), separaram-se facilmente, na vida posterior dessa corrente, da sua parte historicamente essencial, a saber: de um novo círculo de problemas e de uma nova forma de solucioná-los. Esse núcleo objetivo do seu ensinamento continuou a desenvolver-se, de forma produtiva, nas obras de Schmarzow, Worringer, Meier-Graefe, Wölfflin, bem como de Hausenstein,[IV] independentemente dos gostos artísticos variáveis e das preferências de todos esses pesquisadores.

Tentaremos destacar esse núcleo principal e essencial do formalismo da Europa Ocidental, abstraindo-nos na medida do possível daquelas camadas individualizadoras de que ele se reveste nas obras de alguns estudiosos de arte.

Nesse núcleo, distinguimos os seguintes momentos formadores: 1) tarefas construtivas da arte; 2) o caráter ideológico da própria forma; 3) os meios e a técnica de representação; 4) o problema da visibilidade; e 5) "a história da arte sem nomes".

Faremos uma breve análise, criticamente orientada, de cada um desses momentos.

[IV] N. T.: Wilhelm Hausenstein (1882-1957), crítico de arte marxista que começou a publicar sobre temas de história da arte e se tornou rapidamente um apoiador do expressionismo. Entretanto, logo após a Primeira Guerra Mundial, desiludiu-se, assim como ocorreu com Wilhelm Worringer, com esse movimento artístico, tornando-se seu detrator.

As tarefas construtivas da arte

Uma obra de arte é uma totalidade fechada em si, sendo que cada um de seus aspectos adquire seu significado não na correspondência com algo localizado no exterior da obra (natureza, realidade, ideia), mas somente na estrutura autossignificante da própria totalidade. Isso significa que cada elemento de uma obra artística tem, acima de tudo, um significado puramente construtivo na obra como em uma construção fechada e autossuficiente. Se esse elemento reproduz, reflete, expressa ou imita algo, essas suas funções "transgredientes"[4] são subordinadas à sua tarefa construtiva fundamental: a de construir uma obra integral e fechada em si.

A tarefa fundamental de um estudioso de arte consiste em desvendar, acima de tudo, essa unidade construtiva da obra e as funções puramente construtivas de cada um de seus elementos.

Vejamos como Adolfo Hildebrand formula essa tarefa no prefácio à terceira edição de seu trabalho:

> Na atividade artística do passado, observamos que a construção arquitetônica de uma obra de arte sempre esteve em primeiro plano, enquanto seu aspecto imitativo desenvolvia-se bem lentamente. Isso reside na própria natureza do assunto, porquanto o sentimento artístico geral, a necessidade instintiva de criar, a partir dos fragmentos daquilo que foi por nós vivido, algo que concebemos como inteiro, cria e dispõe as relações diretamente de si, como no caso da música; já a observação artística da natureza traz somente pouco a pouco seu material cada vez mais rico.
> É característico de nossa época, a época científica, que a atividade artística prática não saia do limite da imitação. O sentimento arquitetônico ou está inteiramente ausente, ou se satisfaz pela ordem puramente exterior, mais ou menos harmoniosa. Minha aspiração neste livro é converter em centro de atenção essa construção arquitetônica da obra artística e desenvolver os problemas que a forma apresenta desse ponto de vista, como uma demanda necessária, fundamentada nas nossas relações factuais com a natureza.[5]

Aquilo que Hildebrand chama "arquitetônico" é, na verdade, a unidade construtiva da obra. O próprio termo "arquitetônico" não foi mantido em virtude de se ligar ao nosso assunto por meio de associações estranhas.

Como se expressa essa abordagem construtiva, "arquitetônica", de uma obra de arte figurativa?

Uma obra é um corpo espacial fechado. Ela é parte de um espaço real e está organizada como uma unidade justamente dentro dele. Como ponto de partida, deve-se tomar essa organização real da obra como uma totalidade autossignificante e construtiva. O gênero, o modo e as funções do conteúdo objetivo introduzido na construção de uma obra são determinados por esse seu lugar real, depois pela organização de suas partes e por aquelas funções que assume cada uma das partes e todo o corpo organizado no espaço real. Independentemente do significado imitativo, representativo ou outro, que possa receber um ou outro elemento da totalidade espacial, é necessário, antes de mais nada, definir o seu lugar no conjunto real e organizado de uma obra, isto é, o lugar de seu significado construtivo nos limites do espaço real.

Assim, por exemplo, a superfície plana de um quadro permanece uma superfície que o pintor trabalha exatamente como tal, qualquer que seja o seu tratamento artístico. O espaço ilusório ou ideal do quadro orienta-se em relação a essa superfície plana, determinando-se nela como seu elemento construtivo, e somente graças a ela relaciona-se com o espaço real. Como ponto de partida dessa superfície plana e de sua organização real, o espaço ideal deve ser examinado, com todos os seus objetos dotados de significado (imitados, reproduzidos, expressos), somente como um aspecto dessa organização. Seria um absurdo profundo partir do espaço tridimensional ilusório do quadro tomado como uma totalidade autocentrada e autônoma, desviar-se da superfície plana ou apreciar essa superfície somente como uma base técnica do espaço ilusório.

É totalmente inadmissível partir do representado, deixando de lado a organização real primária do corpo representado. A particularidade da arte consiste justamente no fato de que, por mais importante e significativo que seja o representado, o próprio corpo representante nunca se torna somente um auxiliar técnico e um veículo convencional da representação. Uma obra é, acima de tudo, uma parte da realidade valiosa por si mesma, orientada dentro dessa realidade não somente por meio do conteúdo representado, mas também diretamente como uma coisa singular dada, como um determinado objeto artístico.

Os meios da representação e da técnica

Essa proclamação da primazia da função construtiva sobre a imitativa e a reprodutiva, sem negação e até mesmo sem limitação destas últimas, leva necessariamente a um novo conceito e à reavaliação dos meios de representação ou expressão da técnica artística.

Quando as artes figurativas eram entendidas como as que refletem ou reproduzem a natureza, os meios de representação possuíam apenas o caráter técnico (em sentido pejorativo) e puramente auxiliar. Eles estavam subordinados ao objeto a ser representado e eram avaliados do ponto de vista da sua correspondência a ele. Dessa forma, os meios da arte eram avaliados apenas em sua relação com os valores extra-artísticos da natureza ou da realidade histórica, já que eles os reproduziam.

A primazia da função construtiva produziu uma reviravolta radical nessa visão. O próprio objeto da reprodução, um fenômeno da natureza ou da história, era avaliado agora do ponto de vista dos meios figurativos, ou seja, ele era avaliado do ponto de vista do seu papel construtivo na unidade fechada da obra, de sua racionalidade construtiva.

Os meios de representação, os "procedimentos", não representam qualquer valor extra-artístico por eles mesmos e, acima de tudo, constroem a obra artística como uma totalidade fechada em si, tornando o próprio fenômeno a ser representado um momento construtivo dessa formação.

Essa reviravolta nos conceitos sobre os meios de representação foi expressa de forma mais clara, ainda no início da nova tendência,[6] nas obras de Konrad Fiedler.

Enquanto um fenômeno da natureza for percebido como tal, isto é, na unidade da própria natureza, ele ainda não foi percebido de forma artística, plástica. Para isso, ele deve ser correlacionado às condições de superfície e às possibilidades técnicas da mão criativa. É somente nessa correlação com os meios de representação artística que a própria percepção torna-se plástica. Um objeto pertencente ao sistema do mundo visível e vivido, como ele realmente existe, independentemente das possibilidades e das maneiras de sua representação, deve passar justamente para o sistema dos meios de representação, no sistema da superfície, da linha, da mão que cria a linha, e assim por diante. O objeto torna-se, pela primeira vez, um objeto de percepção artística quando é apreendido do ponto de vista desse sistema de representação, enquanto seu momento construtivo possível.

Diante de tal compreensão dos meios de representação, já não é possível o discurso sobre a oposição entre a técnica de realização como algo inferior, como um meio auxiliar, e o projeto criativo como algo superior, como o fim supremo.

O próprio projeto artístico, enquanto tal, é proposto desde o início, como se diz, em termos técnicos. E o próprio objeto desse projeto, seu conteúdo, não é compreendido fora do sistema dos meios de representação que o realizam. Desse ponto de vista, não se pode traçar uma fronteira entre a técnica e a criação. Tudo deve ter um significado construtivo. Aquilo que não pode adquirir tal significado não pode e não tem nenhuma relação com a arte.

A DIMENSÃO IDEOLÓGICA DA FORMA

A exposição de nossas posições fundamentais sobre a corrente formal na arte ocidental não dá nenhuma base para uma negação do conteúdo na arte. Qualquer que seja nossa compreensão do conteúdo, isto é, de cada um dos elementos da construção artística que atribuímos convencionalmente a esse conceito, dos postulados fundamentais dos formalistas resulta apenas que o conteúdo assume obrigatoriamente uma função construtiva na unidade fechada da obra, a mesma função que têm todos os seus demais elementos, reagrupados de modo convencional sob o conceito de forma.

Não se chegou a nenhuma conclusão sobre a natureza não objetiva da arte ou sobre uma maior pureza da grande arte não objetiva. A teoria do construtivismo, todos os estudos possíveis sobre a ausência de objetos como o ideal mais elevado da arte são somente declarações programáticas de correntes artísticas determinadas (e, às vezes, indeterminadas).

Essas declarações só ocultam o seguinte fenômeno real: comparada ao realismo do período anterior, a dominante da construção artística na arte contemporânea transfere-se para outros aspectos da obra. Essa transferência da dominante realiza-se no interior da construção e não muda em nada sua essência.

A arte realista é tão construtiva quanto a arte construtivista.

A corrente formal dos estudos da arte ocidental é mais ampla que qualquer programa artístico, e, mesmo se ela tiver certas preferências artísticas, como pode ocorrer com cada autor, seu projeto fundamental é adequado a toda arte. Ela estabelece as particularidades específicas da arte, constitutivas de toda arte e de toda corrente nela encontrada.

A corrente formalista europeia foi a que menos subestimou a importância semântica de todos os elementos, sem exceção, inseridos na construção artística.

A luta contra o positivismo e o naturalismo que esvaziaram de sentido a arte teve uma enorme importância para o método formal da Europa Ocidental. Se, por um lado, o formalismo fez avançar a ideia de uma unidade construtiva fechada da obra, sobretudo em oposição ao idealismo e a todo conteúdo abstrato geral na compreensão da arte, por outro lado, no embate com o positivismo, o método formal realçou, com insistência, a profunda plenitude semântica de todo elemento da construção artística.

Os formalistas europeus não tiveram medo de nenhum significado semântico nem de nenhum conteúdo na compreensão da construção artística. Eles não temeram o fato de que o sentido pudesse romper a construção fechada e destruir sua totalidade material. Eles compreendiam que a construção artística, privada do profundo significado de uma concepção de mundo, inevitavelmente seria condenada a um papel acessório voltado para o sentimento hedonista ou para finalidades utilitárias.

Nesse caso, uma obra de arte perderia seu lugar especial no mundo ideológico, no mundo da cultura, e se rebaixaria a ser um instrumento de produção ou um objeto de consumo.

Ao perder o próprio terreno, uma obra seria obrigada a firmar-se em outro terreno ou a tornar-se um objeto sem sentido e inútil.

Esse *pathos* da importância da concepção de mundo na construção artística é expresso de forma admirável por Fiedler nas seguintes palavras:

> Não devemos procurar para a arte uma tarefa que seja contrária ao objetivo sério do conhecimento; antes devemos examinar de forma imparcial o que o artista realmente faz, para compreender que ele apreende um aspecto da vida que só ele pode apreender e alcança tal conhecimento da realidade, que é inacessível a qualquer outro pensamento.[7]

Desse modo, o método formalista da Europa não somente não negava o conteúdo como um elemento construtivo condicional e separável da obra como, pelo contrário, esforçava-se para conferir à própria forma um profundo significado relativo à concepção de mundo. Essa compreensão da forma era contraposta às opiniões simplistas e realistas que a concebiam como ornamento, apêndice decorativo do conteúdo, despojado do próprio sentido ideológico.

Com essa compreensão, a forma e o conteúdo da obra artística eram reduzidos a um denominador com duas direções: 1) como elementos igualmente construtivos dentro da totalidade fechada da obra, e 2) como fenômenos igualmente ideológicos e compreendidos do ponto de vista da concepção de mundo. Dessa forma, era totalmente eliminada a contraposição entre a forma e o conteúdo.

Nesse ponto, como veremos, o formalismo russo diferenciava-se de forma mais aguda do formalismo da Europa Ocidental. Os formalistas russos partiam do princípio falso de que o significado construtivo de um elemento é adquirido por ele à custa da perda do sentido ideológico.

O formalismo europeu nunca considerou que um dos elementos deve ser privado do seu significado, ou então enfraquecido, para tornar-se um elemento construtivo de uma obra. Na opinião deles, o próprio significado construtivo possui caráter puramente semântico. A construção artística é um sistema de sentidos, a bem dizer, de sentidos visíveis.

O PROBLEMA DA VISIBILIDADE

O problema da visibilidade ocupa um lugar muito importante no formalismo europeu. Uma obra não existe para o pensamento nem para o sentimento ou emoção, mas para o olho. O próprio conceito de visibilidade submete-se a uma profunda diferenciação. A percepção da forma, a percepção da "qualidade da forma" (*Gestalqualität*) tornou-se um dos mais importantes problemas não somente dos estudos da arte, mas também da estética e da psicologia.

Aqui, também, a tendência fundamental reduziu-se à afirmação da inseparabilidade do significado e do sentido da qualidade percebida sensorialmente.

A antiga concepção ingênua – de que a qualidade localiza-se no mundo exterior enquanto o significado e o sentido encontram-se na alma, e que entre eles se estabelece uma ligação associativa mecânica – foi completamente rejeitada. Por isso, o problema da visibilidade no formalismo europeu formulou-se justamente como um problema da visibilidade racional, como um problema da percepção sensorial do significado ou, de outro modo, como um problema da qualidade sensorial carregada de sentido.

Aqui, também, o momento determinante foi a luta contra o positivismo, que deturpou esse problema ao reduzir a qualidade sensorial ao momento físico e fisiológico, contrapondo o olho como um aparato fisiológico abstrato ao fenômeno como grandeza física abstrata.

Veremos que, também nesse ponto, o formalismo russo distingue-se do formalismo da Europa Ocidental. Ele, à semelhança do positivismo, contorna o problema simplificando ao extremo o conceito de "som" na fonética poética.

A principal tarefa da arte, de acordo com o formalismo europeu, consiste justamente em apreender as qualidades – visíveis, audíveis, palpáveis –, diferentemente do que ocorre na ciência, cuja tendência é apreender quantitativamente a realidade. A orientação cognitiva do pensamento na realização da lei abstrata contrapõe-se, na arte, à orientação concreta do olho e de todo o organismo para o mundo das formas visíveis.

A "HISTÓRIA DA ARTE SEM NOMES"

Passaremos à ideia da "história da arte sem nomes". Atrás desse *slogan* esconde-se a exigência totalmente justa de construir a história objetiva das artes e das obras artísticas.

É necessário revelar a lei específica da mudança das formas e estilos artísticos. Essa mudança possui sua lógica interna. Ela não deve ilustrar algo que acontece fora dela;

ela deve ser compreendida por si só. Por isso, o historiador da arte não deve estudar a mudança das significações extra-artísticas que fazem parte da construção dos elementos, e sim a mudança da própria construção, do próprio princípio da construção artística, ou seja, da própria "vontade artística". Assim, de acordo com Wölfflin, o estilo clássico e o estilo barroco substituem-se um ao outro, e, de acordo com Worringer, o naturalismo (o princípio da empatia e o estilo geométrico) foi substituído pelo princípio da abstração.

Essas duas formas substituem uma à outra não pelo princípio do puro contraste ou da negação mútua, mas pela influência de todo o conjunto das condições do mundo ideológico. Nessa sucessão das formas revela-se de modo bastante claro o aprofundamento ideológico da construção artística na doutrina do formalismo europeu.

Para provar isso, é necessário nos determos, mesmo que brevemente, na teoria dos dois princípios de formalização de Worringer.

Na opinião desse autor, na base do estilo naturalista, fundado no princípio da empatia para com o objeto formalizado, está a atitude positiva em relação ao mundo, uma profunda confiança em relação a ele e à lei única que predomina nele, a qual governa todo o mundo e o ser humano. O ser humano não teme o mundo nem o seu movimento, a sua constituição e o seu desenvolvimento. Por isso, a forma orgânica expressa, de modo mais completo, a sua compreensão da essência do mundo como um princípio vivo, em eterna transformação e próxima a ele.

O estilo geométrico, baseado no princípio da abstração, exprime, de acordo com Worringer, uma visão puramente negativa do mundo.

Quando o mundo é assustador, quando o homem o vê como inimigo e como caos privado de qualquer tipo de lei própria, resta-lhe apenas um meio de superá-lo: encerrá-lo em um sistema imóvel da lei geométrica férrea. Se o mundo em sua plenitude concreta, em seu movimento e desenvolvimento, é reconhecido como fantasmagórico e insignificante – como é próprio, por exemplo, da visão do mundo oriental –, a única forma lógica e admissível do absoluto será a abstração geométrica. O homem tende a aproximar cada objeto dessa abstração, tomada como um ideal. Com a ajuda da abstração, ele deseja salvar o objeto do caos da constituição, elevando-o à tranquilidade absoluta da lei geométrica imóvel e idealmente clara.[8]

De acordo com Worringer, o estilo gótico é caracterizado por uma junção peculiar do estilo abstrato geométrico com o movimento que é próprio apenas do naturalismo. O estilo gótico é um movimento infinito da forma inorgânica.

Desse modo, a atitude principal do homem em relação ao mundo determina a sua "vontade artística" e, consequentemente, o próprio princípio construtivo da obra-objeto.

Um arquiteto grego [diz Worringer] trata seu material, a pedra, com um desejo quase sensual e, por isso, deixa a própria matéria revelar-se como ela é. Um arquiteto gótico, ao contrário, trata a pedra com uma aspiração puramente espiritual à expressividade, com objetivos construtivos que se formaram independentemente da pedra; para ele, a pedra possui o significado de um meio de realização que é apenas externo e não autônomo. Como resultado, surge o sistema abstrato e construtivo no qual a pedra possui apenas significado prático e não artístico.[9]

De acordo com Wölfflin, a mudança do estilo clássico para o barroco também está relacionada à alteração da visão concreta do mundo. É verdade que ele não dá para suas opiniões uma forma acabada, do ponto de vista da percepção do mundo, como faz Worringer.

Desse modo, a "história da arte sem nomes" no formalismo da Europa Ocidental de modo algum leva à negação da essência ideológica da arte nem ao isolamento total da arte do horizonte ideológico geral, mesmo que esse horizonte seja compreendido pelos formalistas do Ocidente de forma idealista ou do ponto de vista da "filosofia da vida" em moda na época.

Esses são os aspectos fundamentais da corrente formalista da Europa Ocidental. Vimos que afirmar o primado das tarefas construtivas na arte não conduz ao obscurecimento do significado ideológico da obra de arte. O que ocorre é que o centro ideológico desloca-se do objeto da representação e da expressão, tomado independentemente da obra, para sua própria construção artística.

É por isso que, a nosso ver, as peculiaridades do método formal no Ocidente são interpretadas de forma completamente incorreta por B. M. Eikhenbáum,[V] dentro do espírito do formalismo russo, no artigo "A teoria do 'método formal'".

> Os representantes do método formal [diz ele] por diversas vezes e de diferentes lados foram acusados pela imprecisão ou pela insuficiência de seus principais conceitos, pela indiferença em relação às questões gerais da estética, da psicologia, da filosofia, da sociologia etc. Essas recriminações, apesar de suas diferenças qualitativas, são igualmente justas no sentido de que captaram corretamente a ruptura não ocasional característica dos formalistas tanto com a "estética de cima" quanto com todas as teorias prontas ou que se considerem como tais. Essa ruptura (principalmente com a estética) é um fenômeno mais ou menos típico para toda a ciência moderna da arte.

[V] N. T.: Borís Mikháilovitch Eikhenbáum (1886-1959) foi professor de literatura e um dos membros da Sociedade para o Estudo da Linguagem Poética (Opoiaz) em São Petersburgo, um dos braços do formalismo russo ao lado do Círculo Linguístico de Moscou. O artigo "Teoria do 'método formal'" apresenta as linhas gerais do formalismo russo e foi traduzido em português: B. Eikhenbáum, "A teoria do 'método formal'", em Dionísio de Oliveira Toledo (org.), *Teoria da literatura: formalistas russos*, trad. A. M. Ribeiro et al., Porto Alegre, Globo, 1971, p. 3-38.

Deixando de lado vários problemas gerais (como o da beleza, do objetivo da arte etc.), ela concentrou-se nos problemas concretos dos estudos da arte (*Kunstwissenschaft*). Novamente, sem ligação com premissas estéticas gerais, foi colocada a pergunta sobre a compreensão da "forma" artística e da sua evolução e daí várias questões concretas de teoria e de história. Surgiram *slogans* característicos como, por exemplo, "a história da arte sem nomes" (*Kunstgeschichte ohne Namen*), e os experimentos característicos da análise concreta de estilos e métodos, como a "experiência de estudo comparativo dos quadros" de K. Voll.[VI] Na Alemanha, justamente, uma teoria e uma história das artes plásticas mais ricas em experiência e tradições ocuparam a posição central nos estudos da arte e passaram a influenciar tanto a teoria geral da arte quanto as ciências isoladas, em particular, por exemplo, o estudo da literatura.[10]

Eikhenbáum não considerou a posição especial do formalismo europeu entre "a estética de cima" idealista e a estética "de baixo" positivista e naturalista. Contra esta última, os formalistas europeus não lutaram menos do que contra a primeira. Por isso, as acusações feitas por nossos formalistas são totalmente injustas em relação ao formalismo da Europa Ocidental. Este último, de forma alguma, é indiferente às questões ideológicas gerais, fato que não lhe proíbe, ao mesmo tempo, aspirar a uma concretude superior no estudo da construção artística.

A CORRENTE FORMAL NA POÉTICA

Os estudos formais da arte na Europa exercem, atualmente, uma enorme influência nos estudos literários. Oscar Walzel é o mais ferrenho partidário da transferência dos métodos dos estudiosos da arte para a ciência da literatura.

Ele desenvolve essa ideia numa série de trabalhos,[11] enquanto sua concepção sistemática da poética é exposta no trabalho *Gehalt und Gestalt im Kunstwerk des Dichters* (1923). A ideia diretriz desse trabalho é reunir as tarefas construtivas e a plenitude de seu sentido ideológico.

Por outro lado, ao estudar as questões da construção fonética concreta da obra poética, a escola de Sievers e Saran[12] também aproxima-se das questões relativas aos problemas construtivos.

Essa escola exerceu importante influência, ainda, sobre nossos formalistas. Entretanto, esses últimos minimizaram consideravelmente a tarefa do estudo do som poético. Em nenhum lugar, Sievers isola o som da riqueza e da complexidade do

---

[VI] N. T.: Karl Voll (1867-1917), teórico da arte alemão, especialista no renascimento e no barroco holandês.

movimento semântico do discurso.[13] Por isso, sua pesquisa concede um considerável espaço ao estudo da entonação expressiva em suas nuances semânticas e emocionais bastante complexas.

Entretanto, o método formal, em sentido estrito, não se tornou a corrente dominante na ciência germânica da literatura.

Na atualidade, a maior influência é exercida pela aplicação da "filosofia da vida", em suas diferentes correntes, nas tarefas dos estudos literários. O lugar da unidade construtiva da obra exterior, a obra como objeto, ocupa, aqui, a unidade da vivência concreta em sua individualidade indivisível.[14] É justamente nessa unidade que se realiza, segundo a teoria dominante na Alemanha, a fusão do sentido ideal com a concretude material.

Convém, ainda, assinalar a grande importância do conceito de "forma interior" na poética alemã contemporânea, embora não tanto na tradição de Humboldt[VII] como na de Goethe. Segundo sua concepção, a "forma interior" visa solucionar o mesmo problema fundamental: combinar organicamente a concretude material com a plenitude do sentido ideal, bem como com a inconstância de uma vivência individual.[15]

A verdadeira pátria do método formal nos estudos literários é, com certeza, a França. Aqui, o método formal, em sua acepção ampla, tem uma longa tradição, que remonta ao século XVII, isto é, à poética clássica. Na atualidade, nenhum historiador ou teórico da literatura francesa, seja Brunetière, Lanson ou Thibaudet[VIII] etc., prescinde de uma análise formal das obras artísticas.

A influência do pensamento dos estudos literários franceses sobre nosso formalismo – sobretudo a influência dos linguistas e estilistas franceses[16] – foi bastante grande. Entretanto, ela não determinou os fundamentos da poética formalista.

Tal é o formalismo da Europa Ocidental em seus traços essenciais. Os problemas que ele colocou e mesmo as tendências fundamentais que ele adotou para resolvê-los nos parecem aceitáveis em termos gerais. O que resulta inadmissível é somente o terreno filosófico no qual se dá sua solução concreta. No próximo capítulo, trataremos de assinalar um terreno produtivo para sua elaboração fecunda. Nas partes críticas subsequentes de nosso trabalho, consideraremos os métodos concretos para a solução desses problemas.

[VII] N. T.: Wilhelm von Humboldt (1767-1835) foi o iniciador da linguística comparada. Sua concepção de que cada língua organiza o mundo e o pensamento à sua própria maneira exerceu grande influência na Rússia.

[VIII] N. T.: Ferdinand Brunetière (1849-1906) e Gustave Lanson (1857-1934) foram críticos literários e professores universitários franceses que privilegiavam a crítica histórica e exterior das obras. Albert Thibaudet (1874-1936) foi crítico, historiador da literatura e discípulo de Bergson.

NOTAS

[1] A primeira e a única experiência nesse sentido é, por enquanto, o artigo de B. M. Eikhenbáum "Teoria do 'método formal'" (1926) na coletânea dos seus artigos *Literatura*. Mas é claro que essa tentativa não satisfaz nem pretende satisfazer a tarefa por nós apontada de ampla orientação do método formal. O artigo limita-se a um breve esboço histórico do formalismo. Nele é dedicada apenas meia página ao formalismo da Europa Ocidental.

[2] Sobre ele ver Julius Meier-Graeffe, *Hans Von Marees: Sein Leben und sein Werk*, 3 v., 1909-1910; e também o artigo de Jonas Cohn em Logos 1911-1912, n. 2-3. [N. T.: Hans Von Marees (1837-1887), pintor da chamada escola idealista alemã. Marees foi um dos líderes do retorno, no final do século XIX, aos modelos renascentistas, em especial com o uso da figura humana em esquemas decorativos de larga escala. Ele passou os últimos vinte anos de sua vida na Itália, onde fez importantes trabalhos, entre os quais se destacam os afrescos do museu zoológico de Nápoles.]

[3] Os trabalhos de Fiedler são reunidos em dois volumes do seu *Schriften über Kunst* (a segunda edição, Munique, 1913); eles apareceram pela primeira vez em 1896. O livro de Adolfo Hildebrand *Das problem der Form in der bildenden Kunst* saiu em 1893. Existe uma tradução russa (Moscou, 1914).

[4] Termo de Jonas Cohn.

[5] *Probliéma formy v izobrazítelnom iskússtve* ("O problema da forma na arte figurativa"), 1914, p. 4.

[6] Ver, principalmente, seu artigo *"Schriften über Kunst"* ("A origem da atividade artística"), v. I, p. 266.

[7] K. Fiedler, op. cit., p. 301. É característico que nossos formalistas tenham começado justamente por contrapor a forma artística às "tarefas sérias do conhecimento".

[8] Ver seu trabalho *Abstraktion und Einfühlung*.

[9] Ver *Formprobleme der Gotik*, p. 69.

[10] *Literatura, Teoria, Krítica, Poliémika*, Leningrado, 1927, p. 118.

[11] As informações sobre eles podem ser encontradas nas notas de V. M. Jirmúnski ao livro de Walzel *Probliema formy v poésii* ("O problema da forma na poesia"), Petrogrado, 1923.

[12] Sobre eles ver B. M. Eikhenbáum, "Melódika stikhá" ("Melodia do verso"), e notas na edição do livro de Walzel. [N. T.: Eduard Sievers (1850-1932) foi um filólogo das línguas alemã e clássicas e um dos mais importantes linguistas históricos do final do século XIX. Ele ficou conhecido por seu resgate das tradições poéticas das línguas germânicas e desenvolveu um método de análise fonética da poesia; Franz Saran (1866-1931) filólogo, historiador e filósofo alemão, compartilhou com Sievers o desenvolvimento da análise fonética da poesia, método apreciado por alguns dos formalistas russos.]

[13] Jirmúnski faz uma crítica fundamentada do emprego da concepção de Sievers por Eikhenbáum em seu artigo "Melódika stikhá" ("Melodia do verso"), *Mysl*, 1922, n. 3, ou na coletânea de artigos *Vopróssy teórii literatúry* ("Questões de teoria literária"), 1928.

[14] Consultar o livro de Emil Hermatinger *Das dischterische Kunstwerk: Grundbegriffe der Urteilsbildung in der Literatur Geschichte* (1921), que é bastante indicativo desse ponto de vista.

[15] O livro de Hefel *Das Wesen der Dichtung* (1923) é típico dessa corrente.

[16] Sobretudo a Escola de Genebra: Bally e Sechehaye. [N. T.: Charles Bally (1865-1947) é considerado um dos fundadores da estilística (*Traité de stylistique française*, 1909) e Albert Sechehaye (1870-1946) era linguista (*Programme et méthodes de la linguistique théorique: psychologie du langage*, 1908). Naturais de Genebra, ambos foram discípulos de Ferdinand de Saussure e organizadores do famoso *Curso de linguística geral* (1916).]

CAPÍTULO SEGUNDO
O método formal na Rússia

As primeiras manifestações do formalismo russo

A história do método formal na Rússia já tem quatorze anos.

O primeiro documento histórico dessa corrente é o folheto de V. B. Chklóvski "Voskrechiénie slóva" ("A ressurreição da palavra"), que foi publicado em 1914. Em 1916 e 1917, ele foi seguido por duas coletâneas sobre a teoria da linguagem poética e, finalmente, em 1919 saiu a coletânea "Poética". Essas três coletâneas, das quais a última repetiu parcialmente as duas primeiras, determinaram o destino posterior de toda a corrente.

Durante a leitura do folheto de Chklóvski, temos a impressão de que estamos diante do manifesto de uma determinada escola literária, e não do começo de uma nova corrente na ciência dos estudos literários.

Eis o programa desse folheto apresentado por seu autor na página de rosto:

> Palavra: a imagem e sua petrificação. Epíteto como meio de renovação da palavra. A história do epíteto: a história do estilo poético. O destino das obras dos antigos artistas da palavra é o mesmo que o destino da própria palavra: eles realizam o caminho da poesia para a prosa. A morte das coisas. A tarefa do futurismo – ressurreição das coisas – devolução ao ser humano da vivência do mundo. A ligação dos métodos da poesia futurista com os métodos do pensamento linguístico geral. A linguagem da poesia antiga parcialmente compreensível. A linguagem dos futuristas.

O programa apresentado é um curioso documento histórico daquela atmosfera espiritual na qual o método formal russo foi constituído.

Nota-se uma fusão peculiar de A. N. Vesselóvski em *Istóriia epíteta* ("A história do epíteto"), com declarações futuristas e, em parte, com conversas de intelectuais sobre "a crise da arte e da cultura".[1] Ao mesmo tempo, delineia-se o embrião da fundação do futuro método formal.

A situação muda um pouco na coletânea da Opoiaz.[I] Aqui, a par das declarações literárias de V. Chklóvski em *Zaúmnyi iazýk i poésiia* ("Linguagem záum e poesia"), já estão presentes pesquisas puramente científicas, secas e especificadoras de L. Polivánov[II] em *Po póvodu zvukovýkh jéstov iapónskogo iazyká* ("Sobre os gestos fônicos da língua japonesa"), tradução Nyrop[III] etc. A atmosfera específica dessas coletâneas é a mistura de declarações apressadas dos futuristas com pesquisas metodológicas e científicas.

Essas manifestações caracterizam o primeiro período fundamental do formalismo, quando seus defensores e apologistas avançaram como falange coerente e numa ordem cerrada.

O que é o formalismo nesse primeiro período? E quais são suas raízes históricas?

Contexto histórico do aparecimento e do desenvolvimento do método formal na Rússia

O contexto histórico no qual apareceu e formou-se nosso método formal foi um pouco diferente daquele do Ocidente.

Não tivemos o idealismo formado e constituído como uma escola e com um método rigoroso. Seu lugar foi ocupado pelo periodismo ideológico e pela crítica

---

[1] N. T.: No final de 1916 e início de 1917, é formada a Sociedade para o Estudo da Língua Poética – Opoiaz, de orientação poetológica e literária, constituída por um grupo heterogêneo de jovens linguistas e teóricos da literatura: Viktor Chklóvski (1893-1984), Iuri Tyniánov (1894-1943), Borís Eikhenbáum (1886-1959), Liev Iakubínski (1892-1946), Viktor Vinográdov (1895-1969), Viktor Jirmúnski (1891-1971) e outros, da Universidade de São Petersburgo. A Opoiaz colaborará estreitamente com o Círculo de Moscou.

[II] N. T.: Evguéni Polivánov, *Po póvody zvukovykh géstov iapónskovo iazyká em Sbórnik o teórii poettícheskovo iazyká*, Petrogrado, 1916. Evguéni Dmítrievitch Polivánov (1891-1938), linguista russo, orientalista, poliglota e um dos primeiros sociolinguistas russos. Escreveu numerosos e importantes trabalhos sobre o japonês, o chinês etc., assim como sobre linguística teórica. Definiu um sistema de representação do japonês em caracteres cirílicos que foi oficialmente adotado na União Soviética. Assim como Liev Iakubínski, foi aluno de Baudoin de Courtenay e um dos fundadores da Opoiaz. Foi executado em 1938 e reabilitado em 1963.

[III] N. T.: Kristoffer Nyrop (1858-1931), linguista dinamarquês, professor de línguas românicas e de literatura. Seu principal esforço foi direcionado ao estudo histórico das línguas românicas, das quais publicou descrições sincrônicas, como gramáticas da língua espanhola e descrições da fonética italiana e da francesa.

de caráter religioso e filosófico. Esse pensamento russo livre, certamente, não pôde desempenhar o benéfico papel de conter e aprofundar o pensamento do adversário, como fez o idealismo em relação ao formalismo ocidental. Foi muito fácil rejeitar as construções estéticas e as experiências críticas de nossos autoproclamados pensadores como algo que, evidentemente, não se sustentava.

A situação não melhorou com o positivismo. Seu lugar foi ocupado, em nosso país, por um ecletismo banal e frágil, privado de fundamento científico e de rigor. Aquelas tarefas úteis que o positivismo realizou nas ciências humanas da Europa Ocidental, como dominar o pensamento, discipliná-lo, habituá-lo a compreender o peso do fato concreto empírico, não foram realizadas e continuavam tarefas a ser cumpridas no nosso contexto à época do aparecimento dos formalistas.

O positivismo produziu, em nosso país, apenas uma grande personalidade isolada: A. N. Vesselóvski.

Seu trabalho, inacabado em muitos aspectos, continua, até o momento, insuficientemente assimilado e, em geral, não desempenhou um papel de destaque, que, como nos parece, lhe pertence por direito. Os formalistas quase não polemizaram com ele. Antes, aprenderam com ele. Mas não se tornaram seus continuadores.

De modo que nossos formalistas não encontraram adversários verdadeiros e fortes na estética e na ciência literária, cujo confronto pudesse contribuir, de forma favorável, para a formação da nova corrente científica.

Na atualidade, o próprio Eikhenbáum apresenta, com justiça, essa situação em seu artigo "A teoria do 'método formal'":

> Quando da aparição dos formalistas, a ciência acadêmica que ignorava inteiramente os problemas teóricos e que utilizava frouxamente axiomas envelhecidos tomados de empréstimo da estética, da psicologia e da história perdera a tal ponto a sensação de seu objeto de estudo que sua própria existência se tornara ilusória. Não tínhamos necessidade de lutar contra ela: não valia a pena arrombar uma porta aberta, pois achamos a via livre, e não uma fortaleza. A herança teórica de Potebniá[IV] e de Vesselóvski, conservada por seus discípulos, era como um capital imobilizado, como um tesouro que perdera seu valor pelo temor de ser tocado. A autoridade e influência não pertenciam mais à ciência

---

[IV] N. T.: Aleksándr Potebniá (1835-1891), linguista, folclorista e literato da Rússia, membro-correspondente da Imperial Academia Russa de Ciências que influenciou fortemente o simbolismo russo. Especializou-se em filosofia da linguagem, fonética histórica eslava, etimologia. Seu nome tornou-se central no debate estético no século XX em razão dos questionamentos às suas ideias feitos pelos formalistas russos e pelos estruturalistas.

acadêmica, mas a uma ciência jornalística. Se nos é possível dizê-lo, elas pertenciam aos trabalhos dos críticos e dos teóricos do simbolismo. De fato, entre 1907 e 1912, a influência dos livros e artigos de Viatchesláv Ivánov,[V] Briússov,[VI] Andrei Biély,[VII] Merejkóvski,[VIII] Tchukóvski[IX] etc., era infinitamente superior àquela dos estudos eruditos e das teses universitárias.[2]

Nessa situação, nossos formalistas não podiam ter mais consciência e precisão na colocação dos problemas metodológicos. Eles entendiam e definiam de modo muito difuso e sumário seus inimigos e sua própria posição metodológica.

Contra o positivismo, então, eles nem lutaram. Combatiam o ecletismo em geral, mas não o positivismo como tal. Por isso, eles caíram inevitavelmente na tendência positivista e naturalista.

No Ocidente, o surgimento dos formalistas foi precedido por meio século de escola positivista. Já nosso formalismo teve que compensar seu desenvolvimento tardio.[3] De modo mais preciso, o círculo dos formalistas formou-se nos seminários do professor S. A. Venguiérov[X] sobre Púchkin.

Entretanto, esse seminário dificilmente estaria na origem histórica do formalismo. Seu papel limitou-se a reunir, em um nível pessoal, os futuros formalistas em torno do estudo das questões concretas da ciência da literatura, situação favorecida pelo ecletismo benevolente do próprio responsável pelo seminário.

No que diz respeito à tradição de Potebniá, ela exerceu certa influência sobre o formalismo somente na medida em que se opôs a ela. Pois no terreno da crítica à teoria da forma de Humboldt e Potebniá, os formalistas assimilaram a oposição fundamental entre linguagem poética e outros sistemas de linguagem, oposição esta ligada a essa teoria e que viria a tornar-se fundamental para eles.

[V] N. T.: Viatchesláv Ivánovitch Ivánov (1866-1949), poeta e dramaturgo russo ligado ao movimento simbolista russo. Atuou, ainda, como filósofo, tradutor e crítico literário. Há um importante texto seu traduzido para o português: V. I. Ivanov, "Duas forças do simbolismo moderno", em A. Cavaliere, E. Vássina, e N. Silva (org.), *Tipologia do simbolismo nas culturas russa e ocidental*, trad. E. Vólkova e E. Américo, São Paulo, Humanitas, 2005, p. 197-244.

[VI] N. T.: Valiéri Iákovlevitch Briússov (1873-1974), poeta russo, um dos iniciadores e organizadores do simbolismo russo.

[VII] N. T.: Andriéi Biély (1880-1934), escritor russo, filólogo, filósofo e um dos teóricos do simbolismo, caracterizado pelo apego a temas místicos e pela percepção grotesca da realidade. Há um texto seu traduzido para o português: A. Biély, "Simbolismo e arte contemporânea russa", em A. Cavaliere, E. Vássina, e N. Silva (org.), *Tipologia do simbolismo nas culturas russa e ocidental*, São Paulo, Humanitas, 2005, p. 245-64.

[VIII] N. T.: Dmítri Serguiéevitch Merejkóvski (1866-1941), escritor e filósofo religioso russo, emigrado em 1920.

[IX] N. T.: Kornei Ivánovitch Tchukóvski (1882–1969), verdadeiro nome Nikolai Vassílievitch Korneitchúkov, escritor, tradutor e crítico literário. Tornou-se conhecido como autor de livros infantis. Em 1919, lecionava no instituto literário no qual se reuniam os formalistas.

[X] N. T.: Semión Afanássievitch Venguiérov (1855-1920), historiador da literatura e filólogo, trabalhou como professor da Universidade de São Petersburgo. Seus trabalhos filiam-se à tendência histórico-cultural.

É possível que os trabalhos e as palestras do acadêmico V. N. Pérets[XI] sobre a metodologia da história da literatura russa[4] tenham tido alguma importância no processo de desenvolvimento do método formalista. É verdade que eles puderam exercer influência somente na medida em que estimularam o interesse pelas próprias questões da metodologia dos estudos literários. Seus trabalhos foram um modelo de ecletismo acadêmico e não apresentaram quaisquer pontos de vista novos, tanto positivos quanto produtivos.[5]

Com isso, esgota-se o contexto científico no qual o método formal russo tinha que se orientar e tomar consciência metodológica de si.

A ORIENTAÇÃO DO MÉTODO FORMAL PARA O FUTURISMO

Mas o meio que realmente nutriu o formalismo no primeiro período do seu desenvolvimento foi o da poesia moderna, com suas movimentações e aquele conflito teórico de opiniões que as acompanhava. Essas opiniões teóricas, expressas na forma de programas artísticos, de declarações, de artigos programáticos, não representavam uma parte da ciência, mas da própria literatura, pois serviam, de forma direta, aos interesses artísticos de várias escolas e tendências conflitantes.

O formalismo foi determinado pelas mais radicais tendências da criação literária e pelas mais radicais aspirações do pensamento teórico relacionado a essas criações. O principal papel, nesse caso, pertencia ao futurismo e, antes de tudo, a Velimír Khliébnikov.[XII]

A influência do futurismo sobre o formalismo foi tão grande que, se tudo terminasse com as coletâneas da Opoiaz, o método formal teria se tornado um objeto da ciência da literatura apenas como programa teórico de uma das ramificações do futurismo russo.

[XI] N. T.: Vladímir Nikoláevitch Pérets (1870-1935), crítico literário russo e membro da Academia de Ciências de São Petersburgo (1914) e da Academia de Ciências da Ucrânia (1919). Seus trabalhos tratam das relações entre literatura e folclore, das conexões entre a literatura russa e a ucraniana, e da história do teatro popular nos séculos XVII e XVIII.

[XII] N. T.: Velimír Khliébnikov (1885-1922), poeta russo e um dos fundadores do futurismo russo. Estudou física, matemática e ciências naturais na Universidade de Kazan, onde haviam lecionado Lobatchevsky e Baudouin de Courtenay, e letras em São Petersburgo. Matemático e naturalista por formação, abandonou pouco a pouco essas disciplinas para se dedicar primeiro ao desenho, depois à literatura. Entrou para o mundo literário (1908), quando São Petersburgo era dominada pelo simbolismo. Começou a se desprender do simbolismo muito rapidamente (1909), e a partir do primeiro contato com o poeta Vladímir Maiakóvski (1912) transformaram-se ambos no centro do movimento literário futurista. Khlébnikov foi o criador da linguagem záum, usada por Maiakóvski na primeira fase de sua obra. Maiakóvski, como os demais participantes de um grupo de poetas que iria formar com ele o grupo posteriormente chamado cubofuturista, com sede em São Petersburgo, reconheceu-o como seu mais importante precursor e mestre, unindo-se a ele em suas inovações.

Nisso está a diferença essencial do nosso formalismo e do formalismo da Europa Ocidental. Para entender o quão importante é essa divergência, basta imaginar o que teria ocorrido se os formalistas ocidentais – Hildebrand, Wölfflin etc. – tivessem se orientado diretamente para o construtivismo e o suprematismo!

A melhor forma de determinar o *pathos* do primeiro formalismo é mediante a expressão de V. Chklóvski: "a ressurreição da palavra". Os formalistas liberam da prisão a palavra poética encarcerada.

Entretanto, eles não foram os primeiros ressuscitadores. Sabemos que os simbolistas já falavam do culto da palavra. A palavra também foi ressuscitada pelos precursores diretos dos formalistas: os acmeístas e os adamistas.[6]

Foi justamente o simbolismo que destacou o valor próprio e o papel construtivo da palavra na poesia. Ele tentou combinar esse papel construtivo da palavra com o seu caráter ideológico mais intenso. Por isso, o valor próprio da palavra figura, nas obras simbolistas, no contexto de conceitos elevados como o de mito e o de hieróglifo (V. Ivánov), o de magia (K. Balmont),[XIII] o de mistério (primeiras obras de V. Briússov), o de magismo (F. Sologúb),[XIV] o de língua dos deuses, e assim por diante.

A palavra, para eles, é um símbolo. O conceito de símbolo deveria atender à tarefa de ligação do próprio significado construtivo da palavra com seu pleno significado ideológico e semântico.

A palavra, nos simbolistas, não representa e não expressa, mas simboliza. Diferentemente da representação e da expressão, que transformavam a palavra em sinal convencional dirigido para algo exterior a ela, essa "simbolização" conservava toda a plenitude material concreta da palavra, e, ao mesmo tempo, sua significação semântica elevava-se ao mais alto grau.

Essa tarefa, apesar de corretamente formulada, não podia ser fundamentada e solucionada metodologicamente no terreno do próprio simbolismo. Ela entrelaçou-se, de forma muito estreita, com os interesses transitórios de determinada corrente literária,[XV] expressando os estreitos interesses ideológicos do grupo.

[XIII] N. T.: Konstantin Dmítrievitch Balmont (1867-1942), poeta simbolista russo que emigrou da URSS em 1920.

[XIV] N. T.: Em português existe a tradução de um romance de Sologúb: *O diabo mesquinho*, São Paulo, Kalínka, 2008.

[XV] N. T.: O termo "corrente" refere-se a "tendência (moda) comum a um grupo ou a uma maioria, dentro de um grupo", diferenciando-se de "movimento": "deslocamento associado a funcionalidade ou dinamismo; corrente autônoma" e "escola": "atividade organizada e metódica; conjunto de seguidores de um mestre ou de uma orientação filosófica, artística ou científica; corporação. Giacomo de Voto e Gian Carlo Oli, *Dizionario della lingua italiana*, Florença, Ed. Le Monnier, 1971.

Mas, apesar disso, a própria apresentação da tarefa e sua formulação (a síntese do significado construtivo com a conservação da plenitude semântica), corretas em linhas gerais, não podiam deixar de exercer uma influência benéfica sobre a poética.

Foi no terreno do simbolismo que surgiram os primeiros estudos literários que se aproximaram da essência da arte poética, ainda que distorcidos por uma concepção ideológica falsa. O *Simbolismo* de A. Biély, alguns artigos de V. Ivánov e os trabalhos teóricos de V. Briússov ocupam, de forma incontestável, um lugar importante na história dos estudos literários russos.

Tomamos consciência, de forma mais nítida, das tarefas construtivas da palavra poética no terreno do acmeísmo.

Nele, atinge-se a coisificação da palavra em grau muito maior. As tarefas construtivas nesse caso são combinadas com uma tendência que, se não diminui, em todo caso, torna relativo o significado semântico e ideológico da palavra.

A palavra nos acmeístas – não aquela que se encontra em suas declarações, mas em sua prática poética – não é tirada do processo da vida ideológica, mas diretamente e exclusivamente do contexto literário. O próprio exotismo e primitivismo acmeístas são puras estilizações que destacam ainda mais o caráter fundamentalmente convencional do tema poético.

Os acmeístas veem a literatura separada das outras esferas ideológicas. A refração ideológica da realidade no tema lírico ou no enredo de uma balada torna-se uma espécie de refração tripla: passa pela refração do meio literário, onde é saturada com associações e reminiscências puramente literárias.

No entanto, não se trata da "poeticidade" superficial e banal do enredo e do motivo nem de associações poéticas vulgares. Trata-se de associações "estruturais" muito mais finas e profundas entre um enredo ou um motivo e um determinado contexto literário, uma determinada escola, estilo e assim por diante. O lugar estrutural e a função construtiva do enredo ou do motivo aparecem como reminiscência em um determinado estilo e gênero, o que, muitas vezes, é acessível apenas aos conhecedores e aos próprios mestres poetas. Decorre daí aquele refinamento próprio à poesia acmeísta.

No acmeísmo foi produzida uma melhor compreensão, em comparação com o simbolismo, dos interesses profissionais e técnicos do poeta e de sua maestria. No simbolismo, principalmente na fase inicial, esses interesses foram obscurecidos por suas pretensões ao sacerdócio e ao profetismo.

No acmeísmo a principal tarefa da poética foi também distorcida pelos interesses da corrente e pela ideologia estreita do grupo.

O significado construtivo da palavra nem sempre traz consigo o caráter convencional ideológico do seu sentido. Esse caráter convencional representa apenas uma particularidade específica construtiva de algumas correntes artísticas, mas, mesmo nesse caso, é uma convenção relativa. Atrás dessa convencionalidade esconde-se uma posição ideológica inquestionável.

Em geral, o convencionalismo artístico é um termo extremamente inoportuno e ambíguo que introduziu muita confusão no problema do significado construtivo da palavra artística.[7]

O culto da palavra como tal, já um pouco rebaixado, dos acmeístas é mais próximo dos formalistas do que o culto da palavra dos simbolistas. Não é por acaso que se dedicaram à poesia de Anna Akhmátova dois livros de representantes da nova tendência: de B. M. Eikhenbáum e V. V. Vinográdov. No entanto, para estes últimos, mesmo a coisificação acmeísta da palavra era pouco radical.

Os formalistas entendiam por ressurreição da palavra não apenas a sua libertação de todas as ênfases superiores, de todo significado hierático, mas, também, sobretudo no período inicial, a eliminação quase completa do próprio significado ideológico da palavra.

Para os formalistas, a palavra é apenas uma palavra e, antes de mais nada, uma materialidade sonora empírica e concreta. Eles queriam preservar justamente esse *minimum* sensorial da palavra da sobrecarga e da sua absorção completa por aquele significado elevado que os simbolistas atribuíam à palavra.

A ressurreição da palavra nos formalistas reduzia-se a essa completa coisificação e é difícil não perceber nisso a sua profunda ligação natural com o futurismo.

É completamente natural que a primeira tarefa do jovem formalismo tenha se tornado a luta contra o simbolismo. "O principal lema que reuniu o grupo inicial dos formalistas foi o de libertação da palavra poética das cadeias das tendências filosóficas e religiosas que cada vez mais dominavam os simbolistas."[8]

A par desse momento negativo da "ressurreição da palavra", que foi polemicamente aguçado contra a poética dos simbolistas e, em parte, também contra o "tematismo" e o caráter "ideológico" da crítica sociopublicista e filosófica, houve um outro momento, positivo, que também aproximava o formalismo do futurismo.

Ele resumia-se à tendência de extrair novos efeitos estéticos dos elementos técnicos da palavra – os quais os simbolistas consideravam um "material" muito rústico por serem aspectos secundários e artisticamente indiferentes na palavra; tratava-se precisamente das estruturas fonética, morfológica e sintática da palavra, tomadas independentemente do sentido. Descobriu-se que, também com as palavras tomadas como unidades gramaticais e imagens sonoras transmentais,[XVI] era possível jogar o jogo estético abstrato e criar, a partir delas, novas combinações artísticas.

[XVI] N. T.: Refere-se à palavra russa *záum* (em russo: *záum* ou "*zaúmyi iazýk*") que é um conceito utilizado para designar os experimentos linguísticos do simbolismo fonético na criação de linguagens artísticas. Esses experimentos foram realizados por alguns poetas futuristas russos, entre os quais Velimír Khliébnikov e Alekséi Krutchiónikh. A palavra *záum* é composta pelo prefixo "za" (além, por trás) e a palavra "um" (mente, conhecimento). O *záum* pode ser definido como uma linguagem poética experimental, caraterizada pela sua indeterminação no significado.

Foram os futuristas, sobretudo Velimír Khliébnikov, que colocaram em prática esses jogos com as palavras gramaticais. Os formalistas foram os seus teóricos.

A TENDÊNCIA DO FORMALISMO AO NIILISMO

O primeiro aspecto negativo da "ressurreição da palavra" dos formalistas, que rebaixou e fez descer a palavra de suas alturas simbolistas, teve uma importância fundamental. Em todo o primeiro período do desenvolvimento do formalismo, seu peso específico é extraordinariamente grande. Inicialmente, o tom niilista, que impregna todas as manifestações dos formalistas, tem sua origem nele.

Os formalistas descobrem não tanto o novo na palavra quanto desvendam e eliminam o velho.

Os conceitos fundamentais do formalismo, elaborados nesse período – a linguagem transmental, o estranhamento, o procedimento, o material –, estão completamente impregnados dessa tendência niilista negativa.

De fato, não foram as pessoas possuídas pelo "espírito da música" nem os poetas embriagados pelos ritmos e sons da poesia, como foi o caso de Balmont, de Blok[XVII] e do primeiro Briússov, que propagaram a linguagem transmental. Os formalistas aprenderam a apreciar o som no laboratório de fonética de I. A. Baudouin de Courtenay[XVIII] e de L. V. Schiérba.[XIX] Eles opuseram o som sóbrio da fonética experimental à palavra dotada de sentido, assim como a linguagem transmental opunha-se à poesia.

As referências à glossolalia[XX] dos primeiros profetas cristãos e a linguagem transmental dos sectários possuídos foram necessárias aos formalistas somente na qualidade de informações históricas. Eles estavam muito distantes do sentido e do *pathos* da

---

[XVII] N. T.: Aleksándr Aleksándrovitch Blok (1880-1921), poeta russo, um dos mais eminentes representantes do movimento simbolista na literatura russa.

[XVIII] N. T.: Ivan Alekséevitch Baudouin de Courtenay (1845-1929), linguista polonês, conhecido por sua teoria do fonema e das alternâncias fonéticas. Trabalhou em diversas universidades na Rússia Imperial, sendo que a última foi a Universidade de São Petersburgo (1900-1918). Após a independência da Polônia, regressou a seu país de origem e tornou-se professor na Universidade de Varsóvia. A visão de Baudouin de Courtenay sobre a linguagem como constituída por entidades abstratas é considerada a precursora do interesse posterior na conexão entre estrutura e significado e da teoria estruturalista de Ferdinand de Saussure.

[XIX] N. T.: Liév Vladímirovitch Schiérba (1880-1944) foi aluno de Baudouin de Courtenay, especialista em fonética e fonologia e organizador do laboratório de fonética experimental da Universidade de São Petersburgo.

[XX] N. T.: Glossolalia, do grego *glôssa* (língua) e *laléo* (falar), é um fenômeno de psiquiatria e de estudos da linguagem, em geral ligado a situações de fervor religioso, em que o indivíduo crê expressar-se em uma língua por ele desconhecida, em geral inexistente, mas por ele tida como de origem divina.

língua transmental. Os formalistas entusiasmavam-se não tanto pela descoberta de novos mundos e de um novo sentido no som quanto pela perda de sentido do som na palavra.

O aspecto negativo é igualmente forte no conceito de estranhamento. Em sua primeira definição, não se sublinhou, de forma alguma, o enriquecimento da palavra com um novo sentido positivo construtivo, mas, ao contrário, frisou-se somente o apagamento do sentido antigo. Foi justamente a perda do sentido anterior que produziu a novidade e a estranheza da palavra e do objeto por ela designado.

É característico que Chklóvski tenha compreendido o conto "Kholstomér" de Tolstói[XXI] precisamente e unicamente dessa maneira. A esse respeito, ele escreve: "A narração é conduzida por um cavalo, e o estranhamento dos objetos é realizado pela percepção emprestada ao animal, e não pela nossa."[9] E isso foi dito sem a menor ironia!

O procedimento de Tolstói, empregado nessa narração e em outras de suas obras, é compreendido e interpretado por V. Chklóvski de modo completamente errado, mas essa deturpação do procedimento é muito característica das tendências da nova corrente. Tolstói não aprecia, de modo algum, o estranhamento do objeto. Pelo contrário, ele o submete ao estranhamento somente para distanciar-se dele, para tomá-lo como ponto de partida e para com ele destacar, de forma ainda mais positiva, aquilo que é necessário: um determinado valor moral.

Desse modo, o objeto não é submetido ao estranhamento por ele enquanto tal, não para senti-lo, "a fim de fazer pedra de pedra", mas para outro "objeto", para um valor moral, o qual sobressai com mais nitidez e vigor a partir desse pano de fundo, precisamente como uma significação ideológica.

Nos demais casos, esse procedimento serve, na obra de Tolstói, a outro objetivo. Ele realmente revela o valor do próprio objeto estranhado. Mas, mesmo nesse caso, o estranhamento não é realizado em nome do procedimento. O estranhamento não cria nem o valor positivo ideológico nem o negativo, mas apenas os desvenda.

O que faz Chklóvski? Ele deturpa completamente o sentido do procedimento, ao interpretá-lo como um desvio do significado ideológico e semântico. No entanto, este último é tudo o que importa.

Esse procedimento em Tolstói tem uma nítida função ideológica. O sentido não automatiza a percepção do objeto, mas, ao contrário, é o objeto que oculta e automatiza

---

[XXI] N. T.: Conto de Liev N. Tolstói (1828-1910) em que a narração é conduzida por um cavalo que, por meio de sua percepção de animal, singulariza os objetos. Esse conto encontra-se em *Lembranças e narrativas*, em *Obra completa*, V. III, trad. M. Amado, Rio de Janeiro, José Aguillar, 1962.

o sentido moral, como Tolstói o compreende. Com seu procedimento, Tolstói não quer desautomatizar o objeto, mas, precisamente, o sentido moral.

É completamente evidente que, na base do estranhamento de Tolstói estão os reagrupamentos e os deslocamentos dentro da composição semântica que é dotada de valor. Os valores ideológicos mudam de um aspecto a outro. Se nos desviarmos efetivamente desses valores, o próprio procedimento se tornará impossível.

Tal violência diante do sentido do procedimento de Tolstói foi necessária a Chklóvski para impor, a qualquer custo, uma concepção puramente negativa do estranhamento.

O conceito de "desautomatização discursiva da palavra", importante para a primeira fase do formalismo, tem relação com o estranhamento.

Mas o tom negativo também predomina nessa concepção: a desautomatização foi compreendida, antes de tudo, como a libertação do contexto semântico.

O mesmo ocorre com a definição de procedimento.

O artigo de Chklóvski "A arte como procedimento" é, talvez, o mais característico da fase inicial do formalismo.

O que importa não é que a arte seja um procedimento ou um sistema de procedimentos, o que é um truísmo. O sentido do artigo de Chklóvski consiste em afirmar que a arte é somente um procedimento.

O procedimento não cessa de se opor ao sentido, ao pensamento, à verdade artística, ao conteúdo social, e assim por diante.[10] Tudo isso, segundo Chklóvski, inexiste; só existe o procedimento puro. O tom polêmico e mesmo o desejo de surpreender penetra o próprio núcleo desse conceito fundamental do formalismo.

A DETURPAÇÃO DA CONSTRUÇÃO POÉTICA POR SEU TRATAMENTO NEGATIVO

Pois bem, todas as "descobertas" dos formalistas são obtidas de forma bastante peculiar: subtraindo da palavra e dos elementos da obra literária diversos aspectos fundamentais. O novo significado construtivo deve resultar de uma dessas ações, puramente negativas, de subtração e de anulação.

Certamente, uma palavra sem sentido tem algo novo e diferente em relação a uma palavra com sentido. Com certeza, um pensamento sem qualquer pretensão à verdade tem um aspecto diferente do pensamento habitual, que se esforça para conhecer algo.

Porém, esse tipo de subtração certamente não permite obter nada de positivamente novo e proveitoso.

Essa inclinação negativa e niilista do formalismo expressa uma tendência geral a todo niilismo: não acrescentar algo à realidade, mas, ao contrário, diminuí-la, empobrecê-la e castrá-la, e, com isso, alcançar uma nova e peculiar impressão da realidade.

A exacerbação do caráter polêmico de todas essas teses e definições desempenhou um papel triste e fatal na história do formalismo.

Cada nova corrente científica estabelece, de forma inevitável, uma luta polêmica com as tendências anteriores, ao defender suas posições positivas. O que é natural e bom.

Mas é ruim se a polêmica, ao invés de ocupar um lugar secundário, torna-se quase que a intenção principal e única, infiltrando-se no interior de todos os termos, definições e formulações da nova corrente.

Diante de tal situação, a nova ciência liga-se, de forma estreita e indissolúvel, àquilo que nega, àquilo que é seu ponto de partida e, no final das contas, transforma-se em um simples avesso da antiga ciência negada, em uma formação puramente reativa, em ressentimento.

Foi justamente isso que aconteceu com o formalismo.

As negações polêmicas, ao se infiltrarem no interior das definições formalistas, fizeram com que a própria construção artística se tornasse, na teoria deles, uma construção inteiramente polêmica. Cada um de seus elementos somente realiza seu objetivo construtivo ao negar algo e ao orientar-se polemicamente contra algo.

A tarefa fundamental da poética – revelar o significado construtivo da obra literária e de cada um de seus elementos – foi, com isso, totalmente deturpada. A apreensão da unidade construtiva pagou um alto preço, o da deturpação de todo o sentido interior do fato poético.

Pois a essência da tarefa consistia precisamente no propósito de dominar a unidade material e concreta da construção poética e, ao mesmo tempo, não perder o contato com toda a plenitude do seu significado ideológico e semântico. Esse significado devia ser incluído na construção concreta, coisificar-se nela e, ao mesmo tempo, compreender toda a construção, em sua concretude, como dotada de significado. Nisso consiste a essência e a dificuldade da tarefa da poética.

Já os formalistas, mediante a subtração do significado, não chegaram à estrutura poética, mas a certa formação quimérica, ao meio termo entre um fenômeno físico e um objeto de consumo. Posteriormente, a teoria dos formalistas equilibrou-se entre o naturalismo puro e o hedonismo contemplativo.

É característica a seguinte declaração de Chklóvski que está no prefácio de seu livro *Teóriia prozy* ("Teoria da prosa"): "A palavra é objeto. E a palavra muda de acordo com suas leis verbais, relacionadas com a fisiologia da fala, e assim por diante".

Desse modo, as leis verbais são leis fisiológicas puramente naturais. Aqui, a coisificação é alcançada ao preço de uma perda do sentido naturalista.

No artigo de Chklóvski *"Zaúmnyi iazyk i poésiia"* ("A linguagem transmental e a poesia"), é comprovada a possibilidade de deleite hedonista das palavras transmentais. O mesmo encontramos no artigo de L. Iakubínski[XXII] *"O zvúkakh stikhotvórnogo iazyká"* ("Sobre os sons da linguagem poética"), em que tudo se reduz aos exemplos, tomados principalmente de obras literárias, com o propósito de deleite hedonista. Aqui, a coisificação é alcançada, de forma hedonista, ao se privar de sentido a palavra, que é tratada como objeto de consumo.

A negação formalista do significado ideológico da construção poética inevitavelmente leva à oscilação dessa construção entre o polo do naturalismo e o polo do hedonismo.

O CONTEÚDO POSITIVO DOS PRIMEIROS TRABALHOS FORMALISTAS

O lado positivo da "ressurreição da palavra" pelos formalistas manifestou-se, antes de mais nada, em seu interesse aguçado pelo poeta-mestre e pela maestria em poesia.

É verdade que aqui se misturaram também os motivos niilistas. O formalista da primeira fase jamais diria "o poeta é um mestre", mas, certamente, diria "o poeta é apenas um mestre".

Todas as pesquisas na área da estrutura sonora poética, principalmente qualitativa, iniciadas ainda pelos simbolistas (A. Biély, V. Briússov), alcançaram um grau científico mais elevado nos formalistas.

O estudo da formalização externa da obra literária (composição, elaboração do enredo) é uma questão pouco pesquisada nos estudos literários russos que, quase pela primeira vez, torna-se objeto de análise séria justamente nos formalistas. No entanto, é significativo que, também nesses estudos, seja acentuado o lado negativo, o rebaixamento.

É claro que uma obra literária não é apenas criada, mas também é feita. Porém, para os formalistas, ela é apenas feita.

No entanto, é necessário notar que, na primeira fase do seu desenvolvimento, o formalismo ocupava-se principalmente com a análise do lado qualitativo da composição sonora de uma obra literária. Na primeira coletânea sobre a teoria da linguagem poética, todos os artigos, sem exceção, tanto os originais quanto os traduzidos, são dedicados

---

[XXII] N. T.: Liev Petróvitch Iakubínski (1892-1945), linguista e integrante do grupo de formalistas, é conhecido por sua teoria sobre o diálogo em que distingue as condições de comunicação no discurso dialógico e no discurso monológico.

justamente a esse problema. Na segunda coletânea, apenas um artigo (V. Chklóvski, "A arte como procedimento")[XXIII] é dedicado a outras questões. Apenas na coletânea *Poétika* ("Poética") aparecem artigos sobre a elaboração do enredo (de V. Chklóvski) e sobre a composição (de B. Eikhenbáum, "Como é feito 'O capote' de Gógol").[XXIV]

É característico que, mesmo quando pela primeira vez foram colocados os problemas de elaboração de enredo e de composição, eles foram tratados por meio da analogia com os fenômenos qualitativos da fonética poética.

Assim, no artigo de Eikhenbáum "Como é feito 'O capote' de Gógol", o centro de estudo é transferido para o lado sonoro da narrativa de Gógol.

Chklóvski compreende a elaboração do enredo pela analogia com as repetições sonoras e a rima.[11] Tudo isso é específico justamente do formalismo russo.

Os resultados do primeiro período

Quais são, então, os resultados do desenvolvimento do formalismo no primeiro período?

1. O método formal russo está estreitamente entrelaçado com o programa artístico e com os interesses do futurismo como corrente.

A poética científica deve ser adequada a toda variedade de desenvolvimento da literatura em constituição, por isso, a junção com o futurismo não podia deixar de estreitar, até o grau extremo, a visão científica do método formal, ocasionando nele um sistema de preferências e de seleção de apenas alguns fenômenos da vida literária.

2. Os formalistas polemizavam menos com outras correntes científicas de estudos literários do que com outros programas artísticos (com o realismo e o simbolismo) e até simplesmente com as visões ordinárias de arte ("causar choque").

3. A polêmica dos formalistas, levada até o extremo, passou do seu trabalho de pesquisa para o próprio objeto de pesquisa, dando-lhe tons polêmicos. A construção poética como tal transformou-se em uma construção polêmica.

4. Não havia clareza nem precisão na posição metodológica dos formalistas. A precisão metodológica e a consciência se desenvolvem e se fortalecem apenas

---

[XXIII] N. T.: Traduzido para o português na seguinte obra: V. Chklóvski, "A arte como procedimento", em Dionísio de Oliveira Toledo (org.), *Teoria da literatura: formalistas russos*, trad. A. M. Ribeiro et al., Porto Alegre, Globo, 1971, p. 39-56.

[XXIV] N. T.: Traduzido para o português na seguinte obra: B. Eikhenbaum, "Como é feito 'O capote' de Gógol", em Dionísio de Oliveira Toledo (org.), *Teoria da literatura: formalistas russos*, trad. A. M. Ribeiro et al., Porto Alegre, Globo, 1971, p. 227-44.

por meio da correlação e luta de uma nova tendência com outras tendências científicas já constituídas, metodologicamente formadas e claras. Isso não existia no solo russo.
5. Não havia a luta contra o positivismo. O especificacionismo formalista reduziu-se ao especificacionismo positivista, que isola o objeto de estudo e que o separa da unidade da vida ideológica e histórica. A interação com outros fenômenos ideológicos foi substituída pela pura negação e rejeição de todo o "diferente".
6. A luta contra a abstração idealista do sentido em relação ao material levou os formalistas à negação do próprio sentido ideológico. Como resultado, o problema do sentido concreto materializado, do sentido-objeto, não foi, de modo algum, colocado, mas, sim, substituído pelo problema do simples objeto, ora um corpo físico natural, ora um produto de consumo.
7. O problema do significado construtivo foi simplificado até o extremo e deturpado pelo fato de que o significado construtivo de qualquer elemento poético era condicionado à perda do seu significado ideológico direto.

É curioso comparar esses resultados apresentados por nós com os resultados, também do primeiro período formalista, descritos por Eikhenbáum.

> É natural [escreve Eikhenbáum] que, nos anos da luta e polêmica contra esse tipo de tradições, os formalistas direcionaram todas as suas forças para mostrar o significado justamente dos métodos construtivos, enquanto todo o resto era afastado e considerado como motivação. Falando sobre o método formal e sua evolução, é preciso sempre ter em vista o fato de que muitos dos princípios destacados pelos formalistas nos anos de luta mais aguerrida contra os adversários tinham o significado não apenas de princípios científicos como também de *slogans*, acentuados até o paradoxo, com o objetivo de propaganda e contraposição. Não considerar esse fato e tratar os trabalhos da Opoiaz dos anos 1916-1921 como acadêmicos é ignorar a história.[12]

É possível concordar com quase tudo que diz aqui Eikhenbáum. Em geral, os resultados apresentados por ele são corretos. Porém, é impossível concordar com aquelas conclusões que ele é inclinado a tirar a partir da situação que caracteriza.

Parece-nos que, de tudo isso, é preciso concluir pela necessidade de uma revisão total e impiedosa de todos os princípios e *slogans* "não apenas científicos" (diríamos nem tão científicos) que formaram a base do formalismo. Se liquidarmos a sua "ênfase paradoxal com o objetivo de propaganda e contraposição", então, sobrará deles pouca coisa, como veremos mais adiante. Porém, o que sobrar será justamente o seu espírito "formalista" em sua especificidade.

Depois, inevitavelmente, será preciso chegar à próxima conclusão. Se nos anos de luta e de polêmica os formalistas, para mostrar o significado dos métodos – justamente os construtivos – puseram de lado "todo o resto" como uma "motivação", então, agora é totalmente necessário recolocar esse "todo o resto", ou seja, toda a riqueza e profundidade do sentido ideológico, no primeiro plano do trabalho de pesquisa.

Mas, então, o significado construtivo dos métodos também será totalmente diferente. Eles terão que construir um material ideologicamente equitativo sem perder um grama do seu sentido. É somente aqui que serão reveladas as verdadeiras dificuldades, mas, ao mesmo tempo, também, a profunda produtividade dos problemas construtivos.

Não chegar a todas essas conclusões, que inevitavelmente resultam da situação do método formal descrita por nós, significa ignorar a história e as suas exigências para o dia de hoje. A história exige dos formalistas uma reavaliação total, uma revisão decisiva do passado.

O SEGUNDO PERÍODO DO DESENVOLVIMENTO DO FORMALISMO

No segundo período do desenvolvimento do formalismo russo, de 1920-1921, começou a ocorrer certa divisão entre seus representantes, bem como o isolamento daquelas tendências e dos elementos que originariamente, no primeiro período, estavam nele unidos.

Essa divisão intensifica-se à medida que uma série de novos partidários e aliados junta-se ao grupo original da Opoiaz.

Considerando a necessidade de passar de declarações gerais de caráter semiliterário e semicientífico rumo a trabalhos de pesquisa especializados, começam a se destacar os interesses científicos especificadores. O escritório e o palco separam-se. O flanco direito do movimento formalista contrapõe-se de forma hostil às pretensões combativas e polêmicas que foram assimiladas do futurismo.

É verdade que o tempero futurista de Khliébnikov, que foi recebido no primeiro período e que predestinou os fundamentos do formalismo, permaneceu até agora Sem ele, o formalismo deixaria de ser ele mesmo. Mas ele começa a adquirir uma aparência cada vez mais apresentável e científica. Aquilo que antes era proclamado como "ressurreição da palavra" e "linguagem transmental", agora, no segundo período, transforma-se em uma orientação da poética para a linguística.

Essa tendência, de forma mais bem acabada, é caracterizada pelas pesquisas monográficas de V. V. Vinográdov e, em parte, de V. M. Jirmúnski.

Por outro lado, Chklóvski, que não estava a fim de trair a sua maneira inicial, fica um pouco isolado e, em todo caso, já não dá tom ao todo do movimento, como acontecia antes.

O estilo folhetinesco e semiartístico dos trabalhos começa, em todos os formalistas, com a exceção de Chklóvski, a ser substituído pelas formas comuns de uma pesquisa científica.

Para todo esse período, é muito característica a posição de Jirmúnski, tal como definida em seu artigo "Sobre a questão do método formal".[13]

Embora algumas premissas contidas em seu trabalho científico sejam muito próximas do formalismo, Jirmúnski, nesse artigo, definitivamente opõe o formalismo enquanto método científico à "visão de mundo formalista", que, inaceitável para ele, era justamente característica do movimento formalista na Rússia. É curioso que essa argumentação sóbria foi, embora de forma polêmica, compreendida como uma traição de Jirmúnski ao método formal.

Em relação a essa divisão entre várias tendências no interior do movimento formalista, encontram-se "acontecimentos" da sua história tais como a ligação com "LEF",[XXV] bem como as tentativas de junção do formalismo com o marxismo (B. Arvátov[XXVI] e os "*forsóts*").[XXVII]

Ao mesmo tempo, no processo de polêmica com os representantes do pensamento marxista, tornou-se um método bastante comum transferir o centro de gravidade para a especificação científica, como que para isolar-se de problemas gerais, filosóficos e sociológicos.

Nesse período, desenvolve-se uma polêmica aguda contra os formalistas por parte das outras tendências do pensamento ideológico russo.

Temos que constatar, com pesar, que essa polêmica, em geral, foi inútil tanto para um quanto para o outro lado.

[XXV] N. T.: "*Liévyi Front Iskússtv*" (Frente Esquerda das Artes) foi uma ampla associação de críticos e artistas de vanguarda na União Soviética, fundada inicialmente por Óssip Brik e Vladímir Maiakovski, que buscava a associação entre a nova arte e a Revolução. Com o início da política cultural stalinista que instaurou o Realismo Socialista como única manifestação artística oficialmente aceita, os artistas ligados à LEF, incluindo Maiakóvski, passam a ter seus trabalhos condenados como formalistas.

[XXVI] N. T.: Borís Ignátievitch Arvátov (1896-1940), historiador da arte e crítico literário, um dos teóricos da LEF, e o mais proeminente representante do método "formalista-sociológico", cuja fundação é associada à publicação do seu artigo "Sobre o método 'sociológico-formal'" (1927).

[XXVII] N. T.: "*forsóts*" é a abreviação do russo *formalisty-sotsiólogui*, "formalistas sociólogos".

A ciência acadêmica da literatura, assim como ela era, reagiu ao formalismo de forma apática e sem vontade. O formalismo a pegou totalmente despreparada em relação à colocação clara dos problemas metodológicos. Na maioria dos casos, os argumentos acadêmicos reduziam-se a dizer que os outros métodos eram bons e que não era necessário polemizar as questões etc. Em uma palavra, a ciência acadêmica permanecia, de forma obstinada, no terreno do ecletismo metodológico privado de princípios.

A crítica que partia dos filósofos (Sezeman[XXVIII] e Askóldov)[XXIX] e dos mais jovens representantes da ciência literária (A. A. Smirnóv,[XXX] B. M. Enguelgardt[XXXI] etc.) era mais substancial e prática. Entretanto, mesmo aqui, não foi encontrado um terreno propício ao combate polêmico produtivo.

Infelizmente, também a crítica marxista, que, justamente, tinha vocação para combater os formalistas de forma substancial e enriquecer-se nesse combate, desviou-se desse encontro com o formalismo no território real: o dos problemas da especificação e do significado construtivo.

Na maioria dos casos, os marxistas encarregaram-se da defesa do conteúdo. Nesse combate contra os formalistas, os marxistas, de forma ilegítima, contrapunham o conteúdo à construção poética como tal. Eles simplesmente contornavam o problema da função construtiva do conteúdo na estrutura de uma obra. Era como se ele tivesse sido ignorado, ao passo que a chave de tudo estava justamente nele.

Em seguida, os marxistas tentavam, de forma obstinada, convencer os formalistas de que a literatura era influenciada pelos fatores sociais que são externos a ela.

Em suma, os formalistas nunca negaram a ação desses fatores e, mesmo se eles negavam essa ação, isso acontecia apenas no ardor da polêmica.

São vários os fatores externos que interferem no desenvolvimento da literatura. Seria ridículo negar que a bala de D'Anthès interrompeu a atividade literária de

---

[XXVIII] N. T.: Vassíli Sezeman (1884-1963), de origem finlandesa, estudou filosofia e filologia clássica na Universidade de São Petersburgo, onde também trabalhou como professor de 1915 a 1917. Quando trabalhava na Lituânia, foi acusado de atividades "antissoviéticas" e deportado para a Sibéria de 1950 a 1956. Influenciado pelo neokantismo e pela fenomenologia, seus trabalhos filosóficos buscam a superação da dicotomia entre o psicologismo subjetivo e o idealismo objetivo na teoria do conhecimento e na metafísica.

[XXIX] N. T.: Sergei Aleksiéevitch Askóldov (1871-1945), filósofo russo cujos trabalhos sobre Dostoiévski são criticados por Bakhtin no início da obra *Problemas da poética de Dostoiévski* (1963).

[XXX] N. T.: Aleksandr Aleksándrovitch Smirnóv (1883-1962), estudante e depois professor na Universidade de São Petersburgo, foi especialista em literaturas da Europa Ocidental da Idade Média e do Renascimento, além de editor e tradutor de obras literárias.

[XXXI] N. T.: Borís Mikháilovitch Enguelgardt (1887-1942), estudioso da literatura russa, sua obra crítica ao formalismo russo, *Formálnyi miétod v istórii literatúry* ("O método formal na história da literatura"), Leningrado, 1927, será citada por Medviédev.

Púchkin precocemente.[XXXII] Seria ingênuo não considerar o papel da censura de Nicolai e do terceiro departamento no desenvolvimento da nossa literatura.[XXXIII] Tampouco ninguém negava a influência dos fatores econômicos externos sobre o desenvolvimento da literatura.

Na sua própria essência, o formalismo de modo algum nega a influência dos fatores externos sobre o desenvolvimento dos fatos da literatura, porém, ele nega e deve negar a sua importância para a literatura, a sua capacidade de influenciar, de modo direto, a natureza interna da literatura. Do ponto de vista de um formalista consequente, os fatores sociais externos são capazes de simplesmente destruir a literatura, apagá-la da face da terra, mas não conseguem alterar a natureza interna desse fato que é extrassocial como tal.

Em uma palavra, o formalismo não pode permitir que um fator social externo, que influencia a literatura, possa tornar-se um fator interno da própria literatura, um fator do seu desenvolvimento imanente.

É justamente nesse ponto que o formalismo opõe-se ao marxismo.[14]

Porém, justamente nesse ponto não houve polêmica.

Esse fato fez com que toda a discussão se tornasse infrutífera em sua essência. Não podemos deixar de admitir certa lógica dos "*forsóts*"[XXXIV] que tentavam pacificar o marxismo e o formalismo por meio de uma separação amigável do material histórico-literário de acordo com o seguinte princípio: você fica com o externo e ele com o interno; ou, então: você fica com o conteúdo e ele com a forma.

Resumindo, durante o segundo período de desenvolvimento do método formal, a polêmica não teve um papel histórico tão significativo como ela poderia ter tido. Na história do formalismo, ela não se tornou nem um fator interno nem externo.

Nos trabalhos dos formalistas do segundo período, as questões de fonética poética começam a ser substituídas pelas questões de estilo, em uma acepção mais ampla desse termo, e pelas questões da composição das obras artísticas. Além disso, os estudos de métrica e rítmica ocupam um lugar importante. Talvez essa seja a maior contribuição dos formalistas para a ciência.

Simultaneamente, foram realizadas tentativas de elaborar os estudos histórico-literários de acordo com o método formal.[15]

[XXXII] N. T.: Referência ao duelo entre Aleksandr Púchkin (1799-1837) contra Edmond D'Anthès, ocorrido em 1837, em São Petersburgo, resultando na morte do grande poeta russo que, na época, tinha apenas 37 anos.

[XXXIII] N. T.: O terceiro departamento (também chamado de "polícia secreta") foi criado pelo imperador russo Nicolai I como reação à revolta dos "dezembristas" de 1825 e teve, como uma de suas funções, o controle rigoroso do conteúdo das obras literárias.

[XXXIV] N. T.: Conforme nota anterior, "*forsóts*" é a abreviação do russo formalisty-sotsiólogi, "formalistas sociólogos".

Nos estudos histórico-literários dos formalistas aparece a mesma tendência polêmica aguda e essa tendência, assim como acontece na poética, infiltra-se da pesquisa para seu próprio objeto, contaminando-o com seu caráter polêmico.

A vida histórica das obras literárias é revelada como uma mútua polêmica e uma mútua negação total.

Eikhenbáum reconhece que a tendência polêmica prevalece nos estudos histórico-literários dos formalistas:

> Dessa forma, o *pathos* principal do nosso trabalho histórico-literário deveria ter sido o *pathos* de destruição e negação, assim como foi o *pathos* primordial das nossas manifestações teóricas que, mais tarde, tomou um caráter mais calmo de elaboração de problemas separados.
>
> Eis por que os nossos primeiros enunciados histórico-literários apareceram na forma das teses quase involuntárias, apresentadas em relação a algum material concreto. Uma questão particular, de repente, transformava-se em um problema geral, a teoria juntava-se com a história.[16]

Tudo isso prova apenas que os formalistas reduziam, de forma frequente demais, a história da literatura a uma simples ilustração das suas teses teóricas.

Em geral, é necessário dizer que, durante o segundo período, nenhum fundamento essencialmente novo foi introduzido no formalismo. Ocorre a diferenciação e a aplicação, ao novo material, dos princípios elaborados durante o primeiro período. Devido à resistência do novo material, as tentativas da sua ampliação resultam em fissuras e na desintegração desses princípios. Entretanto, não acontece sua revisão produtiva. Dessa forma, durante o segundo período da história do método formal, o principal traço é a diferenciação dos seus elementos e a individualização dos interesses científicos de cada um de seus representantes. Embora, em geral, sejam mantidas as premissas fundamentais e as práticas de pensamento, não se pode falar da união do movimento, como ocorreu no primeiro período.

A SITUAÇÃO CONTEMPORÂNEA DO MÉTODO FORMAL

No momento atual, o processo de diferenciação na teoria formalista e de dispersão pessoal dos seus participantes está chegando ao fim.

Estritamente falando, atualmente, o formalismo deve ser avaliado como um fenômeno do passado.

Não existe unidade no movimento. Os *slogans* de combate desbotaram. Os formalismos são tão numerosos quanto os formalistas.

Agora, é possível distinguir no formalismo pelo menos quatro tendências principais. Como ainda estão em formação, vamos falar sobre elas de forma provisória.

A primeira tendência é o academicismo, caracterizado pela aspiração ao nivelamento das contradições e à recusa da colocação das questões de princípio.

O representante típico desse formalismo academicista, que muitas vezes é difícil de ser chamado de formalismo, é Jirmúnski.[17]

Alguns de seus trabalhos, como "Byron e Púchkin" (1924), contornam, de forma cuidadosa, todos os extremismos metodológicos fundamentais e, na tentativa de abarcar o material de forma mais completa, utilizam as orientações metodológicas mais variadas.

A segunda tendência reduz-se à volta parcial do tratamento psicológico e filosófico dos problemas literários.

O representante mais típico dessa tendência é Eikhenbáum em seus últimos trabalhos.

É verdade que, já nos seus livros sobre Akhmátova (1923) e Liérmontov (1924), havia elementos que não se encaixavam no esquema formalista. Assim, no primeiro deles, o autor fala muito de "vida concreta da alma", de "tensão das emoções", de "imagem da pessoa viva". Já no segundo livro, ele coloca como tese "a individualidade histórica" de Liérmontov, dizendo que, algumas das suas obras, ele "tende a analisar não como obras literárias, e sim como documentos psicológicos" (poemas de 1833-1934) e, finalmente, apresenta o problema puramente sociológico de leitor.[18] Nos trabalhos mais recentes de Eikhenbáum sobre o cotidiano literário, na palestra sobre Górki e no livro sobre Tolstói, aparecem os tons filosóficos, éticos e até jornalísticos totalmente alheios ao formalismo. Mas o formalismo nascente parte justamente dessas tradições, embora em suas manifestações atomizadas e tardias.

O deslocamento para o método sociológico é característico da terceira tendência, o que se manifestou nos últimos trabalhos de Tomachévski[xxxv] e Iakubínski. O futuro mostrará quais formas concretas tomarão as posições literárias desses autores.

Finalmente, a quarta tendência é o formalismo conservador de Chklóvski.[19]

No prefácio da sua *Teóriia prozy* ("Teoria da prosa"), sem negar o fato de que "a língua encontra-se sob a influência das relações sociais", o autor define sua posição metodológica da seguinte maneira:

[xxxv] N. T.: Borís Víktorovitch Tomachévski (1890-1957), formalista, estudioso da versificação em poesia e especialista na obra de Púchkin; os fragmentos "Sobre o verso" de seu livro *O stikhé* ("Sobre a poesia"), Leningrado, 1929; e "Temática" de seu livro *Teóriia literatury* ("Teoria da literatura"), Leningrado, 1925, encontram-se na seguinte edição brasileira: B. V. Tomachévski, "Sobre o verso" e "Temática", em Dionísio de Oliveira Toledo (org.), *Teoria da literatura: formalistas russos*, trad. A. M. Ribeiro et al., Porto Alegre, Globo, 1971, p. 141-53 e 169-204.

> Na teoria da literatura, eu estudo as suas [da língua] leis internas. Se fizermos um paralelo com o universo industrial, então eu me interesso não pela situação do mercado mundial do algodão, não pela política dos *trusts*, mas pelos números dos fios e pelos métodos de tecelagem.

Não há necessidade de provar que as leis internas de um ou de outro fenômeno não podem ser compreendidas sem a sua correlação com as leis sociais gerais. Pois mesmo o método de produção dos fios é condicionado pelo nível tecnológico industrial e pelas leis do mercado.

As causas da deterioração do formalismo

Como pode ser explicada essa separação e deterioração do formalismo em um período tão curto para o desenvolvimento de uma corrente científica? Antes de mais nada, mudou aquilo para o qual o formalismo se orientava, aquilo que o ligava com a vida real da literatura e da sociedade. O meio socioliterário e o horizonte ideológico geral mudaram de forma brusca.

O formalismo nasceu na época da deterioração do simbolismo. Ele foi o ideólogo daquelas tendências literárias que saíram do simbolismo em decomposição: do futurismo e, em parte, do acmeísmo. Essas tendências não acrescentaram e nem podiam acrescentar nada de positivamente sólido e novo, porque, não tendo uma base social estável e criativa, elas realizavam um trabalho puramente negativo de deterioração das formas que se fixaram na época do simbolismo. Os propagadores e ideólogos típicos da desclassificação, os representantes dessas tendências, apenas encontraram, de forma positiva ou negativa, as suas bases sociais por ocasião da Revolução de Outubro.

Na contemporaneidade literária moderna pós-revolução, que tende à prosa sociorrealista, ao romance histórico e à epopeia social, o formalismo profundamente interessado pelos problemas gerais de visão de mundo não encontra um solo fértil. Formado sob a influência do futurismo, o formalismo tende à linguagem transmental e aos experimentalismos nos gêneros pequenos e ao fabulismo aventureiro nos grandes gêneros da prosa.

Assim, foi rompida a ligação do formalismo com a contemporaneidade literária. Os elementos do programa artístico dos futuristas, assimilados pelo formalismo, perderam sua atualidade na realidade literária da época. Junto com eles perderam sua atualidade artística também os princípios do formalismo, foram rompidas suas ligações vivas com o palco. Sobraram o conjunto de cientistas e o departamento na universidade.

Porém, mesmo nesses domínios, a situação não está melhor. No processo de transição das declarações gerais, reforçadas com exemplos reunidos de forma aleatória (coletâneas da Opoiaz) e no trabalho de pesquisa científica, especialmente no histórico-literário, ficaram evidentes a infertilidade metodológica e a estreiteza das principais premissas do formalismo, bem como a sua inadequação aos fatos estudados.

A poética do futurismo não dá oportunidade à aproximação produtiva e à compreensão da principal via da literatura russa: o romance. Por meio da compreensão do princípio construtivo é possível, ainda, explicar alguns momentos superficiais em *Tristram Shandy*[XXXVI] ou fazer uma análise mais ou menos substancial da novela de aventura, porém, faltará uma abordagem orgânica natural dos principais fenômenos do romance russo.

Provavelmente, é a compreensão disso que força a parte mais responsável e viva dos formalistas a buscar as novas bases filosóficas e metodológicas para um futuro trabalho científico.

> O momento da evolução [diz Eikhenbáum] é muito importante na história do método formal. Os nossos adversários e muitos dos nossos seguidores desconsideram esse momento. Estamos cercados por ecléticos e epígonos que transformam o método formal em um sistema imóvel do "formalismo" que lhes serve para a elaboração dos termos, esquemas e classificações. Esse sistema é muito conveniente para a crítica, mas é totalmente alheio ao método formal. Não tínhamos e não temos nenhum sistema ou doutrina prontos desse tipo. No nosso trabalho científico, valorizamos a teoria apenas como uma hipótese de trabalho, com a ajuda da qual os fatos são descobertos e compreendidos, ou seja, eles são percebidos como naturais e tornam-se um material para pesquisa. É por isso que não nos dedicamos às definições pelas quais tanto anseiam os epígonos, nem construímos as teorias gerais tão amadas pelos ecléticos. Estabelecemos os princípios concretos e os seguimos na medida em que eles são testados e aprovados no material. Se o material exige uma complicação ou uma alteração, nós o complicamos ou o alteramos. Nesse sentido, somos bastante livres nas nossas próprias teorias, assim como deve ser livre uma ciência, pois existe uma diferença entre a teoria e a convicção. Não existem ciências prontas: uma ciência vive não através do estabelecimento das verdades, mas por meio da superação dos erros.[20]

Porém, se essas afirmações não estão corretas quando aplicadas ao método formal como tal, elas são altamente valiosas na medida em que revelam as convicções e as teses pessoais de um dos líderes do formalismo.

Quando todos os formalistas tiverem o mesmo ponto de vista sobre esse assunto, como tem, nesse caso, Eikhenbáum, o formalismo terá chegado ao fim. Permanecerão

---

[XXXVI] N.T. *The Life and Opinions of Tristram Shandy, Gentleman* ou simplesmente *Tristram Shandy* é um romance do escritor inglês Laurence Sterne (1713-1768), publicado em nove volumes entre 1759 e 1767.

os problemas colocados por ele: o problema da especificação, o problema do significado construtivo etc., mas os princípios e os métodos da sua solução no formalismo terão sido superados como erros.

O formalismo está diante da necessidade de eliminar suas tendências niilistas, bem como o fechamento positivista de uma sequência literária. Ele está diante da necessidade de uma ruptura radical com o passado da Opoiaz que, no entanto, estará longe de perder seu significado histórico. Para isso, os formalistas devem pisar no solo firme da visão de mundo geral. Essa é a tarefa imediata de cada um deles.

Às vezes os formalistas consideram como mérito próprio o fato de que vieram para a ciência sem qualquer visão de mundo. Isso é um mérito apenas para um positivista ingênuo que imagina, para visualizar melhor um detalhe, ser preciso obrigatoriamente tornar-se míope.

Não se deve recusar uma visão normal nem um amplo horizonte ideológico para enxergar em detalhes toda a especificidade da arte. Quanto mais amplo for o horizonte, tanto mais clara e definida aparecerá a peculiaridade de cada fenômeno concreto.

Notas

[1] Apresentamos aqui a declaração do autor que expõe esse motivo "escatológico": "Agora a arte velha já morreu, a nova ainda não nasceu; as coisas morreram também, nós perdemos a sensação do mundo; somos iguais a um violinista que parou de sentir o arco e as cordas, deixamos de ser artistas na vida cotidiana, não gostamos das nossas casas nem das nossas roupas e facilmente deixamos a vida a qual não sentimos. Apenas a criação das novas formas é capaz de devolver ao homem a vivência do mundo, ressuscitar as coisas e matar o pessimismo." (p. 12).

[2] Coletânea *Literatura*, p. 119. [N. T.: B. Eikhenbáum, "A teoria do 'método formal'", em Dionísio de Oliveira Toledo (org.), *Teoria da literatura: formalistas russos*, trad. A. M. Ribeiro et al., Porto Alegre, Globo, 1971, p. 6-7.]

[3] Mesmo os formalistas não negam o positivismo próprio a eles. De acordo com Eikhenbáum: "Nesse caso era importante opor a propaganda de visão científica dos fatos aos princípios subjetivos e estéticos nos quais os simbolistas se inspiravam em seus trabalhos teóricos. Daí vem um novo *pathos* do positivismo científico, característico para os formalistas: a recusa das premissas filosóficas, das análises psicológicas e estéticas, e assim por diante. A ruptura com a estética filosófica e com as teorias ideológicas da arte foi ditada pela própria situação." (*Literatura*, p. 120) Entretanto, o fato de que esse positivismo formalista combinava-se com tendências que estavam longe de ser positivas é testemunhado pelas seguintes palavras de Eikhenbáum, que antecedem imediatamente a citação apresentada anteriormente: "A cisão entre os teóricos do simbolismo (1910-1911) e o surgimento dos acmeístas prepararam o solo para uma revolta decisiva. Todos os acordos deviam ser abolidos. A história exigia de nós um verdadeiro *pathos* revolucionário das teses categóricas, uma ironia impiedosa, a recusa ousada de qualquer possibilidade de acordo." (Idem, ibidem.) Isso parece pouco com o positivismo.

[4] V. M. Jirmúnski em seu artigo "*Zadátchi poétiki*" ("As tarefas da poética"), em *Zadátchi i miétody izutchiénia iskússtv* ("Tarefas e métodos do estudo da arte"), p. 126, assinala, desse ponto de vista, a importância dos trabalhos do acadêmico V. N. Pérets.

[5] É possível, ainda, que o professor da Universidade de Helsingfors (Helsinki) I. Mandelchtam tenha exercido alguma influência, mais precisamente seu livro *O kharáktere gógolevckogo stília. Glavá iz istórii rússkogo literatúrnogo iazyká* ("Sobre o caráter do estilo de Gógol: capítulo da história da língua literária russa"), Gelisingforc, 1902.

[6] Ver os "manifestos" de Nikolai Gumilióv e Serguei Gorodiéski em *Apollom* de 1913, n. 1.

[7] Os acmeístas não criaram trabalhos teóricos sobre poética, a não ser um livro que reuniu os artigos bastante casuais do próprio "maître" da escola N. Gumiliév, Píssma o rússkoi i poésii ("Cartas sobre poesia russa").

[8] B. M. Eikhenbáum, *Literatura* ("Literatúra"), p. 120.
[9] V. Chklóvski. "Iskússtvo kak priiom" ("A arte como procedimento"), *Poétika*, p. 106. [N. T.: V. Chklóvski, "A arte como procedimento", em D. de O. Toledo, *Teoria da literatura: formalistas russos*, Porto Alegre, Globo, 1970, p. 46.]
[10] Ver, em especial, o opúsculo de Chklóvski consagrado a Rózanov.
[11] V. Chklóvski, "Sviáz priómov siujetoslojéniia c óbchimi priómami stília" ("A relação dos métodos de elaboração do enredo com os métodos estilísticos gerais"), *Poétika*, p. 115-50.
[12] *Literatura*, p. 132.
[13] Artigo introdutório do livro de Oscar Walzel, *O problema da forma na poesia*, ed. Academia, 1923.
[14] Ver os artigos de A. V. Lunatchárski, P. S. Kógan, V. Poliánski, bem como de P. N. Sakúlin e de S. Bobróv, em *Petchát i revoliútsia* ("Imprensa e revolução"), 1924, livro 5. [N. T.: Anatolii Vassílievitch Lunatchárskii (1875-1933), político e crítico de literatura, foi primeiro Comissário do Povo de Educação Pública (1918-1929); Piotr Semiónovitch Kógan (1872-1932), historiador marxista da literatura; Valerián Poliánskii (1881-1948), pseudônimo de Pável Ivánovitch Liébedev-Poliánskii, crítico literário marxista; Pável Nikítitch Sakúlin (1868-1930), teórico e historiador da literatura; Serguei Pávlovitch Bobróv (1889-1971), escritor. *Petchát i revoliútsia* (1921-1930), periódico de crítica e bibliografia literária.]
[15] Trabalhos de Eikhenbáum: *Molodói Tolstói* ("O jovem Tolstói"), *Liérmontov* e *Nekrássov*.
[16] *Literatura*, p. 143.
[17] Ver seu artigo anteriormente mencionado "A questão do 'método formal'"
[18] *Liérmontov*, p. 10. [N. T.: Mikhail Iúrievitch Liérmontov (1814-1841), poeta e romancista, é autor de um dos mais famosos romances da literatura russa com tradução para o português: *O herói de nosso tempo*, trad. Paulo Bezerra, São Paulo, Martins Fontes, 1999 [1840].]
[19] Entretanto, no último trabalho sobre Liev Tolstói, que ainda não fora publicado, parece que V. Chklóvski abandona muitas das posições do formalismo.
[20] *Literatura*, p. 116-17.

TERCEIRA PARTE
O MÉTODO FORMAL NA POÉTICA

CAPÍTULO PRIMEIRO

A linguagem poética como objeto da poética

O MÉTODO FORMAL COMO UM SISTEMA UNIFICADO

O método formal russo é um sistema consequente e consistente para a compreensão da literatura e dos métodos do seu estudo: um sistema impregnado por um único espírito e que infunde nos seus adeptos hábitos de pensamento determinados e persistentes. Um formalista pode ser reconhecido já nas primeiras palavras de uma apresentação, nas primeiras páginas de um artigo.

Os formalistas não são ecléticos e, de acordo com os principais hábitos do seu pensamento, estão longe de ser positivistas empíricos, cujos rostos não podem ser vistos nem reconhecidos por trás de um monte de fatos e observações limitados e sem nexo.

O formalismo russo não é apenas um sistema unitário de opiniões, mas também uma forma especial de pensamento, até mesmo um estilo especial de narração científica.

É verdade que o formalismo, como união natural de um sistema, de uma forma de pensamento e de escrita, já é, como sabemos, em grande medida, um fato do passado.

Entretanto, o formalismo é um fato do passado não no sentido de que ele simplesmente deixou de existir. É, antes, o contrário: a quantidade dos seus defensores talvez até tenha aumentado em número, e, nas mãos dos epígonos, ele torna-se ainda mais sistemático, direto, consequente e claro.

O formalismo deixou de existir no sentido de que ele deixou de conduzir ao desenvolvimento posterior do sistema, e o sistema já não impulsiona para frente seus criadores. Pelo contrário, é necessário reagir contra ele para progredir. E, para reagir, é necessário justamente um sistema unitário e consequente. Nesse aspecto, ele continua a existir como um fator de frenagem para o posterior desenvolvimento pessoal dos próprios formalistas.

Permaneceram os criadores desse sistema, permaneceram os seus talentos, o seu temperamento; permaneceram, em grande medida, também os seus hábitos de pensamento, porém, a maioria deles já sente o próprio sistema como um fardo e tenta superá-lo; e, ainda, como vimos, cada um a seu modo.

Os próprios formalistas dizem, em vão, que o método formal evolui. Isso é errado. Evolui cada um dos formalistas pessoalmente, mas não o seu sistema. Já a evolução dos próprios formalistas é realizada justamente por conta do sistema, por conta da sua deterioração, e, apenas nesse sentido, essa evolução é produtiva.

Uma evolução verdadeira e completa dos formalistas significará a morte completa do formalismo.

A crítica deve ser direcionada justamente ao sistema do método formal, em sua unidade e consistência.

Para isso, antes de mais nada, é necessário destacar suas mais importantes e determinantes teses e conceitos. Cada uma dessas teses e conceitos não deve ser tomada de forma isolada, mas em relação com todo o sistema do formalismo. A crítica a um ou a outro conceito dos formalistas deve ser construída não sobre afirmações declarativas dos próprios formalistas, mas sobre o papel efetivo desse conceito na totalidade do sistema, bem como sobre o seu papel metodológico no concreto trabalho científico deles.

Só assim a crítica orientada se tornará sistemática em sua essência.

OS ELEMENTOS FUNDAMENTAIS DA DOUTRINA FORMALISTA

O próprio nome "método formal" deve ser considerado totalmente inadequado e caracteriza de forma errônea a própria essência do sistema formalista.

Eikhenbáum está completamente certo ao afirmar:

> O assim chamado "método formal" não se constituiu como o resultado da criação de um sistema "metodológico" particular, mas no processo de luta para que a ciência literária se tornasse autônoma e concreta. O conceito de "método", de modo geral, ampliou-se de forma desproporcional e passou a designar coisas demais. Para os "formalistas", a questão central não reside nos métodos de estudo da literatura, mas na literatura como *objeto* de estudo. Na realidade, não falamos nem debatemos a respeito de qualquer metodologia. Falamos e podemos falar somente de alguns princípios teóricos, sugeridos não por alguma metodologia pronta ou por algum sistema estético, mas pelo estudo do material concreto em suas peculiaridades específicas.[1]

De fato, os formalistas não são metodologistas, como os neokantianos, para os quais o método de conhecimento é algo autossuficiente e autônomo em relação ao objeto.

Do ponto de vista dos neokantianos, não é o método que se adapta ao ser real do objeto, mas é o próprio objeto que recebe do método toda a peculiaridade do seu ser: o objeto torna-se uma realidade determinada somente naquelas categorias, com a ajuda das quais os métodos de conhecimento lhe dão forma. No próprio objeto, não há qualquer determinação que não seja a do próprio conhecimento.

Aqui os formalistas assumem, em termos gerais, uma posição correta. Para eles, o método é uma grandeza secundária e dependente. O método deve adaptar-se às peculiaridades específicas do objeto de estudo. O método não é bom por si mesmo, mas somente se ele se ajusta a essas peculiaridades e é capaz de dominá-las. Tudo se liga ao próprio objeto de estudo e à sua organização específica.[2]

Entretanto, não se pode exagerar no outro sentido e subestimar a questão do método.

É justamente nesse erro que os formalistas caem com frequência. Na maioria dos casos, sua metodologia é muito ingênua.

Certamente, o método deve adaptar-se ao objeto. Porém, por outro lado, sem um método determinado é impossível aproximar-se de um objeto. É necessário saber isolar o próprio objeto de estudo e identificar, corretamente, suas peculiaridades específicas essenciais. E essas peculiaridades específicas não estão etiquetadas. Outras correntes veem as peculiaridades específicas em outros aspectos do objeto.

No campo das ciências humanas, não é tão fácil aproximar-se do material concreto e de sua essência. As apelações patéticas dos "próprios fatos", do "material concreto", não dizem e não demonstram absolutamente nada. Mesmo os representantes extremistas do método biográfico, por exemplo, também se baseiam em fatos e em material concreto. Todos os ecléticos são particularmente "factuais" e "concretos".

A questão crucial é saber o quanto esses fatos e esse material concreto têm relação com a essência real do objeto de estudo. Portanto, a questão é o como, de que modo, isto é, por meio de qual método aproximar-se da essência, das reais peculiaridades específicas do objeto.

No campo das ciências das ideologias, reiteramos, essa questão é particularmente difícil e importante.

É necessário saber isolar o objeto de estudo e delimitá-lo corretamente, de modo que essa delimitação não o separe do que lhe é essencial, suas ligações com outros objetos, ligações sem as quais ele próprio torna-se incompreensível. A delimitação deve ser dialética e flexível.

Ela não pode basear-se na realidade exterior e bruta do objeto isolado. Pois todo objeto ideológico é, ao mesmo tempo, um corpo físico; assim como todo ato de criação é, ao mesmo tempo, um ato fisiológico.

Se nós, no processo de isolamento do objeto ideológico, nos distanciarmos das relações sociais que o atravessam e das quais ele é uma das mais sutis manifestações, se o retirarmos do sistema de interação social, então, nada restará do objeto ideológico. Restará apenas um puro objeto da natureza, talvez com sabor levemente ideológico.

Por isso, as próprias abordagens iniciais de trabalho e as primeiras orientações metodológicas, que apenas tateiam o objeto de estudo, são extremamente importantes. Elas têm uma importância decisiva.

Essas primeiras orientações metodológicas não podem ser criadas *ad hoc*, orientando-se somente pela própria "intuição" subjetiva do objeto. No caso dos formalistas, por exemplo, essa "intuição" representava, simplesmente, o gosto pelo futurismo.

As primeiras aproximações e orientações devem ser situadas em relação ao contexto metodológico amplo. Os estudos literários não são a primeira das ciências. Eles inserem-se no meio de outras ciências e devem situar-se em relação a elas; seus métodos e objetos devem concordar com os de outras ciências próximas. Pois as inter-relações entre as ciências devem refletir as inter-relações entre os próprios objetos.

Em todas as principais questões metodológicas, os formalistas mostraram uma grande despreocupação e agiram às cegas. Justamente aqui foram dados os primeiros passos fatais dos formalistas, que predeterminaram todo o desenvolvimento posterior e todas as inclinações errôneas da sua doutrina.

Então, antes de mais nada, é necessária uma análise crítica do próprio isolamento, feito pelos formalistas, do objeto de estudo, dos métodos desse isolamento e, finalmente, dos métodos para uma definição mais precisa dos traços específicos do objeto isolado.

Aquele objeto primordial que foi isolado pelos formalistas como objeto da poética não era, de forma alguma, a construção da obra poética, mas a "linguagem poética" como um objeto particular e específico de estudo. Não é à toa que os formalistas se reuniram na Sociedade para o Estudo da Linguagem Poética (Opoiaz).

Ao invés do estudo das construções poéticas, das funções construtivas e dos elementos que fazem parte dessas construções, o objeto de estudo torna-se a linguagem poética e seus elementos. Já a linguagem poética é um objeto de estudo *sui generis*; ela não pode ser igualada à obra-objeto e à sua construção.

Esse é o objeto de estudo primordial dos formalistas.

Em seguida, eles elaboram e aplicam procedimentos particulares para definir as peculiaridades específicas desse objeto: a linguagem poética. Aqui, pela primeira vez, são constituídos e definidos os métodos de especificação, que continuarão a caracterizar posteriormente os formalistas; são construídos os conceitos fundamentais do sistema e são adquiridos os próprios hábitos de pensamento.

Quando os formalistas passaram ao estudo das obras poéticas tomadas como construções fechadas, transportaram para elas as peculiaridades da linguagem poética e os procedimentos do seu estudo. A compreensão das funções construtivas dos elementos de uma obra foi predeterminada pelas especificidades dos elementos da linguagem poética. A construção poética deveria ilustrar a teoria da linguagem poética que eles haviam criado.

Os elementos fundamentais da construção artística e suas significações construtivas foram definidos, desse modo, no interior do sistema peculiar da linguagem poética, tomados como elementos constitutivos desse sistema.

Foi assim que, antes de mais nada, foi definido o fonema poético juntamente com suas funções. Porém, aqui, o motivo e o enredo [*siujét*][1] foram, inicialmente, definidos como elementos da linguagem poética.

Foi precisamente com o problema do enredo que se efetuou a transição, operada pelos formalistas, da linguagem poética para a construção poética da obra.[3] Essa transição foi gradual e extremamente vaga do ponto de vista metodológico.

No processo dessa passagem instável do sistema de linguagem para a construção da obra, foram elaboradas também as definições fundamentais de dois componentes da construção poética: o "material" e o "procedimento". Eles deveriam substituir o "conteúdo" e a "forma". A lógica velada do desenvolvimento posterior e o aprofundamento dos conceitos de "material" e de "procedimento" foram completamente determinados pelo confronto polêmico com o conteúdo e a forma, até o ponto em que simplesmente se tornaram o avesso dos conceitos por eles banidos da poética.

Sob o signo dessa polêmica velada e desse confronto, teve origem uma diferenciação do significado construtivo do material e do procedimento na doutrina sobre o tema, o enredo e a composição.

Com isso, conclui-se o sistema dos conceitos e dos procedimentos fundamentais da poética formalista.

Simultaneamente, são definidas também as abordagens fundamentais dos formalistas sobre a história da literatura. Uma obra é definida, por eles, como um "dado

---

[1] N. T.: O termo russo *siujét* é de difícil tradução para o português. Optamos pela palavra "enredo", equivalente à tradução em inglês *plot*, mas advertimos que esse mesmo termo já foi traduzido por "trama" em um texto de V. Chklóvski, "A construção da novela e do romance", em D. de O. Toledo (org.), *Teoria da literatura: formalistas russos*, trad. A. M. Ribeiro et al., Porto Alegre, Globo, 1971, p. 205-26.

exterior à consciência". Entretanto, mediante essa fórmula, uma obra não se aparta da consciência psicológica subjetiva, mas do horizonte ideológico.

O problema e os métodos em história da literatura são determinados, com grande coerência, pela doutrina dos formalistas sobre a construção poética. Porém, justamente nesse ponto é que começa, pelo visto, a revisão do formalismo. A nova compreensão de "fato literário" (Tyniánov,[II] Tomachévski) e de "vida literária" (Eikhenbáum) nasceu no terreno dos problemas histórico-literários. Bem elaborados, esses novos conceitos já não cabem completamente no quadro do sistema formalista.

A teoria da percepção e a teoria da crítica artística, esta relacionada estreitamente com aquela, ocupam um lugar especial no sistema formalista. Essas teorias não foram submetidas a uma análise minuciosa e precisa, mas é necessário elucidá-las para a compreensão do sistema formalista.

Assim, a crítica confronta-se com os seis seguintes aspectos fundamentais do sistema do método formalista:

1. a linguagem poética como objeto da poética, de que também faz parte o problema da fonética poética;
2. o material e o procedimento na poesia como dois componentes da construção poética;
3. o gênero e a composição, o tema, a fábula e o enredo como detalhamento das funções construtivas do material e do procedimento;
4. o conceito de obra como dado exterior à consciência;
5. o problema da história da literatura; e, finalmente,
6. o problema da percepção artística e da crítica.

Os três primeiros pontos compõem o conteúdo da poética formalista. Os três últimos formam a história formalista da literatura (ou estão muito próximos a ela como teoria da percepção e da crítica).

O capítulo atual é dedicado à análise crítica da linguagem poética, como objeto primordial da poética formalista.

[II] N. T.: Iuri Nikoláievitch Tyniánov (1894-1943), um dos fundadores da Opoiaz, historiador da literatura russa dos séculos XVIII ao XX e grande especialista em Púchkin. Sem interromper seus trabalhos teóricos e históricos sobre a literatura, Tyniánov tornou-se escritor literário, elaborando um tipo original de romance histórico-biográfico.

A LINGUAGEM POÉTICA COMO UM SISTEMA LINGUÍSTICO ESPECIAL

Na doutrina sobre as particularidades da linguagem poética, encontra-se o fundamento no qual se sustenta todo o método formal.

O que, então, seria a linguagem poética, de acordo com a teoria dos formalistas, e com a ajuda de quais procedimentos suas particularidades específicas são definidas?

Antes de mais nada, surge a questão da legitimidade e da aceitabilidade da própria tarefa: definir a linguagem poética e suas leis.

O próprio conceito do sistema especial da linguagem poética é, do ponto de vista metodológico, extremamente complexo, confuso e discutível.

Desde o princípio, está claro que estamos diante de um uso totalmente especial do termo "linguagem",[III] que falamos sobre a linguagem poética não naquele sentido no qual falamos sobre a língua francesa, alemã, sobre os dialetos da língua russa, e assim por diante.

O conceito de linguagem, com o qual nos deparamos, está longe de ser dialetológico, ou que possa ser obtido por meio dos métodos dialetológicos. Por exemplo, se determinarmos as particularidades dialetológicas da linguagem literária russa (a fala moscovita, as palavras do eslavo eclesiástico etc.), a realidade linguística adquirida por nós por meio dos métodos comuns dialetológicos, a linguagem literária russa, não teria nada em comum com o sistema da linguagem poética e não nos aproximaria, nem em um passo, de sua compreensão.

Isso se torna principalmente claro quando a linguagem literária de um povo é uma língua estrangeira, por exemplo, o latim na Europa medieval. O latim era uma língua especial da poesia, mas estava longe de ser uma linguagem poética. O significado diferente desses dois conceitos, sua absoluta diferenciação metodológica, é óbvia. A outra língua da poesia (o latim dos alemães medievais) não é outra língua no sentido poético: ela é outra por ser latim. Porém os formalistas jogavam com esse duplo significado do conceito "outra língua", de forma mais ingênua, ao colocar o problema da linguagem poética.

> A linguagem poética, de acordo com Aristóteles [diz V. Chklóvski], deve possuir um caráter estranho surpreendente; na prática, ela é, muitas vezes, alheia: como o sumério nos assírios, o latim na Europa medieval, o arabismo nos persas, o búlgaro

---

[III] N. T.: Os termos "linguagem" e "língua" são designados, em russo, pela mesma palavra, *iazyk*. Optamos pela expressão "linguagem poética" ao invés de "língua poética", para evitar as confusões que levam Medviédev aos esclarecimentos que seguem.

antigo como base da linguagem literária russa, ou, então, ela é uma língua elevada, como a língua das canções populares, próxima à literária. Aqui também encontram-se os amplamente difundidos arcaísmos da linguagem poética, complicações da língua *dolce stil nuovo* (séc. XII), a linguagem de Arnaut Daniel[IV] com seu estilo obscuro e formas complexas (*harte*) que causam dificuldade na pronúncia (*Diez*,[V] *Leben und Werke der Troubadour*, p. 213). L. Iakubínski, em seu artigo, provou a lei da complicação da linguagem poética em relação à fonética e no caso particular da repetição dos sons iguais...

Atualmente acontece um fenômeno ainda mais característico. A linguagem russa literária, cuja origem, para a Rússia, é estrangeira, penetrou tanto na massa popular que se igualou muito às falas populares, em compensação a literatura passou a demonstrar um amor aos dialetos... e aos barbarismos... Dessa forma, a linguagem falada e a linguagem literária trocaram seus lugares (Viatchesláv Ivánov e muitos outros). Finalmente, surgiu uma forte *tendência à criação de uma nova linguagem poética especial*, como se sabe, essa escola foi liderada por Velimír Khliébnikov.[4]

Aqui, o tempo todo, acontece uma mistura ingênua das definições linguísticas de língua (sumério, latim) com o seu significado na poesia ("linguagem elevada"), das particularidades dialetológicas (palavras do eslavo eclesiástico, dialetos populares) com suas funções poéticas. O autor, o tempo todo, oscila de um significado ao outro, guiando-se por uma vaga e ingênua certeza de que as definições linguísticas e as qualidades poéticas possam coincidir, de que na própria língua como um dado linguístico possam encontrar-se as qualidades poéticas.

No final das contas, o autor é guiado pela crença futurista na possibilidade de criação de uma nova língua especialmente poética, que, do ponto de vista linguístico, possa ser tanto uma língua estranha quanto aquela mesma; e, pelos mesmos indícios, também uma linguagem poética, ou seja, que nela os indícios linguísticos (fonéticos, morfológicos, lexicológicos etc.) de uma língua especial coincidam com os indícios poéticos. Essa tarefa é tão ingênua como a tentativa de definir, por meio de uma análise puramente química, as particularidades artísticas de um quadro.

[IV] N. T.: Arnaut Daniel de Riberac, trovador do século XIII cuja obra foi escrita em occitano, mais especificamente, no dialeto limosino. Devido à sua inventividade, Daniel é considerado um dos principais representantes do *trobar clus*, estilo hermético da poesia trovadoresca.

[V] N. T.: Friedrich Diez (1794-1876), formado segundo os princípios do romantismo alemão, aplicou às línguas românicas o método histórico-comparativo que Franz Bopp usara no estudo das línguas indo-europeias e Jacob Grimm no das línguas germânicas. Diez começou estudando obras castelhanas antigas, resultando no livro *Altspanische Romanzen*, de 1818; passou depois ao provençal, a conselho de Goethe, a quem fizera a visita quase obrigatória a todos que tivessem alguma pretensão acadêmica; segundo indicação de Goethe, começou pela leitura das obras de Raynouard. Resultaram desse estudo *Die Poesie der Troubadours* ("A poesia dos trovadores"), em 1826; *Leben und Werke der Troubadours. Ein Beitrag zur näheren Kenntnis des Mittelalters* ("Vida e obras dos trovadores: uma contribuição para um conhecimento mais próximo da Idade Média"), de 1829.

Se o futurismo realmente tivesse conseguido criar uma linguagem linguisticamente nova, ela seria poética apenas na medida em que nela seriam criadas construções poéticas. Essas construções tornar-se-iam linguagem poética apenas ao exercerem as funções construtivas na obra literária. Fora da estrutura artística, como uma linguagem especial, a linguagem poética seria tão extrapoética quanto o francês, o alemão e outras línguas.

Além disso, as considerações expostas pelo próprio autor desmentem sua própria opinião. Pois o fato de a linguagem falada e a literária terem trocado seus lugares indica justamente que o problema não está nas características dialetológicas das duas. Por si só, essas características são totalmente indiferentes, elas adquirem um ou outro significado apenas na dependência de uma determinada tarefa artística, de determinadas exigências da construção poética. Se essas exigências mudarem, serão preferidas outras características linguísticas. *A priori*, é possível admitir também a possibilidade de que, para as exigências artísticas de uma corrente literária, será mais preferível usar uma língua estranha e não a própria. A própria "estranheza" dessa língua obterá, na construção artística, seu significado funcional. Porém, apesar disso, essa língua estranha não será uma linguagem poética, e nenhuma análise das suas particularidades linguísticas como língua nos aproximará, nem um milímetro, da compreensão das particularidades da estrutura poética.

A confusão metodológica de V. Chklóvski na compreensão da linguagem poética, por nós analisada, é característica também de todos os membros da Opoiaz. Eles não enxergavam a dificuldade metodológica e a profunda duplicidade de sentidos desse conceito.

Nessa relação, é bastante edificante o trabalho de Iakubínski "O skopliénii odinákovykh plávnykh v praktítcheskom i poetítcheskom iazykákh" ("Sobre a aglomeração das consoantes líquidas idênticas nas linguagens prática e poética").

Esse artigo não é outra coisa senão uma tentativa de dar um indício dialetológico à linguagem poética como tal. É claro, nisso não havia nenhuma clareza e definição metodológica. A aglomeração das consoantes líquidas na linguagem poética, na opinião do autor, deveria ser apenas uma consequência da lei de complexidade. A lucidez revelaria aqui o impasse ao qual leva a própria tarefa e seu defeito metodológico. Porém, o artigo cumpria justamente essa paradoxal tarefa. Iakubínski trata a linguagem poética como um dialeto. Como resultado, deveria surgir um indício estritamente linguístico da linguagem poética como tal. É nesse sentido que V. Chklóvski avalia o trabalho de Iakubínski:

O artigo de L. P. Iakubínski sobre a ausência, na linguagem poética, da lei da desassimilação dos sons líquidos[VI] e a aceitabilidade da junção dos sons iguais e difíceis de pronunciar, apontada por ele, é uma das primeiras indicações que suportam a crítica científica, da oposição entre as leis da linguagem poética e as da linguagem prática (nem que seja apenas nesse caso, por enquanto).[5]

Resumindo: os formalistas buscavam as provas puramente linguísticas da oposição entre a linguagem poética e a prática.

No trabalho seguinte da Opoiaz foi descoberto que a dissimilação das líquidas acontece também na linguagem poética.[6] Dessa forma, não houve a diferença linguística. Eis a conclusão a que chega R. Jakobson em relação a essa questão:

> [...] seria correto dizer que a dissimilação das líquidas é possível tanto na linguagem prática quanto na poética, porém, na primeira, ela é produzida por um condicionamento, enquanto, na segunda, digamos, ela é produzida por um objetivo, ou seja, na essência, são dois fenômenos diferentes.[7]

Dessa forma, o problema não está no indício linguístico, e sim nas suas funções, o que, por si só, é indiferente na totalidade teleológica da poesia.

Mas o que, então, restará do sistema da língua se os indícios puramente linguísticos não o caracterizam? Não houve a suposta diferença fonética entre as duas linguagens: a poética e a prática. É claro que não haverá, da mesma forma, os outros indícios puramente linguísticos.

A LINGUAGEM POÉTICA
E A CONSTRUÇÃO DA OBRA LITERÁRIA

Na verdade, este e qualquer outro fenômeno linguístico na construção da obra poética "são produzidos por um objetivo". Sem o conhecimento de sua construção e de seus requisitos, é totalmente impossível julgar sobre o provável significado poético desse ou de outro fenômeno linguístico. Enquanto esse fenômeno permanece no sistema da língua e não faz parte do sistema da obra ou não é examinado do ponto

---

[VI] N. T.: Os sons líquidos são uma classe de consoantes que combinam uma oclusão e uma abertura do canal bucal, de modo simultâneo, como as laterais [l], ou de modo sucessivo, como as vibrantes [r]. Acusticamente, as líquidas são simultaneamente consonânticas e vocálicas. A dissimilação ou desassimilação é uma mudança fonética que visa acentuar ou criar diferença entre dois fonemas vizinhos, mas não contíguos. Um exemplo de dissimilação de um som líquido é a passagem do latim *peregrinum* ao italiano *pellegrino* ou ao português popular pelegrino.

de vista de alguma tarefa poética determinada, é possível falar sobre sua poeticidade somente em potencial. Mas, nesse sentido, cada fenômeno linguístico, cada elemento da língua, possui potencialidades artísticas totalmente idênticas, e somente determinadas correntes artísticas, isto é, determinados modos de construção poética, fornecem um critério para preferir alguns fenômenos por serem poéticos a outros por serem não poéticos. Esse critério não existe na própria língua.

Quando uma língua assume funções artísticas em obras poéticas ou quando algum dialeto de dada língua ("língua literária") assume primordialmente essas funções, essa realização das tarefas artísticas deixa um sinal nela como língua, sinal que é possível de ser constatado linguisticamente. Como será esse sinal, isto é, em quais particularidades linguísticas da língua se revelará, vai depender do caráter da corrente poética dominante. Pois, dependendo do conservadorismo da língua da escola artística dominante, a língua literária pode, em alguns aspectos, sofrer um atraso em seu desenvolvimento; o léxico da "língua literária" vai crescer em uma direção determinada, algumas mudanças em sua composição fonética poderão ocorrer, e assim por diante.

Porém, todos esses sinais tomados da própria língua como suas particularidades linguísticas – lexicológicas, morfológicas, fonéticas – dificilmente podem ser chamados de particularidades da linguagem poética como tal. Caso haja dominância de outras tendências, os sinais na língua podem ser diferentes. Os novos princípios construtivos farão exigências em relação a outros domínios da língua e a forçarão a se desenvolver em outra direção.

É necessário entender a própria língua como uma estrutura poética fechada, para falar dela como um único sistema de linguagem poética. Nessa condição, os elementos da língua também serão elementos poéticos que realizam nela determinadas funções construtivas.

Porém, é claro, tal conceito de língua como uma construção artística fechada é totalmente inadmissível. Entretanto, justamente esse conceito de língua é proposto, de forma silenciosa e inconsciente, na teoria formalista da linguagem poética.

Obviamente, o próprio conceito de linguagem poética não surge pela primeira vez nos formalistas. Ele já havia aparecido antes nas obras de Potebniá, que, nesse sentido, também era seguidor das tradições de Humboldt.

No entanto, a compreensão da linguagem poética de Potebniá é totalmente diferente da dos formalistas. Potebniá ensinava não o sistema da linguagem poética, mas a poeticidade da língua como tal. Nessa relação, ele afirmava, com muita consequência, que a palavra é uma obra artística, ou seja, uma construção poética. Cada unidade significante da língua era, para ele, uma pequena obra de arte, enquanto cada ato verbal elementar (nomeação, predicação etc.) era uma criação artística.

O ponto de vista de Potebniá dificilmente pode ser aceito. Porém, seus erros vão numa direção diferente dos erros dos formalistas. É necessário apontar que as ideias da linguagem poética desenvolvidas pelos simbolistas (Andrei Biélyi e Viatcheslávv Ivánov) representam o desenvolvimento das opiniões de Potebniá e, portanto, são diferentes, em princípio, das ideias formalistas.

Então, a linguagem poética adquire as características poéticas apenas em uma construção poética concreta. Essas características não pertencem à língua na sua qualidade linguística, mas justamente à construção, seja ela qual for. Um simples enunciado cotidiano ou uma palavra cotidiana oportuna, em certas condições, pode ser percebido de forma artística. Mesmo uma única palavra pode ser compreendida como um enunciado poético, é claro, em certas condições, se ela estiver relacionada a determinado contexto ou se ela for completada com alguns aspectos, e assim por diante.

Porém, é impossível distanciar-se do enunciado, das suas formas e da organização concreta sem perder também os sinais da poeticidade. Esses sinais pertencem justamente às formas de organização da língua nos limites de um enunciado concreto ou da obra poética. Apenas um enunciado pode ser maravilhoso, da mesma forma que somente ele pode ser sincero ou falso, audaz ou tímido etc. Todas essas definições limitam-se à organização dos enunciados e das obras em relação àquelas funções que eles realizam na unidade da vida social e, antes de mais nada, na unidade concreta do horizonte ideológico.

A linguística, ao construir o conceito de língua e de seus elementos (sintáticos, morfológicos, lexicais e outros), distancia-se das formas da organização dos enunciados concretos e das suas funções socioideológicas. Por isso, a língua e os elementos linguísticos são indiferentes à verdade cognitiva, à beleza poética, à pertinência política, e assim por diante.

Tal abstração é totalmente justificada, necessária e ditada pelos objetivos cognitivos e práticos da própria linguística. Sem ela, não é possível construir o conceito de língua como um sistema. Por isso, é possível e necessário estudar as funções da língua e dos seus elementos na construção poética, bem como as suas funções em vários tipos de enunciados cotidianos, discursos públicos, construções científicas etc. Esse estudo, é verdade, tem que se apoiar na linguística, mas ele não será linguístico. Os princípios orientadores para a escolha e a avaliação dos elementos linguísticos podem providenciar apenas formas e objetivos das formações ideológicas correspondentes. Porém, esse tipo de estudo das funções da língua na poesia é diferente, em princípio, do estudo da "linguagem poética" como um sistema linguístico particular.

POÉTICA E LINGUÍSTICA

De forma totalmente acrítica, os formalistas projetam as particularidades construtivas das obras poéticas no sistema da língua e transferem os elementos linguísticos da língua diretamente para a construção poética. Isso levou, de forma implícita ou aberta, em maior ou menor grau, a uma falsa orientação da poética na direção da linguística.

O artigo de Iakubínski "O poetítcheskom glossemossotchetánii" ("Sobre a combinação poética dos glossemas") é bastante característico nesse aspecto. Iakubínski parte da segmentação linguística do discurso em fonemas, morfemas, sintagmas e semas, supondo que essa segmentação é essencial também para a construção poética. Ele supõe que uma obra poética é intencionalmente orientada justamente para os fonemas, morfemas etc. Por isso, ele atribui um significado poético autônomo às novas combinações criativas desses elementos, isto é, às combinações de formas puramente gramaticais.

A segmentação da língua em elementos fonéticos, morfológicos e outros é essencial e importante do ponto de vista linguístico. A língua como sistema constrói-se realmente com esses elementos. Mas isso não implica que os morfemas, os fonemas e as demais categorias linguísticas sejam elementos construtivos autônomos da obra poética e que a obra poética seja também construída a partir das formas gramaticais.

Certamente, Iakubínski está errado. Para ver na obra poética uma combinação de glossemas, é necessário desviar-se de suas reais formas construtivas, de seu significado ideológico, e olhar para ela com os olhos de um linguista, a fim de enxergá-la como um fenômeno verbal abstrato. A análise linguística de uma obra poética não possui nenhum critério para a distinção entre o que é poeticamente essencial e o que não é. Permanecendo nos limites de tal análise, é totalmente impossível julgar se os elementos linguísticos, obtidos por meio dessa análise, são, e em qual medida, elementos da própria construção poética.

Pela mesma razão, a tentativa de Jirmúnski de construir a poética como uma linguística poética é totalmente infundada.

> Na medida em que [diz ele] a palavra é o material da poesia, na base da construção sistemática da poética deve estar uma classificação dos fatos da língua, que nos é dada pela linguística. Cada um desses fatos, subordinados à tarefa artística, torna-se, por meio disso, um procedimento poético. De modo que a cada capítulo da ciência da língua deve corresponder um capítulo especial da poética teórica.[8]

As seções da poética, segundo Jirmúnski, são: a fonética poética, a sintaxe poética, a semântica poética, e assim por diante.

Na base dessa tentativa, encontra-se a hipótese não demonstrada de que o elemento linguístico e o elemento construtivo da obra devem coincidir. Supomos que eles não coincidem e não podem coincidir, pois são fenômenos situados em planos distintos.

Resultados da análise metodológica sobre o problema da linguagem poética

Falta sintetizar os resultados de nossa análise sobre o problema da linguagem poética:

1. Não se pode falar de nenhum sistema da linguagem poética. Os sinais do poético não pertencem à língua e aos seus elementos, mas somente às construções poéticas.
2. Pode-se falar somente das funções poéticas da língua e de seus elementos na construção das obras poéticas ou das formações poéticas mais elementares, os enunciados. Quais serão essas funções e em que medida os elementos da língua podem tornar-se portadores autônomos das funções construtivas (já não como elementos da língua, mas como elementos das construções), isso depende totalmente das particularidades de uma construção poética concreta.
3. Os formalistas, ao admitirem a possibilidade de uma linguagem poética como algo evidente, não perceberam todas as dificuldades e as ambiguidades metodológicas nesse conceito. Por isso, sem qualquer precaução metodológica, eles construíram a teoria da linguagem poética como um sistema linguístico especial e, em seguida, tentaram encontrar leis e sinais puramente linguísticos do poético.
4. Sua concepção inicial e vaga foi, em grande medida, determinada pelos ingênuos devaneios futuristas sobre uma língua especial da poesia, sobre a possibilidade de uma coincidência direta dos sinais poéticos e linguísticos. Como resultado, a teoria da linguagem poética dos formalistas foi uma transferência acrítica de uma concepção estreita das estruturas poéticas, assimilada a partir dos futuristas, para a língua e suas formas.

O MÉTODO APOFÁTICO PARA A DEFINIÇÃO DAS PARTICULARIDADES DA LINGUAGEM POÉTICA

Os formalistas, sem colocar a questão da legitimidade do próprio conceito de linguagem poética, passaram diretamente ao estabelecimento das suas particularidades específicas. Foi no processo de resolução dessa tarefa que foram elaborados todos os conceitos fundamentais do método formal, posteriormente transferidos para a construção poética.

Admitamos, junto com os formalistas, a legitimidade da tarefa por eles colocada e analisemos como eles a resolveram, ou seja, como eles definiram as particularidades específicas da linguagem poética.

Os formalistas partiam da oposição entre os dois sistemas de linguagem: a poética e a cotidiana, esta última prática e comunicativa. Eles consideravam que sua tarefa principal era demonstrar a oposição entre elas. Essa pura oposição determinou, de uma vez por todas, não apenas as bases do seu método como também as próprias habilidades do seu pensamento e observação, inserindo neles uma tendência, impossível de erradicar, de procurar e ver em tudo apenas as divergências e as dessemelhanças.

> A criação da poética científica tem que ser iniciada a partir da constatação, baseada em um grande número de fatos, de que existem as linguagens prosaicas e poéticas, cujas leis são diferentes, e da análise dessas diferenças [diz V. Chklóvski].[9]

Essa definição das particularidades específicas da linguagem poética é realizada pelos formalistas de tal modo que cada um dos principais sinais da linguagem comunicativa é transferido para a linguagem poética de forma invertida.

Os principais conceitos do método formal – "a linguagem transmental", "a desautomatização", "a deformação", "a forma dificultada" etc. – representam apenas negações dos sinais correspondentes da linguagem cotidiana e prática.

Na linguagem cotidiana, prática e comunicativa, a mensagem da comunicação (o conteúdo) é o principal aspecto; todo o resto lhe serve como meio.

De acordo com a doutrina do formalismo, na linguagem poética, ao contrário, a própria expressão, ou seja, o seu envoltório verbal, torna-se objetivo, enquanto o sentido ou é totalmente eliminado (a linguagem transmental) ou torna-se apenas um meio, um material indiferente do jogo verbal. "A poesia [diz Román Jakobson] não é nada a não ser um enunciado com orientação para a expressão... a poesia é indiferente ao objeto do enunciado."[10]

Qualquer que seja o termo dos formalistas que escolhermos, veremos que foi obtido por meio do mesmo procedimento de pensamento: ele será apenas a negação de um fato positivo da linguagem cotidiana e prática. Dessa forma, nos formalistas, a linguagem poética é definida não por meio daquilo que ela é, mas por meio daquilo que ela não é.

Tal método "de estranhamento" e de estudo da linguagem poética não possui nenhuma justificativa metodológica.

Com a ajuda desse "método", não descobrimos o que é a linguagem poética como tal, e sim como ela se diferencia, em que aspecto ela não se parece com a linguagem cotidiana e prática. Como resultado da análise formalista são minuciosamente selecionadas apenas as divergências desses dois sistemas linguísticos. Tanto as suas semelhanças quanto todos aqueles traços da linguagem poética que são indiferentes e neutros em relação à oposição apontada estão fora do campo da análise.

Esse registro das diferenças ocasionais da linguagem poética em relação à linguagem cotidiana e prática está embasado na premissa oculta de que justamente essas diferenças são essenciais. Mas essa premissa é a menos propensa a ser reconhecida como evidente. Com o mesmo direito é possível, também, afirmar o contrário: que apenas as semelhanças são essenciais enquanto as diferenças são totalmente irrelevantes.

Ambas as afirmações são igualmente arbitrárias.

Não poderemos julgar sobre a importância de uma ou outra semelhança ou diferença enquanto não for descoberto o conteúdo essencial da linguagem poética, independente de quaisquer semelhanças ou diferenças. Quando essa essência da palavra poética for descoberta, será possível estabelecer quais diferenças ou semelhanças com outros sistemas linguísticos são essenciais e relevantes e quais não são.

Mas justamente essa definição positiva da linguagem poética é que os formalistas não apresentam em lugar algum.

Eikhenbáum também nota a significação fundamental da oposição entre a linguagem poética e a linguagem prático-cotidiana. Ele escreve:

> Para realizar na prática e reforçar esse princípio de especificação sem utilizar a estética especulativa seria necessário comparar o fato literário com outra série de fatos, escolhendo da variedade infinita de seres existentes aquela que, ao entrar em contato com a série literária, mesmo assim seria diferente em relação às suas funções. Esse procedimento metodológico era justamente a comparação entre a linguagem "poética" e a linguagem "prática", elaborada nas primeiras coletâneas da Opoiaz (artigos de L. Iakubínski) e que serviu como ponto de partida para o trabalho dos formalistas sobre os principais problemas da poética.[11]

Infelizmente, o autor nem tenta justificar esse estranho método apofático de caracterização por meio da pura diferenciação e negação. A base dessas diferenciações e negações é a linguagem cotidiana e prática, e, como veremos adiante, indefinida, inventada e escolhida "da variedade infinita das séries existentes".

Podemos entender o método apofático na teosofia: o deus não pode ser conhecido, então, temos que caracterizá-lo por meio daquilo que ele não é. Porém, não podemos entender por que é impossível dar uma característica positiva para a linguagem poética.

A LINGUAGEM POÉTICA COMO REVERSO DA LINGUAGEM PRÁTICA

Ao aplicar esse procedimento de caracterização, metodologicamente inadmissível, o fenômeno caracterizado será inevitavelmente transformado em um verdadeiro reverso da base dessas distinções. A negação, por assim dizer, ontologiza-se, e todo o conteúdo do fenômeno caracterizado reduz-se à aspiração real de ser, custe o que custar, diferente da base, e de negá-la.

Foi isso que aconteceu: a linguagem poética tornou-se o reverso e um parasita da linguagem comunicativa.

De fato, observemos atentamente as particularidades específicas da linguagem poética, tal como foram determinadas pelos formalistas.

Se examinarmos a série de características e diferenças negativas da linguagem poética desenvolvidas pelos formalistas, um sistema se manifestará. Todas essas características convergem para um único centro, submetem-se a uma única tarefa, mais bem definida pelas palavras de Chklóvski: "tornar perceptível a construção da linguagem". Essa teoria é a pedra angular do formalismo até o momento, porém, ultimamente, ela complicou-se e adquiriu novos aspectos terminológicos.

Assim V. Chklóvski define o discurso poético:

> Ao pesquisar o discurso poético tanto nas composições fonética e vocabular quanto na disposição das palavras e na construção do sentido a partir das suas palavras, deparamo-nos, em toda parte, com o mesmo sinal do artístico: com o fato de que ele é, propositadamente, composto para uma percepção desautomatizada; e com o fato de que, no artístico, a visão representa o propósito do seu criador, e que o artístico é "artificialmente" construído de forma que a percepção nele se detenha e alcance sua maior força e duração possíveis; além do mais, o objeto não é percebido em sua espacialidade, mas, por assim dizer, em sua continuidade. A linguagem poética corresponde justamente a essas condições [...] dessa forma, chegamos à definição da poesia como um discurso *retardado, sinuoso*. O discurso poético é um *discurso-construção*. Já a prosa é um discurso comum: econômico, leve, correto (*dea prosae* – a deusa do parto correto e não difícil, da posição da criança "reta").[12]

Uma etapa importante no desenvolvimento dessa tese é também a doutrina de Tyniánov sobre a construção dinâmica da linguagem poética,[13] a qual é concebida por ele como uma ininterrupta violação do automatismo por meio do domínio de um dos fatores da construção da linguagem com a consequente deformação dos demais. Por exemplo, o domínio do fator métrico deforma os fatores sintático e semântico.

A linguagem poética, de acordo com Tyniánov, é uma incessante luta de seus diferentes fatores: imagem sonora, ritmo, sintaxe, semântica. Todos esses fatores se colocam obstáculos e interferências mutuamente, e, dessa forma, criam a perceptibilidade da construção discursiva.

Eis a principal definição da linguagem poética. Todas as outras características negativas servem a esse objetivo superior: a perceptibilidade da construção e a percepção desautomatizada; e o fazem, é claro, de modo puramente negativo, tirando o sentido, dificultando, colocando obstáculos, repetindo de forma abusiva.

Porém, de tudo isso, decorre uma conclusão importante e fatal para o formalismo: se a linguagem poética difere da linguagem prática e cotidiana apenas pelo fato de que a sua construção é percebida por meio dos procedimentos negativos mencionados anteriormente, ela resulta ser uma linguagem absolutamente improdutiva e não criativa.

De fato, de acordo com a doutrina dos formalistas, a linguagem poética é capaz apenas de "estranhar" e desautomatizar aquilo que já foi criado nos outros sistemas da língua. Ela mesma não cria novas construções, apenas força a perceber uma construção que já foi criada, porém, que era imperceptível e automatizada. Ela deve esperar que a linguagem prática e cotidiana, ao guiar-se pelos seus objetivos e intenções, condescenda a criar uma nova construção discursiva, tornando-a costumeira e automatizada; é apenas então que a linguagem poética entra em cena e desautomatiza solenemente essa construção. A linguagem poética é condenada a essa existência parasita pela teoria dos formalistas.

Nesse caso, para o contraste, seria útil nos lembrarmos da teoria da imagem de Potebniá, cuja crítica serviu como ponto de partida para os formalistas.

Pois, para Potebniá, assim como para Humboldt, a forma interna da palavra e a imagem serviam precisamente como aspectos criativos da língua, e com a ajuda dos quais a língua se ampliava e se firmava. Já o caráter criativo, ainda que em outra direção, pertencia, de acordo com a doutrina de Potebniá, ao conceito.

Segundo a teoria dos formalistas, a criação poética, em todos os seus momentos, não cria nada em sua essência: ela usa a ideologia que já foi criada em outras áreas como um material para a construção da perceptibilidade, por meio de procedimentos negativos, de todo tipo de violações e de retardamentos.

Nessa relação, é muito característica a afirmação de V. Chklóvski sobre o ritmo: verifica-se que o ritmo também não é uma criação da poesia.

V. Chklóvski pressupõe a existência de dois ritmos: o prosaico e o poético.

O ritmo prosaico, diz ele, o ritmo da canção dos trabalhadores, "*dubínuchka*",[VII] por um lado, substitui o comando quando há necessidade de se fazer um esforço em conjunto, e, por outro lado, facilita o trabalho automatizando-o. Realmente, andar com a música é mais fácil do que sem ela, mas também é mais fácil andar com uma conversa animada, quando o ato do andar some da nossa consciência. Dessa forma, o ritmo prosaico é importante como fator automatizante. Porém, o ritmo da poesia é diferente. Na arte, existe a "ordem", porém, nenhuma das colunas do templo grego segue exatamente a ordem; da mesma forma, o ritmo artístico consiste na transgressão do ritmo prosaico; e já foram feitas as tentativas de sistematizar essas transgressões. Elas representam a tarefa atual da teoria do ritmo. É possível pensar que essa sistematização não dará certo: pois não se trata de complicação do ritmo, mas da transgressão do ritmo, sendo que ela não pode ser prevista; se essa transgressão se tornar um cânone, perderá sua força de procedimento dificultador.[14]

Nessa citação, tudo é altamente característico.

Aqui, de forma nua e crua, aparece a principal tendência do formalismo. Revela-se que o ritmo artístico consiste no ritmo prosaico – transgredido. O único ponto positivo da arte é a transgressão. A tarefa da poética é sistematizar as transgressões. Existe uma profunda indiferença em relação a todo tipo de conteúdo, não apenas do conteúdo, mas também da própria forma: não importa o que será transgredido e como será transgredido, porque a transgressão não pode ser prevista. A arte é reduzida a combinações formais vazias, cujo objetivo é puramente psicotécnico: tornar algo perceptível, não importando o que e como.

Essa tendência principal do formalismo continua a sua existência mesmo nos dias de hoje. Ainda que ela já não tome uma forma tão acentuadamente nua e crua.

ABSTRAÇÃO CIENTÍFICA E NEGAÇÃO DOGMÁTICA

A literatura sobre o método formal tentou explicar as características e as diferenças negativas da linguagem poética, tomando-as como abstrações científicas legítimas, ou seja, declarando como abstração científica convencional aquilo (por exemplo, a linguagem transmental) que os próprios formalistas anunciavam como a essência da poesia, não como um procedimento convencional do cientista, mas como procedimento artístico do próprio poeta que, pela primeira vez, faz a palavra tornar-se poética.

[VII] N. T.: Canção popular russa entoada por trabalhadores que puxavam os navios com a ajuda de cordas durante o século XIX e início do século XX.

Essa tentativa foi realizada por B. M. Engelgardt, que tenta justificar até a linguagem transmental como uma abstração científica produtiva ao compará-la a um desvio do sentido praticado por todos os linguistas.

Consideramos esse conceito totalmente errado.

Nenhuma abstração científica foi realizada por meio de pura negação. A abstração é apenas uma limitação, uma recusa convencional da plenitude do objeto em nome de algum aspecto determinado, que foi destacado e positivamente caracterizado. O estudo desse aspecto abstrato deve ser sempre realizado, levando em consideração o todo.

Mais do que isso, a abstração científica, no final das contas, foi orientada para dominar esse todo na sua integralidade concreta. Só se essa condição for observada, a abstração será viva, produtiva e justificada, no movimento ininterrupto e progressivo que penetra as áreas cada vez mais novas do objeto estudado. Em toda abstração científica, a negação é dialeticamente ligada à afirmação, e é por isso que ela não pode parar e petrificar-se. Assim, se o linguista faz a abstração de toda a plenitude do sentido das palavras, ele, porém, não o nega. Pelo contrário, as abstrações linguísticas apenas têm valor científico considerando essa plenitude do sentido.

Já o formalismo perdeu-se e atolou-se em suas negações.

Os formalistas não podem avançar, pois eles mesmos, de forma categórica, retiraram do objeto o "sentido único e integral" (*edinotsélostnyi smysl*)[15] fora do qual não há nenhuma progressão possível.

Então, nos formalistas, as definições negativas da linguagem poética não são uma abstração, mas uma negação dogmática. Não uma abstração convencional de alguns dos aspectos do objeto estudado, mas uma negação incondicional da existência desses aspectos no objeto.

Por ser metodologicamente errada, a tentativa de Engelgardt também é injusta do ponto de vista histórico. Sua afirmação encontra-se em oposição inclusive à letra e ao espírito do método formal, tal como ele foi formado, sobretudo no primeiro período do seu desenvolvimento, que foi também o mais decisivo. Isso leva Engelgardt a menosprezar a ligação, historicamente muito importante, do formalismo com o futurismo.

Porém, mesmo pressupondo que os principais conceitos dos formalistas são apenas abstrações, é necessário colocar a questão: eles correspondem à essência da construção poética? Pois, caso contrário, cairemos no metodologismo ou, até mesmo, no pior tipo de metodologismo: o metodologismo pragmático. De acordo com esse ponto de vista, qualquer método é bom, se ele for produtivo. Mas, dessa forma, o método é separado de qualquer correlação com a realidade efetiva do objeto e, consequentemente, da verdade em sua compreensão objetiva e real.

Só é possível estudar a obra poética como uma "orientação na expressão", na compreensão formalista desse termo, quando a obra realmente representa a orientação para a expressão, o que justamente afirmam os formalistas. Porém, se isso não for assim, nenhum raciocínio sobre a "produtividade científica" pode justificar esse procedimento metodológico. Com sua ajuda, não iremos estudar a construção poética na sua essência, ou seja, não iremos, de modo algum, estudá-la como tal.

O MÉTODO APOFÁTICO NA HISTÓRIA DA LITERATURA

Os formalistas transferiram seu método apofático também para a história da literatura. Só que, aqui, na análise de algumas obras, estilos literários e escolas, o papel da linguagem cotidiana e prática é atribuído aos fenômenos e formas historicamente anteriores da própria linguagem poética.

Eles analisam cada fenômeno histórico-literário, antes de mais nada, ou até excepcionalmente, como uma negação do fenômeno historicamente anterior, na ordem da dialética fictícia. Eles sempre caracterizam o estilo apenas considerando o cânone destruído por ele. E nessa área também a característica negativa predomina.

Eis como V. Chklóvski formula, com sua habitual firmeza, essa tese:

> Como regra geral, acrescentarei: uma obra de arte é percebida com a ajuda e por meio da sua associação com outras obras de arte. A forma de uma obra de arte é definida por meio da sua relação com as outras formas que existiam antes dela. O material da obra de arte é, inevitavelmente, *acentuado* [*pedalizírovan*], ou seja, destacado, "singularizado". Não apenas a paródia, como também toda obra de arte em geral, é criada como paralelo e contraposição a algum modelo.[16]

O PROBLEMA DA LINGUAGEM COTIDIANA E PRÁTICA

Para o método adotado pelos formalistas a fim de definir as particularidades da linguagem poética, a escolha da base sobre a qual se elaboram as características e diferenças negativas é extremamente importante e decisiva.

De fato, a escolha de outra base daria outro sistema de diferenças. Se a base da teoria formalista não fosse a linguagem cotidiana e prática, como eles a entendiam, mas outra qualquer, toda a teoria da linguagem poética, construída com a ajuda do método negativo, seria totalmente diferente. Mas qual é a linguagem cotidiana e prática cuja negação e deformação permite a existência parasita da linguagem poética? E como os formalistas chegaram até ela?

A problemática do conceito da linguagem cotidiana e prática era também totalmente alheia aos formalistas. Eles partiam dela como de algo subentendido por si só.

Entretanto, essa problemática da linguagem cotidiana e prática é a mesma da linguagem poética. Aqui surgem as mesmas dificuldades e equívocos.

Não é possível falar de nenhuma linguagem cotidiana e prática como um sistema linguístico específico. Mais do que isso, se é possível e necessário falar das funções da língua na construção poética, então, a tarefa analógica, aplicada à construção cotidiana e prática, torna-se extremamente complexa.

Pois não existe uma determinada construção cotidiana e prática. Os enunciados cotidianos – a única realidade que pode estar na base da caracterização das funções comunicativas da língua – são construídos de forma bastante variada, de acordo com as diversas esferas e objetivos da comunicação social cotidiana. As diferenças formais entre algumas construções comunicativas cotidianas e práticas podem ser até mais essenciais e profundas do que entre um tratado científico e uma obra poética.

É necessária uma análise minuciosa e complexa dos vários tipos de manifestações discursivas e das formas correspondentes do enunciado em todas as esferas da comunicação e da prática cotidiana para que seja possível falar sobre as funções da língua em um ou outro tipo da construção comunicativa. Nesse caso, será necessário considerar, constantemente, todas as particularidades sociais dos grupos que estão se comunicando, bem como toda a complexidade concreta do horizonte ideológico (conceitos, crenças, costumes, e assim por diante), nos limites do qual é construído cada enunciado cotidiano. Somente agora a linguística moderna passou a abordar as questões mais complexas da comunicação discursiva na escola de Vossler e do filósofo Benedetto Croce.

A linguística construiu o conceito de língua e de seus elementos guiada por seus objetivos teóricos e práticos e na completa abstração das particularidades das multiformes construções cotidianas e práticas, assim como na abstração das particularidades da construção poética.

Tais características, como a precisão da língua, seu modo econômico, a falsidade, o tato, a cautela etc., obviamente não podem ser atribuídas à própria língua, assim como também não podem ser relacionados a ela os seus sinais poéticos. Todas essas definições não se referem à língua, mas a determinadas construções, e são inteiramente definidas pelas condições e objetivos da comunicação.

Já se tomarmos a palavra "comunicativo" no sentido mais amplo e geral, então qualquer língua, qualquer enunciado, será comunicativa. Qualquer enunciado é orientado para uma mensagem, para um ouvinte, para um leitor, em uma palavra, para outra pessoa, para uma determinada forma de comunicação social, qualquer que ela seja. Cada palavra, como tal, tem a ver com a comunicação e não pode ser separada dela, sem deixar de ser uma palavra da língua. Nesse sentido geral, são também comunicativos tanto a "orientação para a expressão", como a entendem os formalistas, quanto a "linguagem transmental" e a "palavra autossuficiente", pois todas essas formas pressupõem um ouvinte e, na mesma medida, são momentos da comunicação social, mesmo que ela seja especial, assim como também o é dizer a alguém que horas são. As profundas diferenças construtivas e outras entre esses dois tipos de mensagens encontram-se inteiramente dentro da esfera de comunicação linguística geral.

A comunicação, nesse sentido geral, é um aspecto construtivo da língua como tal; por isso a linguística não pode nem deve prescindir dela. No entanto, estamos longe de concluir que a linguística é orientada, preferencialmente, para a linguagem cotidiana e prática. A linguística faz a abstração de todas as formas de enunciados cotidianos e práticos, exatamente na mesma medida em que também o faz das formas dos enunciados poéticos.

É possível, entretanto, colocar a questão da seguinte forma: com base em qual material trabalhava preferencialmente a linguística quando obteve os seus principais conceitos e elementos, ou seja, quais esferas da criação linguística preferencialmente forneceram material a ela?

A essa pergunta teremos que dar a seguinte resposta: na elaboração dos principais conceitos da linguística, os enunciados práticos foram os menos utilizados como seu material. Antes de mais nada, esse material era formado pelos monumentos literários, em um sentido amplo, incluindo toda a vasta área da retórica. Daí vem o monologismo unilateral da linguística. Até pouco tempo atrás, uma série de fenômenos linguísticos, relacionados com as formas de comunicação discursiva dialógica imediata, permaneceu fora do seu campo de visão.

A LINGUAGEM COTIDIANA E PRÁTICA NOS FORMALISTAS

Toda essa problemática, repetimos, nem se apresentou para os formalistas. Qual é seu conceito de linguagem cotidiana e prática e suas particularidades – "automatização dos recursos discursivos", "sua economia", "o menosprezo do som" etc.?

A linguagem prática com suas particularidades foi construída pelos formalistas de forma totalmente arbitrária.

É verdade que há certa realidade linguística na base dessa construção. Alguns tipos de enunciados cotidianos e práticos da comunicação verbal no trabalho e no cotidiano da moderna burguesia urbana correspondem, ainda que de modo pouco expressivo, às características dos formalistas. Mas, mesmo nesse meio social, basta a comunicação tornar-se mais substancial e a apresentação verbal de maior responsabilidade (mesmo que nos limites da vida familiar e da comunicação de salão) para as características dos formalistas já parecerem extremamente simplificadas, unilaterais e esquemáticas.

Além disso, as características formalistas correspondem, em parte, a mais um tipo de comunicação discursiva que, entretanto, já deixa de ser cotidiana e prática no sentido próprio dessa palavra. Temos em vista um tipo de comunicação técnica, industrial e de trabalho em sentido estrito. Aqui, em certas condições, são elaboradas as formas de enunciado que, até certo grau, correspondem às características formalistas: palavra como ordem, como signo, como informação. Porém, nesse caso, a palavra é um aspecto totalmente inseparável do processo industrial ou de outro trabalho, e as suas funções aqui não podem ser apreendidas sem a compreensão das particularidades desse processo. Aqui, a palavra, às vezes, pode ser diretamente substituída por um sinal ou signo de outro gênero.

Em geral, é possível dizer assim: onde a comunicação discursiva está bem formada e possui um caráter imóvel e petrificado, onde o conteúdo comunicado também já está pronto e se trata apenas da sua transferência de uma pessoa a outra nos limites da comunicação habitual, os enunciados correspondem, até certo modo, às características dos formalistas. Porém, esses casos estão longe de ser típicos para o discurso cotidiano e prático.

Na verdade, a comunicação cotidiana está se constituindo ininterruptamente, ainda que vagarosamente e em uma esfera estrita. As inter-relações entre os falantes mudam sempre mesmo que em grau quase imperceptível. No processo de sua formação, constitui-se também o próprio conteúdo que está sendo comunicado. A comunicação cotidiana e prática possui o caráter de um acontecimento, e até uma troca verbal mais insignificante faz parte dessa constituição ininterrupta do acontecimento. Nessa constituição, uma palavra vive a vida da forma mais intensa possível, embora ela seja diferente da criação artística.

O tato no discurso [*taktítchnost*] ocupa um lugar especialmente importante na comunicação verbal cotidiana e prática. O tato discursivo possui um poder muito grande de geração de formas e de organização. Ele forma os enunciados cotidianos, determinando o estilo e os gêneros das apresentações discursivas. O tato deve ser entendido, nesse caso, de forma ampla, incluindo as boas maneiras apenas como um de seus aspectos. O tato pode possuir diversas direções, movimentando-se como se estivesse entre dois polos: o do elogio e do xingamento. Esse tato é determinado pelo conjunto de todas as relações mútuas e sociais dos falantes, pelo seu horizonte ideológico e, por fim, pela situação concreta da conversa. O tato, qualquer que seja sua forma em dadas condições, determina todos os nossos enunciados. Não há palavra que não considere o tato.

Em certas condições, em alguns grupos sociais, o tato discursivo cria um solo favorável para a formação daquelas particularidades do enunciado que os formalistas consideram como característicos para a linguagem poética: os retardamentos, os desvios, os duplos sentidos, os caminhos tortuosos do discurso. É justamente a partir daqui que esses fenômenos às vezes penetram na estrutura poética, ainda que apenas na sua periferia.

Por si, esses fenômenos podem ser profundamente diversos e condicionados por várias razões sociais. Porém, é característico que, sempre que penetram na literatura, a construção periférica da obra é dialogizada abruptamente, adquirindo a forma de um diálogo oculto ou claro com o leitor, um jogo com ele. São assim *Tristram Shandy* e em parte Gógol e Dostoiévski, e algumas outras obras que são usadas pelos formalistas para provar, ou melhor, ilustrar os seus conceitos teóricos.

Os formalistas, em geral, são orientados preferencialmente para aquelas obras que percebem as formas (ainda que externamente) de uma comunicação discursiva mais espontânea: *skaz*[VIII] e diálogo (autoral, primário). Nesses tipos de obra, penetra algo da lógica específica do discurso cotidiano. Justamente essa lógica é que cria aqueles fenômenos que os formalistas consideram típicos para a linguagem poética. É claro, essa lógica peculiar dos enunciados cotidianos, caracterizada pela espontaneidade e a sensação aguda do ouvinte-interlocutor vivo, ao penetrar na construção artística, transforma-se nela e passa a obedecer às suas leis, e, até certo ponto, torna-se convencional.

Essa preferência dos formalistas por algumas formas refletidas dos enunciados cotidianos na estrutura poética pode ser explicada pela sua estreita ligação com o futurismo. A poética do futurismo é caracterizada pela sensação muito espontânea e aguda do ouvinte, com tom polêmico e um pouco vaudevilliano.

Dessa forma, a linguagem cotidiana e prática dos formalistas revela-se como uma construção arbitrária, atrás da qual não existe nenhuma realidade linguística determinada, a não ser aqueles fenômenos, apontados por nós, que são os menos característicos da linguagem cotidiana e prática e que ainda podem, com certo esforço, ser reduzidos a essa construção.

[VIII] N. T.: *Skaz* é um tipo de narrativa literária em que o narrador não coincide com o autor e a sua fala é diferente da norma literária. O discurso do narrador de *skaz* reproduz a linguagem popular ou folclórica. A separação do *skaz* como um gênero isolado é característica para os estudos literários russos e soviéticos, porém, esse gênero não é empregado pelos pesquisadores ocidentais. A narrativa em forma de *skaz* foi utilizada, por exemplo, por N. Leskóv e M. Zóschenko.

A COMPREENSÃO FORMALISTA DA CRIAÇÃO

É necessário destacar mais uma particularidade da teoria dos formalistas.

Como vimos, na concepção dos formalistas, a linguagem poética é apenas um parasita da linguagem cotidiana e prática que somente obriga a sentir as construções já criadas por esta última. Mas, na visão deles, a linguagem cotidiana e prática é também privada de qualquer potencial criativo.

Obviamente, a linguagem de transmissão dos comunicados prontos dentro de uma comunicação fixa e imóvel não pode ser criativa. O vocabulário, a gramática e até mesmo os principais temas da mensagem são pressupostos como prontos. Resta apenas combiná-los, ajustá-los às circunstâncias e economizar os recursos do enunciado. Nessas premissas, não pode haver nenhum impulso e embasamento para a criação do novo. Dessa forma, a linguagem poética é, nos formalistas, um parasita do parasita.

Surgem as perguntas: onde, então, nesse caso, acontece o enriquecimento criativo da língua? Onde são criadas as novas formas e o seu novo conteúdo?

Não encontraremos resposta a essas perguntas nos formalistas. A criação do realmente novo está aqui em uma situação extremamente crítica. Não há lugar para ele em nenhum dos conceitos dos formalistas.

Mesmo na história da literatura, como veremos, o novo surge apenas enquanto resultado da canonização da linha menor, ou seja, ele já é pressuposto como existente. Porém não se mostra em lugar algum o surgimento, pela primeira vez, de algo novo.

As principais premissas do pensamento formalista fornecem apenas as explicações dos reagrupamentos, das transferências e das recombinações nos limites de um material já existente e plenamente acabado. Não se acrescenta nenhum traço qualitativamente novo a um mundo da linguagem e da literatura já dado, mudam-se apenas os sistemas das combinações do material existente, que periodicamente ressurgem, pois a quantidade das combinações é limitada.

Não importa qual conceito dos formalistas tomemos – "desautomatização", "estranhamento", "deformação" etc. –, torna-se claro que ele trata apenas de uma mudança externa, de uma transferência local, enquanto tudo que tem a ver com o conteúdo e a qualidade é pressuposto como já existente. Por conta dessa particularidade fundamental, o pensamento formalista é profundamente a-histórico. Para ele, o crescimento qualitativo da existência e do mundo ideológico, que constitui a história, é inatingível.

O ESTADO ATUAL DO PROBLEMA
DA LINGUAGEM POÉTICA NOS FORMALISTAS

Em seu desenvolvimento posterior, os próprios formalistas compreenderam parcialmente o caráter ocasional da contraposição das linguagens cotidiana e prática e poética. Porém, eles não tentaram tirar nenhuma conclusão real disso.

Pela primeira vez, a falta de clareza e o caráter sumário das definições da linguagem cotidiana e prática foram percebidos por R. Jakobson. Ele introduziu o conceito de linguagem emocional, que ele também contrapunha à linguagem poética. Posteriormente, L. Iakubínski em seu artigo "Sobre o discurso dialógico"[17] distinguiu as linguagens: coloquial, científica, oratória e emocional. Entretanto, não houve nenhuma explicação metodológica desse problema.

No artigo "Orátorskii stil Liénina" ("O estilo oratório de Lênin") de 1924, Eikhenbáum dizia:

> Nos trabalhos dedicados ao estudo da linguagem poética, normalmente partíamos da sua contraposição à linguagem "prática". Isso foi necessário e frutífero para uma afirmação primária das particularidades do discurso poético. Porém, como foi apontado mais de uma vez posteriormente (L. Iakubínski), a área da assim chamada linguagem "prática" é vasta e multiforme. Em geral, dificilmente existe uma área do discurso na qual a palavra seja apenas um "signo", enquanto, no que diz respeito a tais formas como o discurso oratório, elas, apesar do seu caráter "prático", são muito próximas do discurso poético. Para a linguagem poética, é própria apenas uma orientação especial para certos elementos do discurso, bem como para seu uso específico (principalmente na linguagem da poesia).[18]

Se realmente levarmos a sério todas essas afirmações de Eikhenbáum, dificilmente será possível provar o "caráter frutífero e a importância" da contraposição primária da linguagem poética à linguagem prática. Pois essa contraposição, como vimos, determinou todo o conteúdo da linguagem poética, que é o exato avesso da linguagem prática. Essa contraposição, que determinou toda a teoria dos formalistas, foi fatal para ela. Algo de frutífero é possível apenas contrariando essa contraposição.

Se uma construção poética fosse colocada nas condições da interação complexa e multilateral com a ciência, com a retórica e com as áreas da prática cotidiana, ao invés de ser declarada como puro avesso da linguagem cotidiana inventada e prática, então, o formalismo que conhecemos não existiria.

Aquela revisão que aparece nas palavras de Eikhenbáum não é realizada por ele, na prática, em lugar nenhum. Pelo contrário, ele continuou obstinadamente a defender as velhas posições em sua totalidade, embora ele mesmo, pelo visto, já não sentisse um chão seguro debaixo delas.

Essa é a teoria formalista da linguagem poética.

O PROBLEMA DO SOM NA POESIA

Agora falta examinar o problema do som poético que foi colocado pelos formalistas diretamente no terreno de sua teoria da linguagem poética.

O problema do som na poesia é o problema de seu significado construtivo no todo da obra poética.

Desde o princípio está claro que o significado do som nas diversas formas de criação literária não é o mesmo: em algumas formas, ele tem um papel construtivo independente; em outras, ele não entra, de modo algum, na construção artística, é somente um elemento técnico auxiliar, um signo, como o grafema. No meio desses dois polos extremos estão situados todos os demais possíveis significados construtivos do som.

Os formalistas complicaram ao extremo esse problema, já difícil e complexo em si, pois o relacionaram não à construção da obra, mas ao sistema da linguagem poética. Os formalistas substituíram um problema por outro.

Se voltarmos aos artigos de V. Chklóvski "O poésii i zaúmnom iazykié" ("Sobre a poesia e a linguagem transmental") e de L. Iakubínski "O poetítcheskom glossemossotchetánii" ("Sobre a combinação poética dos glossemas"), então, veremos que a tarefa desses autores limita-se a mostrar que a pronúncia ou a audição de sons, mesmo dos que não têm sentido, pode dar prazer, e que as pessoas precisam também das palavras sem sentido. Para provar isso, são apresentados inúmeros exemplos de jornais, de romances, de memórias. Todos os exemplos sem exceção dizem respeito apenas às diversas situações cotidianas de desfrute da língua. No entanto, de tudo isso se chega à conclusão de que os sons podem ter significado independente também na poesia, sendo que eles podem estar além de qualquer sentido, como, por exemplo, na "linguagem transmental".

Entretanto, em todos os exemplos citados por Chklóvski e Iakubínski, não há nenhuma menção à construção poética. Na maioria esmagadora dos exemplos, os sons são desfrutados em enunciados prático-cotidianos. Nos demais, o objeto de deleite são simplesmente sons sem sentido.[19] É completamente impossível tirar disso quaisquer conclusões sobre o significado do som nas condições específicas de uma construção poética.

Adiante, ao provar a possibilidade do deleite com os sons da língua no geral, os formalistas sublinham que esse deleite ocorre em detrimento do sentido, ora anulando-o totalmente ("palavra transmental"), ora enfraquecendo-o, deixando-o em segundo plano. Também aqui o princípio orientador é a contraposição entre as linguagens prática e poética,[20] embora a "transmentalidade" seja demonstrada principalmente sobre a base dos enunciados cotidianos.

Na linguagem prático-cotidiana, o som serve somente para indicar o sentido, isto é, ele exerce apenas uma função auxiliar. Disso decorre que é necessário rebaixar o sentido, a fim de tornar o som um valor em si mesmo. Por isso, a palavra transmental é o limite máximo do valor próprio do som. Essa é a lógica dos formalistas.

Isso os distancia, ainda mais, da colocação correta do problema do significado construtivo do som na poesia. Pois a proporcionalidade inversa do som e do sentido não existe, em absoluto, na poesia ou, mesmo considerando as experiências puramente transmentais dos futuristas, continua a não ser típica dela.

Pois o caso clássico da poesia é a combinação de toda a plenitude do som com toda a plenitude do sentido, ou seja, justamente a proporcionalidade direta desses valores. É necessário partir justamente desse caso clássico para compreender o significado construtivo do som. É necessário mostrar como o sentido e o som combinam-se na unidade construtiva de um todo artístico.

Obviamente, o sentido, ao adentrar a construção artística, torna-se nela algo diferente do que ele era em um enunciado cotidiano ou em uma tese científica. O som também torna-se diferente. O som e o sentido encontram-se no mesmo plano: no plano da construção artística. Aqui, eles entram em uma nova relação, diferente daquelas nas quais eles se encontravam nos limites de um enunciado cotidiano ou científico.

É justamente essa nova relação do som e do sentido, nas condições da construção poética, que deve ser definida e compreendida. Ela não pode ser explicada como uma pura oposição ou reforço de um por conta do outro. Mesmo que o último, às vezes, possa ocorrer na poesia, esse é apenas um dos casos possíveis da relação construtiva entre o som e o sentido, sendo, ainda, esse caso o menos típico.

Parece que Iakubínski, em seu artigo "O zvúkakh stikhotvórnogo iazyká" ("Sobre os sons da linguagem poética"), chegou um pouco mais perto da correta colocação do problema. Aqui estão as suas conclusões:

> Ao terminar aqui a minha breve nota sobre os sons na linguagem poética [diz ele] repito as principais conclusões: no pensamento da linguagem poética, os sons emergem para o campo claro da consciência; em relação a isso, surge o seu tratamento emocional que, por sua vez, leva ao estabelecimento de certa dependência entre o "conteúdo" da poesia e seus sons; os movimentos expressivos dos órgãos da fala contribuem para esse último aspecto.[21]

Essa conclusão também é embasada pelo autor em alguns exemplos acidentais de novelas, romances e declarações poéticas, e reforçada por citações, também ocasionais, de obras de linguística.

Nela, antes de mais nada, surpreende a posição puramente psicológica do autor: "pensamento da linguagem poética", "tratamento emocional", e assim por diante. Entretanto, é possível abster-se disso: nos trabalhos posteriores, os formalistas superaram, quase por completo, o psicologismo nesse plano.

Para nós, é importante aqui o outro lado do procedimento metodológico de Iakubínski: ele analisa a relação entre o som e o sentido no plano da língua e não no plano da obra literária. Por isso, a relação entre o som e o sentido deve realizar-se, de acordo com Iakubínski, nos limites dos elementos da própria língua: nos limites de uma palavra isolada, nos limites da frase como unidade puramente linguística, e assim por diante. Daí decorre a conclusão sobre a correspondência entre o som e o significado na própria língua, sobre a possibilidade de uma correspondência estável e até constante entre eles, por exemplo, sobre a possibilidade de uma coloração constante e emocional dos sons vogais.

Se essa coloração constante e emocional for possível, então é possível também uma correspondência constante entre o som e o significado na própria língua. Em uma palavra, para Iakubínski e os outros membros da Opoiaz, trata-se do som na própria língua: do som na palavra, na frase etc.

Por causa dessa colocação da questão são possíveis apenas as hipóteses mais fantásticas sobre a correspondência entre o significado e o som: hipóteses que colocam muitos obstáculos para a correta solução da questão e que há muito tempo deveriam ser deixadas de lado. Não se pode nem cogitar sobre qualquer correspondência entre o som e o significado na língua.[22]

Aliás, isso nem tem relação com nosso problema do significado construtivo dos sons na poesia. O som entra em uma relação construtiva com o sentido, não na palavra, nem na frase, nem em outro elemento tomado independentemente da obra, ou seja, como um fenômeno da língua, mas justamente na obra poética em sua totalidade. Não se pode nem cogitar sobre qualquer correlação constante pelo simples fato de que cada obra poética como tal é singular e irrepetível. É singular e irrepetível o seu sentido único e total, como também é singular a sua imagem sonora individual, única e integral. É possível falar da correspondência apenas entre essas unidades individuais. Portanto, a própria correspondência será individual e irrepetível.

Na construção poética, o som não é apenas um elemento da palavra, da frase, do período e em geral da língua; ele também é um elemento da totalidade sonora e irrepetível da obra, e, justamente como tal, entra em relação construtiva com os outros elementos.

Qualquer enunciado concreto é uma totalidade sonora compacta e unida. Esse corpo material e sonoro do enunciado nas teses científicas e em algumas obras literárias – por exemplo, em algumas variedades do gênero romance – não é sujeito ao tratamento artístico e não entra na construção poética. Aqui, cada som é compreendido apenas como som da palavra, da frase etc., ou seja, encarregado apenas das funções auxiliares do "signo da língua" para a compreensão do significado.[23]

Já em outras obras poéticas, por exemplo, nas poesias, o corpo sonoro da totalidade é sujeito ao tratamento artístico independente e obtém um significado construtivo. O ritmo, a divisão em estrofes, a rima, as repetições sonoras, expressam tal tratamento sonoro da totalidade. É possível entender o seu significado construtivo apenas na sua totalidade, já que eles desmembram e, de uma ou de outra forma, ordenam justamente um corpo sonoro íntegro como tal.

O seu objetivo é criar a impressão da unidade material e da organização do corpo sonoro da totalidade. Essa totalidade é organizada no tempo real e no espaço real principalmente se for um gênero poético que exija apresentação em voz alta. O sentido com sua organização predomina sobre essa totalidade material, constrói-se, desenvolve-se em uma ligação ininterrupta com ela. Por isso, é impossível compreender um sem o outro. Apenas na unidade da construção, o som como seu elemento torna-se um som poético, o sentido torna-se um sentido poético e sua relação torna-se não ocasional, mas construtiva. Na própria língua, tomada independentemente da organização do enunciado como um todo, não há nada disso.

É assim que deve ser colocado o problema do som poético.

Entretanto, aqui é necessário também notar as conquistas positivas do método formal na nossa questão. Embora os formalistas estivessem no caminho errado, mesmo assim eles ampliaram e aprofundaram o estudo concreto da organização sonora de uma obra. Uma conquista incontestável é a indicação dos fenômenos das repetições sonoras e, em geral, a ordenação, muito maior do que parecia anteriormente, da parte qualitativa do som. É verdade que isso se reduziu ao registro dos fenômenos puramente externos que, às vezes, eram até duvidosos. Nem se tratava da sua compreensão real. Mas, apesar disso, os próprios fenômenos e as questões relacionadas a eles foram apresentados e colocados na ordem do dia do estudo científico.

Para uma correta colocação do problema do significado construtivo do som, é necessário considerar mais um dos seus aspectos, extremamente importante.

O corpo sonoro da obra, como vimos, é organizado no tempo e no espaço real. Agora teremos que destacar que esse tempo e espaço são sociais. Esse tempo e espaço são acontecimentos da comunicação social.

A obra é parte da realidade social, e não da natureza. Não se pode nem cogitar a sua existência física. Não é o som físico nem o ato psicofisiológico de sua pronúncia e compreensão que são organizados de forma artística. O que é organizado é o som em seu significado social, o corpo ideológico da comunicação social. Ele não pode ser compreendido nos limites do organismo individual da natureza.

Por isso, o problema do som dotado de significado e da sua organização é relacionado com o problema do auditório social, com o problema da mútua orientação do falante e os seus ouvintes, e com o problema da distância hierárquica entre eles. O som dotado de significado soa de modos diferentes, dependendo do caráter daquele acontecimento social de interação das pessoas, do qual esse som dotado de significado é um elemento. O auditório social é construtivo para o som dotado de significado e para sua organização.

Os formalistas simplesmente não viram toda essa junção dos problemas da sociologia do som dotado de significado. Ao opor a palavra comunicativa, ou seja, a palavra como um "instrumento de produção", à "palavra autossuficiente" poética, eles a reduziram a um objeto de consumo individual. Na maioria dos exemplos apresentados por nós, o fonema é simplesmente desfrutado de modo individual. O fonema é retirado da comunicação e encerra-se na sensação dos órgãos articuladores ou auditivos, ou seja, é reduzido a um processo hedonisticamente marcado no organismo individual.

É característica a afirmação de V. Chklóvski:

> No deleite com a "palavra transmental", que não significa nada, é, sem dúvida, importante o modo como se enuncia a fala. Pode ser que, em geral, nesse modo de pronunciar em uma espécie de dança dos órgãos da fala é que se encontre a maior parte do deleite que a poesia traz.[24]

Essa é a profissão de fé do hedonismo artístico mais ingênuo. Chklóvski deturpa, na raiz, o verdadeiro caráter do som poético. O som não está no organismo e nem na natureza, o som está entre as pessoas ou, mais ainda, entre as pessoas organizadas socialmente. Ele não pode ser compreendido fora das condições concretas dessa organização.[25]

Por isso o estudo da organização do corpo sonoro de uma obra não pode ser isolado do estudo do acontecimento comunicativo, social e organizado que o realiza.

Falta sintetizar algumas conclusões:

1. As obras artísticas ou os enunciados poéticos mais elementares são a realidade efetiva do conceito de "literatura", e não a linguagem poética, a qual afasta os formalistas dessa realidade. O objeto da poética deve ser a construção da obra literária.

2. No processo do estudo da literatura, pode-se e deve-se compará-la com o que não é literatura, mas essa comparação, de modo algum, deve converter-se em uma contraposição; ao contrário, essa comparação deve, o tempo todo, ser acompanhada de uma descoberta do conteúdo positivo da literatura.
3. Uma obra literária pode ser comparada somente com outros produtos da criação ideológica, com as formações científicas, éticas e outras. Nada justifica a comparação exclusiva, sem falar da contraposição da obra literária com a linguagem prático-cotidiana. A literatura está em interação real e viva com os outros campos da ideologia, e, no menor grau possível, com os enunciados prático-cotidianos. A interação privilegiada da literatura com enunciados prático-cotidianos é característica somente de correntes muito raras e decadentes.
4. O futurismo como corrente literária caracteriza-se pela extrema estreiteza e pobreza do seu horizonte espiritual. A formulação de problemas éticos e cognitivos e, em geral, a formulação do horizonte ideológico em seus aspectos fundamentais e sérios eram estranhas aos futuristas. Diferentemente das correntes literárias que realmente possuem conteúdo, o futurismo deixou de lado os profundos conflitos ideológicos da contemporaneidade. Como corrente puramente destinada a distrair o público (pelo menos, no período pré-revolucionário de seu desenvolvimento), o futurismo orientava-se para pontos de vista e enunciados prático-cotidianos burgueses, visando, acima de tudo, surpreender os pequeno-burgueses com seus paradoxos, virando do avesso sua estreita lógica prática. A orientação unilateral do método formal para o futurismo manifestou-se na oposição entre a linguagem prático-cotidiana e a linguagem poética. A unilateralidade e o extremismo dessa pura oposição podem ser explicados, em todo caso, pela influência da poética futurista.

Notas

[1] *Literatura: teóriia, krítika, poliémika*, p. 116.
[2] Em seu livro *Formálnyi miétod v istórii literatúry* ("O método formal na história da literatura"), Leningrado, 1927, B. M. Engelgardt interpreta, de maneira completamente errada, a afirmação dos formalistas sobre as peculiaridades específicas do próprio objeto da obra poética, como se tratasse de orientações metodológicas convencionais. Ele desenvolve esse ponto de vista, de forma coerente, do começo ao fim. Por causa disso, cria-se uma imagem errada do formalismo, como se ele fosse um sistema puramente metodológico.
[3] Em parte, no artigo de V. Chklóvski "Iskússtvo kak prióm" ("A arte como procedimento") na segunda *Sbórnik po teórii poetítcheskogo iazyká* ("Coletânea sobre a teoria da linguagem poética"), mas, sobretudo, nos últimos artigos da coletânea *Poétika*. O artigo que finaliza essa coletânea "Kak sdiélana 'Chinel'" ("Como foi feito 'O capote'"), de B. M. Eikhenbáum, é a primeira investigação formalista sobre a construção da obra poética.

[4] *Poétika*, p. 112-3. Primeiramente, essas opiniões foram emitidas por V. Chklóvski em "Voskrechiénie slova" ("Ressurreição da palavra").
[5] Idem, p. 104.
[6] Ver o trabalho de R. Jakobson "O tchiéchskom stikhié preimúshestvenno v sopostavliénii s rússkim" ("Sobre o verso tcheco principalmente em comparação com o russo"), 1923.
[7] Idem, p. 17.
[8] Cf. *Poétika* na coletânea "Zadátchi i miétody izutchiéniia iskússtv" ("Tarefas e métodos dos estudos da arte"), p. 138.
[9] Idem, p. 6.
[10] "Noviéichaia rússkaia poésiia" ("A mais nova poesia russa"), p. 138.
[11] *Literatura*, p. 121.
[12] *Poétika*, p. 112.
[13] Ver seu livro *Probliéma stikhotvórnogo iazyká* ("O problema da linguagem poética"), Ed. Academia, 1924.
[14] *Poétika*, p. 114.
[15] Termo de Engelgardt.
[16] *Poétika*, p. 120.
[17] Coletânea *Rússkaia riétch* ("O discurso russo"), 1923.
[18] *Literatura*, p. 250.
[19] É verdade que também são apresentadas algumas declarações dos próprios poetas, principalmente na forma poética. Por exemplo, Liérmontov: "Há discursos..." ("*Iést riétchi...*") ou "Se lhe acontecer..." ("*Slutchítsa li tebié...*").
[20] Com essa contraposição inicia-se o artigo de L. P. Iakubínski "O zvúkakh stikhotvórnogo iazyká" ("Sobre os sons da linguagem poética"), *Poétika*, p. 37.
[21] *Poétika*, p. 49.
[22] É verdade que, posteriormente, os formalistas recusaram esse tipo de hipótese e suposição. Mas a distinção principal entre o som na língua e o som na construção poética nunca foi realizada por eles.
[23] Evidentemente, mesmo aqui, a unidade sonora é ordenada de alguma forma que vai além do seu significado puramente de signo. É sempre inaceitável o desprezo absoluto em relação ao som. Mas nós podemos aqui abster-nos disso por ser um aspecto não realizado.
[24] *Poétika*, p. 24.
[25] Em todas as nossas reflexões, nos desviavamos completamente de toda uma série de questões, ligadas ao som poético. Pois nem sempre está organizado o som audível em voz alta. Pode ser organizado ainda um som articulado e pronunciado. Finalmente, pode ser organizada a possibilidade sonora e de pronúncia do som, sem uma orientação para sua realização efetiva. Todas essas questões são muito complexas e estão estreitamente ligadas ao problema do auditório artístico, entendido como interação social. Ao mesmo tempo, deixamos de examinar o problema da entonação expressiva, que está condicionado ao sentido total, individual e único do enunciado, ao contrário da entonação sintática, daquela relativa à língua de um modo geral. [N. T.: Existe uma tradução para o português, a partir do alemão, na seguinte coletânea: Viktor Jirmúsnki, "As tarefas da poética", em Luiz Costa Lima, *Teoria da literatura em suas fontes*, trad. L. L. Ribeiro, 3. ed., Rio de Janeiro, Civilização Brasileira, 2002, p. 459-72.]

CAPÍTULO SEGUNDO

O material e o procedimento como componentes da construção poética

A "PALAVRA TRANSMENTAL" COMO O LIMITE IDEAL DA CONSTRUÇÃO POÉTICA

Havíamos apontado que, em três coletâneas da Opoiaz, predominavam os problemas do som poético, sendo que as duas primeiras coletâneas foram dedicadas quase inteiramente a eles. O lema de combate dessas coletâneas era a "palavra transmental".

A "palavra transmental" expressa de forma mais completa tanto as aspirações artísticas (futuristas) quanto teóricas dos formalistas. Mesmo posteriormente, ela permanece, para os formalistas, uma expressão daquele limite ideal ao qual aspira qualquer construção artística. A "palavra transmental" torna-se um esquema para a compreensão de todos os fenômenos principais da criação poética. Assim, ela torna-se um esquema para a compreensão do *skaz* em Gógol. Eis como Eikhenbáum define esse *skaz*, em seu artigo clássico do formalismo "Como é feito 'O capote' de Gógol":

> [...] o *skaz* encontra-se na base do texto de Gógol, o qual se organiza a partir das imagens vivas da língua falada e das emoções inerentes ao discurso. Mais ainda: esse *skaz* não tende para uma simples narração, um simples discurso, mas ele reproduz as palavras pela interpretação mímica e articulatória. As orações são escolhidas e ligadas menos pelo princípio do discurso lógico que pelo do discurso expressivo no qual a articulação, a mímica e os gestos sonoros assumem um papel particular.

É aí que aparece o fenômeno da semântica fônica em sua linguagem; o envoltório sonoro da palavra, seu caráter acústico, torna-se *significativo* no discurso de Gógol, independentemente do sentido lógico e concreto. A articulação e seu efeito acústico tornam-se um procedimento expressivo de primeira ordem.[1]

V. Chklóvski chama as paisagens de Gógol de "fonéticas", já que elas servem apenas como motivação para as construções fonéticas.[1]

A palavra transmental também é um esquema para a compreensão da construção do romance. Eis como V. Chklóvski define *Tristram Shandy*, "o mais típico romance da literatura mundial":

> Sterne era um extremo revolucionário da forma. Para ele, é típico o desnudamento do procedimento. A forma artística é dada sem qualquer motivação, apenas como tal. A diferença entre o romance de Sterne e o romance de tipo comum seria a mesma que existe entre uma poesia comum com instrumentos sonoros e uma poesia de um futurista escrita na linguagem transmental.[2]

Dessa forma, a linguagem transmental é, em todo lugar, de acordo com a doutrina dos formalistas, o limite ideal da construção artística. Apenas raramente a arte alcança por completo esse limite, como, por exemplo, nas poesias transmentais dos futuristas, porém, a aspiração a ele é uma essência determinante e interior de qualquer arte. Por isso, os formalistas estudam, de forma bastante consequente, cada fenômeno construtivo e artístico que se encontra em direção a esse limite.

Essa aspiração de qualquer arte à "linguagem transmental" como seu limite foi expressa muito claramente por Eikhenbáum em um dos seus últimos artigos "Literatura i kinó" ("Literatura e cinema"):

> A natureza primária da arte, escreve ele nesse artigo, é uma necessidade de usar aquelas energias do organismo humano que são excluídas do uso ou agem nele de forma parcial, unilateral. Essa é a sua base biológica que lhe dá a força da necessidade vital que procura por uma satisfação. Essa base, lúdica na sua essência e não ligada com um determinado "sentido" expresso, realiza-se nas tendências "transmentais" e "autotélicas" que aparecem em cada arte e representam seu fermento natural. Por meio do uso desse fermento para transformar a arte em "expressividade", ela organiza-se como um fenômeno social, como uma "linguagem" especial. Essas tendências "autotélicas", às vezes, são reveladas e tornam-se um lema dos artistas-revolucionários,

---

[1] N. T.: Existe uma tradução do artigo de onde este fragmento foi extraído: B. Eikhenbáum, "Como é feito 'O capote' de Gógol", em D. de O. Toledo (org.), *Teoria da literatura: formalistas russos*, trad. A. M. Ribeiro et al., Porto Alegre, Globo, 1971, p. 227-44. Substituímos os termos "narração direta" e "narração" pela palavra *skaz*, do original russo, por acharmos que esse termo corresponde a uma narração específica em que a posição do autor distancia-se da do narrador.

então se começa a falar da "poesia transmental", da "música absoluta", e assim por diante. A constante falta de coincidência entre a "transmentalidade" e a "linguagem": essa é a interna dialética da arte que rege sua evolução.[3]

Como, então, pode ser explicado esse significado abrangente da palavra transmental na teoria dos formalistas?

A palavra comum dotada de sentido não predomina sobre sua existência material e objetiva, não coincide com ela por completo. Ela possui um significado e, portanto, é direcionada para um objeto, para um sentido que está fora da palavra. Já a palavra transmental coincide bem consigo mesma. Ela não conduz para fora dos seus limites, ela simplesmente existe aqui e agora como um corpo material organizado.

O medo do sentido com o seu "não aqui" e "não agora", que pode destruir o caráter objetivo de uma obra e a plenitude da sua existência aqui e agora, predeterminou a fonética poética dos formalistas. É por isso que os formalistas tentam estabelecer uma proporcionalidade inversa entre o sentido, com sua comunidade, extratemporalidade, "heterotemporalidade" e existência material de um único objeto-obra. A ideia da "palavra transmental" satisfaz justamente a essa fórmula.

Essa proporção inversa tornou-se a ideia-matriz também nos estudos do enredo, esse problema, como sabemos, tornou-se a base para uma passagem instável dos formalistas das questões da linguagem poética às questões da construção de uma obra. Foi com base no problema do enredo que se determinou, pela primeira vez, a divisão fundamental da construção poética em material e procedimento.

O DESENVOLVIMENTO DO ENREDO

Já no primeiro período, os formalistas distinguiam dois meios de desenvolvimento construtivo da obra prosaica: o desenvolvimento do enredo e o *skaz*.

Antes de mais nada, iremos nos deter no desenvolvimento do enredo.

É necessário distinguir o enredo e a fabulação. Essa distinção é um momento essencial na teoria dos formalistas. Nela, com especial clareza, revelam-se as principais tendências da sua doutrina.

A fabulação é aquele acontecimento que se encontra na base do enredo, acontecimento cotidiano, ético, político, histórico ou de outra ordem. Esse acontecimento como tal realizava-se no tempo real, durava dias ou anos e tinha um determinado significado ideológico e prático. Tudo isso torna-se material para o acabamento do enredo. O enredo desenvolve-se no tempo real de cumprimento e percepção: leitura ou audição. A linha do enredo é um caminho torto de digressões, frenagens, retardamentos, contornos, e assim por diante.

> O conceito de enredo [escreve V. Chklóvski], com demasiada frequência, é misturado com a descrição dos acontecimentos, com aquilo que eu proponho chamar convencionalmente de fabulação.
> Na verdade, a fabulação é apenas um material para o acabamento do enredo.
> Dessa forma, o enredo de *Ievguiéni Oniéguin* não é o romance do protagonista com Tatiana, mas o acabamento dessa fabulação dado pelo enredo, realizado por meio da introdução de digressões que a interrompem. Um artista espirituoso (Vladímir Miklachévski) propõe ilustrar, nesse romance, principalmente as digressões (por exemplo, as "pernas"),[II] o que, do ponto de vista da composição, será correto.[4]

Dessa forma, o enredo cabe inteiramente nos limites da obra-objeto. Todo ele existe aqui e agora, e não ultrapassa em nada as fronteiras da obra. Todos os retardamentos, dificuldades e repetições do enredo, na verdade, estão longe de ser retardamentos e repetições do acontecimento que é transmitido pela narração, mas retardamentos e repetições da própria narração, que não é representada por meio da palavra, mas que representa as palavras. Por isso, as repetições de enredo são totalmente analógicas em relação às repetições sonoras, por exemplo, a rima.

O que é, então, o próprio acontecimento representado, ou seja, a fabulação? A fabulação como material, para os formalistas, é apenas uma motivação dos procedimentos do enredo. Assim, se no acontecimento que está sendo narrado, trata-se de várias dificuldades e obstáculos que o protagonista tem que superar; esses obstáculos de vida servem apenas como motivação para o retardamento do enredo, ou seja, para as frenagens do próprio processo de narração. Se se trata da viagem do protagonista, como, por exemplo, em *Dom Quixote*, essa viagem serve como motivação para o procedimento de "enfileiramento de miçangas em um colar" [*nanízyvanie*]. Dessa forma, cada elemento da fábula, ou seja, de um acontecimento da vida que está sendo narrado, possui um significado apenas na medida em que ele motiva algum procedimento construtivo, algum elemento da própria narração como um todo, que tem valor próprio e é independente do acontecimento narrado.

Daqui passaremos a um fundamento importante do formalismo: o material é uma motivação do procedimento construtivo, já o procedimento construtivo é autotélico.

Se nos detivermos nesse fundamento, veremos que ele é o avesso daquela afirmação cuja crítica serve de ponto de partida aos formalistas. Pois, de acordo com o ponto

---

[II] N. T.: Trata-se de uma digressão que A. Púchkin faz sobre as pernas femininas em *Ievguiéni Oniéguin* (capítulo primeiro, estrofe XXX).

de vista ingênuo e comum que se formou no solo realista, o conteúdo de uma obra, ou seja, aquilo sobre o que se narra, é autotélico, já os procedimentos de narração são apenas os meios tecnicamente auxiliares. Os formalistas reviraram esse fundamento ao trocar seus elementos de lugar.

Porém, eles preservaram completamente uma divisão totalmente inadmissível da obra em aspectos tecnicamente auxiliares e autotélicos.

O avesso é sempre pior que o lado direito. Na visão anterior, os meios de representação ao menos desempenhavam um papel essencial na obra. Eles tinham que ser adequados àquilo que estava sendo representado e, nesse sentido, eram insubstituíveis e impermutáveis. Não era qualquer meio, e sim um único, que satisfazia esse objetivo de representação.

Já o material como motivação do procedimento torna-se algo totalmente indiferente e substituível. O mesmo procedimento pode ser motivado por um material mais diversificado. Na essência, qualquer motivação é igualmente boa. Para motivar uma digressão é necessário colocar o protagonista na prisão ou fazê-lo dormir, forçá-lo a tomar café da manhã ou simplesmente assoar o nariz. Os mesmos formalistas persistem em destacar essa igualdade das motivações. Além disso, é possível não usar nenhuma motivação, é possível "desnudar o procedimento". Por conta disso, ele se tornará mais puro e artisticamente mais perfeito, do mesmo modo que uma sinfonia musicalmente é mais pura e perfeita do que uma ópera. Assim procede, por exemplo, Sterne em *Tristram Shandy*.

> As formas da arte, diz V. Chklóvski, podem ser explicadas por meio das suas leis artísticas, e não por meio da motivação cotidiana. Ao retardar a ação do romance, não por meio da introdução dos personagens que separam os amantes, por exemplo, mas por meio de uma simples troca das partes, o artista nos revela as leis estéticas que se encontram por trás de ambos os procedimentos da composição.
> É comum a afirmação de que *Tristram Shandy* não é um romance. Para os que afirmam isso, apenas a ópera é música, enquanto a sinfonia é uma desordem.
> *Tristram Shandy* é o romance mais típico da literatura mundial.[5]

Dessa forma, do ponto de vista do formalismo, a motivação na arte tende a zero. Cada elemento do material é substituível e, no limite, pode ser totalmente excluído. A morte pode ser substituída por personagens que separam os amantes, e estes por meio de uma simples mudança dos capítulos.

O significado da palavra é apenas uma motivação para o seu som. É possível não usarmos essa motivação e, assim, teremos a palavra transmental com valor próprio: o limite ideal da poesia. Assim, também na prosa, o procedimento transmental sem motivação é o objetivo superior.

Tal compreensão do material inevitavelmente resulta de toda a concepção dos formalistas, de acordo com a qual o material deve ser absolutamente indiferente. Se a morte, justamente como uma morte, e não como uma motivação de digressão diferente por si só, entrasse na construção de uma obra, toda essa construção seria totalmente diferente. A morte não poderia ser substituída por meio de uma mudança dos capítulos. A fabulação de um apoio indiferente para o desenvolvimento do enredo seria transformada em um elemento independente e insubstituível da construção artística.

O MATERIAL COMO MOTIVAÇÃO IDEOLOGICAMENTE INDIFERENTE DO PROCEDIMENTO

A doutrina do caráter indiferente do material ocupa um lugar muito importante na teoria dos formalistas.

O trabalho de V. Chklóvski "Sviáz priiómov siujetoslojiéniia s óbchimi priiómami stília" ("A relação dos procedimentos de formação do enredo com os procedimentos gerais do estilo") inicia-se com uma crítica à escola etnográfica.[III]

De acordo com a doutrina da escola etnográfica, os motivos dos contos maravilhosos[IV] são o reflexo das situações que existiam de fato. Assim, a luta do pai contra o filho reflete o matriarcado; o motivo do incesto, a promiscuidade primitiva; os animais ajudantes nos contos maravilhosos são lembranças do totemismo, e assim por diante. A coincidência dos motivos dos contos maravilhosos entre os diversos povos nos casos em que não é empréstimo explica-se pela semelhança das condições de vida e de religião.

V. Chklóvski contrapõe essa doutrina da escola etnográfica a sua teoria da formação do enredo.

[III] N. T.: A escola etnográfica russa é uma ciência social que estuda os povos e suas comunidades étnicas, o processo de sua formação étnica e suas relações culturais e históricas. A Revolução de Outubro de 1917 criou condições favoráveis para o desenvolvimento de uma ciência etnográfica baseada na herança humanística e democrática da etnografia pré-revolucionária. A natureza da etnografia pós-revolucionária foi determinada por ligação estreita com práticas objetivas do estado soviético multinacional, pois o estabelecimento de territórios nacionais exigiu um estudo mais cuidadoso dos povos envolvidos.

[IV] N. T.: A palavra russa *skazka* foi traduzida como conto maravilhoso no livro de Vladímir Propp *Morfologia do conto maravilhoso* (trad. J. P. Sarhan, Rio de Janeiro, Forense Universitária, 1984). Medviédev refere-se a esse texto nas considerações desse parágrafo.

Segundo Chklóvski, existem leis especiais de formação do enredo. Essas leis explicam também a escolha dos motivos. É completamente indiferente a origem dos motivos ou sua relação com a realidade atual ou passada; o que importa é somente sua função no enredo. A repetição de complexos entrelaçamentos de motivos em diferentes povos explica-se não pelos empréstimos, mas pela comunidade de leis de formação do enredo. Os procedimentos fundamentais de formação do enredo são, segundo Chklóvski, a construção em camadas [*stupiéntchatoe postroiénie*], o paralelismo, o emolduramento e o enfileiramento [*nanízyvanie*].

O material em que os motivos são realizados é, em si, indiferente. O procedimento não somente é indiferente à relação desses motivos com a realidade, mas também a seu significado ideológico. Os próprios procedimentos de formação do enredo são somente um caso particular dos procedimentos mais gerais da arte. Assim, a construção em camadas inclui a repetição com seu caso particular que é a rima, a tautologia, o paralelismo tautológico, o paralelismo psicológico, o retardamento, a repetição épica, as imagens dos contos maravilhosos, as peripécias, e assim por diante.

Já o próprio significado semântico do elemento repetido (na tautologia), ou da consonância (na repetição), ou do paralelo (diante do paralelismo), é completamente indiferente. Um elemento repetido pode ser claramente sem sentido. Por exemplo:

> Seis grãozinhos ele acha
> Sete sementes ele apanha

Ou no texto épico finlandês *Kalevala*:

> Na sétima noite ela faleceu
> Na oitava morreu

Os sinônimos são dotados de um significado analógico; eles não se justificam pelo sentido, mas pelas exigências do procedimento que é indiferente a ele.

> Nesse fenômeno [diz V. Chklóvski] refletiu-se uma regra habitual: a forma cria para si um conteúdo. Por isso, quando não há uma palavra equivalente na língua, o lugar do sinônimo é ocupado por uma palavra arbitrária ou derivada. Por exemplo: *kudý-mudý*, *pliúchki-mliúchki* (província de Sarátov), *pikniki-mikniki* (Teffi),[V] *chálosti-málosti*[VI] (Odessa) etc.[6]

[V] N. T.: Pseudônimo de Lokhvítskaia Nadiejda (1872-1952), escritora e poetisa russa nascida em São Petersburgo que emigrou para a França depois da revolução russa. Teffi ficou conhecida como uma escritora espirituosa e observadora.

[VI] N. T.: Nos pares apresentados por Chklóvski, a primeira palavra possui em russo um sentido habitual (*kudý* para "onde", *pliúchki* para "roscas, *pikniki* para "piqueniques", *chálosti* para "travessuras"), enquanto a segunda ou não possui sentido algum, e simplesmente rima com a primeira palavra, ou é usada somente para rimar.

Em geral, todas as situações do enredo são assim. Elas são escolhidas somente para a realização do procedimento. Seu significado semântico é indiferente. Assim, no enredo da luta do pai com o filho, o que importa é somente o contraste formal.

Vejam as conclusões de V. Chklóvski a propósito da análise do enredo:

> Os métodos e procedimentos de formação do enredo são, em princípio, similares e idênticos aos procedimentos de instrumentação [*instrumentóvka*] sonora. As obras literárias representam um entrelaçamento de sons, de movimentos articulatórios e de pensamentos.
>
> Uma ideia na obra literária ou é o mesmo material, assim como o aspecto pronunciado e sonoro do morfema, ou, então, um corpo estranho...
>
> O conto maravilhoso, a novela, o romance, são a combinação de motivos; a canção é uma combinação de motivos estilísticos, por isso, o enredo e a formação do enredo são tão forma quanto a rima. Na análise de uma obra literária, do ponto de vista da formação do enredo, não há necessidade da noção de "conteúdo".[7]

A CONSTRUÇÃO DO *SKAZ*

O outro meio de desenvolvimento construtivo da obra é o *skaz*. A ele está dedicado o artigo fundamental de Eikhenbáum "Como foi feito 'O capote' de Gógol".

Tanto o *skaz* quanto o enredo organizam a existência da obra, o seu "aqui" e "agora", usando todo o material semântico apenas como motivação para um jogo de procedimentos autotélico. O centro de gravidade do enredo passa aqui para o tom pessoal do autor ou para a própria maneira do *skaz*.

A novela de Gógol, segundo Eikhenbáum, é uma narrativa grotesca na qual a mímica do riso é alternada pela mímica do pesar, sendo que tanto um quanto outro são apenas uma alternância convencional dos gestos e das entonações da língua. Nesse sentido, o autor explica também o famoso "lugar do humano". Aqui, a declamação sentimental e melodramática, de repente, introduz-se no estilo geral do trocadilho e cria um efeito agudo de grotesco.

> O episódio melodramático [diz Eikhenbáum] é utilizado como contraste ao *skaz* cômico. Quanto mais habilidosos eram os trocadilhos, mais patético e estilizado, no sentido de primitivismo sentimental, tinha que ser o procedimento que violava o jogo cômico. A forma de um raciocínio sério não daria um contraste e não seria capaz de comunicar a toda composição o caráter grotesco.[8]

Dessa forma, o objeto do *skaz*, ou seja, todo o conjunto dos conteúdos semânticos dos quais se trata, é apenas uma motivação do *skaz* como um conjunto dos procedimentos discursivos. A princípio, o *skaz* pode livrar-se dessa motivação. De fato, o *skaz* de Gógol, de acordo com Eikhenbáum, às vezes torna-se transmental.[9]

"O MATERIAL E O PROCEDIMENTO" COMO O AVESSO DE "CONTEÚDO E FORMA"

É assim que os formalistas entendem o material.

Neles, a tendência dominante na construção do conceito de material é a seguinte: remeter ao material tudo aquilo que é dotado de significado ideológico imediato e que antes era considerado o mais essencial na literatura, seu conteúdo. Atualmente, o conteúdo é somente o material, somente a motivação do procedimento, plenamente substituível e, no limite, totalmente dispensável.

Desse modo, a tendência fundamental do conceito formalista de material é o rebaixamento do conteúdo.

Detrás do material e do procedimento, reconhecemos, sem dificuldade, a antiga díade da forma e do conteúdo, e, além disso, em sua interpretação realista mais primitiva. Os formalistas somente a viraram do avesso.

Os formalistas realizam, com uma audácia absoluta, essa tendência a rebaixar tudo o que possui significado do ponto de vista ideológico ao nível de uma motivação substituível do procedimento. Eles não temem, em absoluto, o paradoxo. Até mesmo a ideologia de Dostoiévski é somente uma motivação do procedimento.

> O oximoro é a base [diz V. Chklóvski] de diversos enredos, por exemplo, um alfaiate mata o gigante, Davi mata Golias, as rãs matam o elefante, e assim por diante. O enredo desempenha, aqui, o papel de motivação e justificação e, ao mesmo tempo, desenvolve o oximoro. O oximoro é também a "justificação da vida" em Dostoiévski, a profecia de Marmeládov sobre os bêbados no juízo final.

No mesmo sentido, também Rózanov[VII] foi analisado por V. Chklóvski. Um conceito semelhante, porém, de forma mais contida, foi proposto por Eikhenbáum em relação à análise da obra de L. Tolstói. A motivação do procedimento é tanto o material autobiográfico introduzido no romance quanto a confissão e o *pathos* ético.

[VII] Filósofo russo do começo do século XX.

O SIGNIFICADO CONSTRUTIVO DOS ELEMENTOS DO MATERIAL

De acordo com a teoria dos formalistas, o que é, então, uma construção poética? Um conjunto de procedimentos. "O conteúdo (ou então a alma) da obra literária equivale à soma dos seus procedimentos estilísticos" (V. Chklóvski).[10] A finalidade de todos os procedimentos é a mesma: criar uma construção que possa ser compreendida de modo perceptível. Cada procedimento soluciona, do seu jeito, essa tarefa única. Os formalistas não conhecem outras tarefas.

Agora, surge uma pergunta: o que, então, pode ser perceptível em uma obra? É claro que, para os formalistas, não é o material. Pois ele é um valor que tende a zero. O que deve ser perceptível é a própria construção. Mas o objetivo da construção é criar uma perceptibilidade. No final das contas, estamos diante de uma conclusão paradoxal: percebe-se um procedimento cujo único conteúdo é criar a perceptibilidade!

Essa conclusão absurda é totalmente inevitável.

Se o material com significado ideológico se tornasse perceptível, ele deixaria de ser uma motivação indiferente e entraria na construção da obra com toda a plenitude do seu significado. Se, por exemplo, os procedimentos de enredo fizessem com que a fabulação, ou seja, o próprio acontecimento cotidiano que está sendo retratado, se tornasse perceptível, então, esse acontecimento deixaria de ser uma motivação substituível e, ao invés do avesso, apareceria o direito. Consequentemente, o retardamento pode forçar a perceber apenas ele mesmo, e não o acontecimento que está sendo retardado; a repetição, a si própria, e não aqueles conteúdos objetivos que são repetidos, e assim por diante. Em suma, não há nada a ser percebido.

Para os formalistas, esse é um beco sem saída. Eles não conseguem, de modo algum, reconhecer a perceptibilidade do material, ou seja, dos valores éticos, cognitivos e outros em sua essência. Isso significaria reconhecer aquilo que a sua teoria está negando. Por isso eles permanecem diante de um sistema de procedimentos formalmente vazios.

Ao ser considerado um material neutro, o procedimento é neutralizado e privado de qualquer conteúdo positivo. A única qualidade do procedimento nos formalistas é sua novidade, obviamente relativa, sendo que essa novidade do procedimento é justificada por eles e, de acordo com sua teoria, é "percebida" pelo leitor ou com base na linguagem prático-cotidiana, ou com base em outra obra, escola ou estilo literário.

Dessa forma, o procedimento é privado de qualquer conteúdo positivo e é reduzido a uma pura "diferença em relação a".

O conceito formalista de construção como um conjunto ou "sistema" de procedimentos é, na verdade, apenas um "sistema" de diferenças desse enunciado poético em relação à linguagem prático-cotidiana ou a outros enunciados também poéticos. É esse sistema de diferenças que é percebido. Para os formalistas não há e não pode haver outro conteúdo da perceptibilidade. O rebaixamento do material até o nível da simples motivação condena o procedimento a um vazio total.

Mas as contradições entre a teoria e o seu objeto não terminam por aqui.

Surge uma nova pergunta: como traçar uma fronteira entre o procedimento e o material? Onde termina um e começa o outro?

Nessa utilização, a própria palavra "material" é extremamente ambígua. Pois ela faz pressupor que o material é recebido pronto pelo artista, como um produto da natureza. Assim como ocorre com um escultor ao receber o mármore; um entalhador, a madeira, e assim por diante. O seu trabalho reduz-se apenas à formalização dessa matéria-prima. Um artista não cria o mármore, ele o encontra previamente na natureza.

Parece-nos que falar sobre o material na arte é possível somente no sentido de algo que foi previamente encontrado pelo artista e não criado por ele de acordo com um plano artístico. Entretanto, aquilo que os formalistas entendem como material não é, de forma alguma, encontrado previamente pelo artista, mas criado por ele do começo ao fim na unidade da sua concepção artística. É possível falar sobre a língua como material da literatura, assim como Jirmúnski faz, pois a língua, definida linguisticamente, é realmente encontrada previamente por um artista individual.

Já relacionar o material à fabulação (no sentido de um determinado acontecimento cotidiano), ao protagonista, à ideia e, em geral, a tudo que é significativo do ponto de vista ideológico é inaceitável, pois tudo isso não existe fora da obra como uma realidade pronta. Tudo isso se cria na própria obra, refletindo por meio de cada detalhe a única lei da sua concepção.

Não é em vão que contestamos essa palavra. Pois os formalistas chamavam de "material" a motivação do procedimento, ao qual eles relacionavam tudo que possui um significado ideológico. Eles queriam destacar com essa palavra seu caráter extra-artístico, seu papel auxiliar e técnico na construção artística. Por meio disso, eles intencionalmente dão pretexto a uma falsa pressuposição de que o material é encontrado previamente pelo artista.

Na verdade, é claro, isso não é assim. Não importa qual motivação (no sentido formalista) tomemos, facilmente iremos perceber o seu caráter essencial e imediato para uma concepção artística.

Por exemplo, a fabulação obtém sua unidade não apenas no processo de desenvolvimento do enredo. Se nos abstrairmos desse desenvolvimento, é claro, até certo grau, a fábula não perderá, por causa disso, nem sua unidade interna, nem o conteúdo.

Assim, se nos abstrairmos do desenvolvimento do enredo de *Ievguiéni Oniéguin*, ou seja, de todas as digressões, interrupções e retardamentos, obviamente destruiremos a construção dessa obra, porém, a fabulação como uma certa unidade do acontecimento do amor entre Tatiana e Oniéguin preservará sua lei interna: cotidiana, ética e social.

Independentemente das funções que o material possui na construção da obra, dentro dele predomina uma lei natural. Porém, além disso, cada átomo do material também está repleto da lei puramente artística. Um material é, em sua totalidade, arranjado artisticamente. Não importa qual elemento pequeno do material tomarmos, nele acontece um contato imediato da lei extra-artística (ética, cognitiva ou outra) com a puramente artística. Por isso, embora possamos separar a fabulação do enredo, como ele é entendido pelos formalistas, mesmo assim, a fabulação está, por inteiro, organizada artisticamente. É totalmente impossível separar "somente o material" da sua organização artística.

A CRÍTICA DA DOUTRINA DOS FORMALISTAS SOBRE O MATERIAL E O PROCEDIMENTO

Dessa forma, não é possível traçar nenhuma fronteira entre o material e o procedimento. Não há nenhum princípio essencial para o desmembramento deles no plano no qual os formalistas o realizam.

Mais do que isso, se analisarmos o próprio conceito de "motivação", confirmaremos a inutilidade total desse conceito para a compreensão de quaisquer aspectos ou elementos da construção artística. Aqui, contestamos não a palavra, mas o conceito de motivação, justamente aquele sentido que os formalistas lhe davam.

Contra o conceito de motivação na arte é possível apresentar objeções de dois tipos.

Em primeiro lugar, a motivação é convencional e reversível.

Na verdade, não existem quaisquer fundamentos que pudessem nos obrigar a considerar como motivação justamente esse momento da obra literária. Por exemplo, por que temos que considerar os personagens que separam os amantes como motivação do retardamento e não o contrário, o retardamento como motivação para introdução dos personagens separadores? Por que, em geral, não podemos analisar o procedimento como motivação para a introdução de um material cada vez mais novo e diferenciado? É justamente assim que uma percepção artística ingênua compreende qualquer obra.

Na própria obra, não existem quaisquer indicações sobre o que é introduzido de forma autotélica e o que serve de motivação dessa introdução. Apenas em obras artísticas ruins aparecem trechos que claramente não possuem um significado construtivo e devem servir apenas para motivar a introdução dos outros momentos com significado construtivo. Entretanto, esses trechos são determinados não por meio da concepção do artista, mas por meio da sua falta de capacidade de realizar a própria concepção.

Nesse sentido, é extremamente edificante o equívoco dos formalistas em relação ao assim chamado "desnudamento do procedimento" na arte. Temos em vista, antes de tudo, *Tristram Shandy* na análise de Chklóvski e posteriormente as novelas de O' Henry na análise de Eikhenbáum. *Tristram Shandy* não é uma paródia de um romance bom e coerente com as leis artísticas, mas de um romance ruim e, ao mesmo tempo, de uma vida ruim. Na casa de Shandy nada é colocado como se deve, no seu lugar; da mesma forma, nada é colocado como se deve no romance. A paródia de um romance ruim é apenas um dos aspectos de *Tristram Shandy*. É totalmente errônea a afirmação de Chklóvski de que nessa obra "a compreensão da forma por meio da sua violação constitui o conteúdo do romance".

As nossas tarefas estão longe de revelar o verdadeiro conteúdo desse romance, sobre o qual não há nenhuma palavra no trabalho de V. Chklóvski. Para nós é importante aqui apenas o sentido verdadeiro do elemento paródico. Aqui é parodiada a má literatura, má do ponto de vista do próprio Sterne. Ele entende como literatura ruim justamente aquela que corresponde bastante às receitas formalistas. O romance é parodiado do jeito que Chklóvski o entende, aquele romance em que o material é introduzido de uma forma inábil, em que o retardamento pode ser sentido, em que o desenvolvimento do enredo, de acordo com Chklóvski, encobre a fabulação. Junto a isso, é necessário acrescentar que é parodiada principalmente a técnica inábil da construção externa.

O mesmo ocorre na obra de O'Henry.

Ele cria paródias de uma novela industrial ruim, trivial e banal ao modo americano. Na verdade, O'Henry não revela a construção real da novela, mas parodia de forma maliciosa os contos de jornais americanos mal escritos.

É interessante a seguinte afirmação de Eikhenbáum:

> Toda a novela é construída com base em uma incessante ironização e destaque de procedimentos, como se Henry tivesse passado através do "método formal" na Rússia e tivesse conversas frequentes com Víktor Chklóvski. Porém, na verdade, ele era um farmaceuta, caubói, trabalhava no caixa e passou três anos na prisão, ou seja, teve todas as condições para se tornar um escritor da vida cotidiana e escrever "sem grande filosofia" sobre a enorme injustiça na Terra.[11]

De fato, se O'Henry tivesse conversado com V. Chklóvski, certamente o teria transformado também em um alvo das suas paródias. Porém, é incompreensível a surpresa de Eikhenbáum. Nos Estados Unidos, há muitas pessoas que entendem a literatura tal como Chklóvski. É justamente essa compreensão da literatura que O'Henry transformou em um alvo para suas chacotas e ironia.

Adiante, somos propensos a achar que justamente pelo fato de ele ter sido um farmaceuta, um caubói, trabalhar no caixa etc., conhecer a vida e as reais forças que a movem, é que ele zombava tão cruelmente dos maus clichês literários. Ele conhecia o verdadeiro valor da vida e, portanto, conhecia o valor desse tipo de "literatura".

É totalmente incompreensível a última afirmação de Eikhenbáum. Ele mesmo sabia muito bem que O'Henry era justamente o escritor da vida cotidiana e escrevia sem grande filosofia precisamente sobre a enorme injustiça na Terra. Eikhenbáum sabe com perfeição que as paródias da má literatura ocupam um espaço pequeno na obra de O'Henry. Ele mesmo escreve no começo do seu artigo que "os seus contos sentimentais sobre as pobres vendedoras de Nova York dizem mais ao leitor americano".[12] No mesmo lugar, ele aponta que nas coletâneas americanas de O'Henry predominam as novelas sentimentais da vida cotidiana. É totalmente incompreensível a razão de o autor ter necessitado dessa distorção notória da real ordem das coisas.

Em relação ao desnudamento dos procedimentos, a situação, em geral, está muito ruim. Não há nada melhor que obras do gênero de *Tristram Shandy* para provar, com tanta clareza e evidência, que a essência não está de modo algum no procedimento, como os formalistas o entendem, e que o material está longe de ser a motivação.

É necessário estar totalmente cego por sua teoria para não enxergar que os exemplos apresentados como sua prova são, na verdade, sua melhor refutação. Para certificar-se disso, basta considerar o fato de que *Tristram Shandy* possui uma visão de mundo profundamente filosófica e que em sua composição há muito material ideológico, sendo que este não é empregado como motivação dos procedimentos que estão desnudados, ou seja, não motivados. A partir de tais obras, que são ao mesmo tempo paródias acertadas e profundas da má construção literária, torna-se principalmente clara toda a relatividade dos conceitos de procedimento e motivação, bem como o fato de que eles podem ser facilmente substituídos e de que não possuem fundamento nenhum na estrutura artística real.

Então, a primeira objeção reduz-se ao seguinte: na obra não há critérios para diferenciar aquilo que é autotélico daquilo que serve apenas como motivação para a introdução de um elemento.

Podemos reconhecer qualquer elemento como autotélico e, então, os outros elementos que estão inseparavelmente ligados a este se tornarão sua motivação. Com o mesmo direito podemos considerar os procedimentos, na compreensão dos formalistas, como apenas uma motivação, enquanto o material ideológico é autotélico. Com o mesmo direito é possível afirmar que uma palavra na poesia é escolhida "para rima" como também pode ser o contrário: a rima é escolhida para a introdução dessa palavra.

Obtemos o critério real apenas quando há uma clara contradição entre a ideia artística e sua realização, ou seja, quando a obra é inoportuna do ponto de vista do critério imanente. Apenas nesse caso, identificamos na obra os elementos construtivamente desnecessários que servem apenas para a introdução dos outros. Com a exceção desse caso especial, a distinção da motivação e do procedimento pode apenas introduzir a arbitrariedade e a má subjetividade na análise da estrutura poética.

Porém, existe mais uma objeção principal contra o conceito de motivação na obra literária: apenas o fato precisa da motivação e ele, por si só, é privado de significado interno.

Se o procedimento, assim como os formalistas o entendem, fosse realmente autotélico, então, não poderia surgir o conceito de motivação. A compreensão do material como uma motivação do procedimento seria, então, muito menos oportuna. O procedimento não precisaria da motivação. Porém, pelo visto, os próprios formalistas compreendiam o caráter vazio e insensato do procedimento, sua falta de justificativa interior. Não é por acaso que o "desnudamento do procedimento" é possível apenas na forma paródica.

É possível apresentar uma afirmação inversa: apenas tal fenômeno, que é autossignificativo e não precisa de nenhuma justificação e motivação externa, pode receber um significado artístico construtivo. O conceito de motivação é organicamente alheio à construção artística. Esse conceito pode ter lugar na tecnologia, na prática cotidiana e, finalmente, no conhecimento. Já na arte justamente não há motivação e, portanto, não existe nada que, fundamentalmente, possa ser principalmente substituído e eliminado e que tenda a zero. A possibilidade de substituição de algum elemento na obra literária é claramente percebida por nós como um fato não justificado construtivamente.

Portanto, além do caráter convencional da própria distinção entre o procedimento e a motivação, o conceito de motivação é organicamente alheio à natureza do objeto estudado: a construção artística. Se os formalistas não tivessem se ocupado da contraposição da linguagem poética à fictícia linguagem prático-cotidiana e, ao invés disso, tivessem tentado comparar a construção poética com a tecnologia, com o conhecimento, com o *ethos*, com o objetivo da compreensão real das diferenças dessas esferas ideológicas, eles nunca teriam chegado à contraposição, nos limites da construção poética, entre o procedimento e a motivação.

Desse modo, a divisão da construção poética em procedimento e material revela-se claramente inconsistente. A tudo aquilo que os formalistas consideram como material pertence um incontestável significado construtivo. Já aquilo que eles chamam de procedimento revela-se um esquema vazio, privado de qualquer conteúdo.

O SEGUNDO CONCEITO DE "MATERIAL" EM TYNIÁNOV

É necessário, entretanto, notar o seguinte. O conceito de material analisado por nós é fundamental para a corrente formalista. Ele formou-se por completo ainda na primeira época da Opoiaz e permanece o componente mais importante e insubstituível do sistema formalista.

Entretanto, posteriormente alguns formalistas e simpatizantes dessa corrente deram, ainda, outro significado ao termo "material".

Já apontamos para a compreensão do material por Jirmúnski. Vimos que ele entende a língua como a matéria-prima para a literatura, isto é, a palavra como um fenômeno linguístico.

Porém, Jirmúnski pode ser considerado apenas um simpatizante do formalismo. Entretanto, Tyniánov tem também a mesma compreensão, embora às vezes oscile (sem nenhuma consciência metodológica) na direção da primeira compreensão fundamental desse termo.

Para Tyniánov, a palavra como tal é o material da literatura.

> O estudo da arte verbal [diz ele] tem duplos obstáculos: em primeiro lugar, do ponto de vista do material formalizado, que possui como condição de significação mais elementar a fala, a palavra. Em segundo lugar, do ponto de vista do princípio construtivo dessa arte.[13]

Posteriormente, Tyniánov faz uma tentativa de justificação do significado construtivo do material, entretanto, o material é compreendido como língua e não como a motivação do procedimento.

> Nesse caso, não é considerada [diz ele] a heterogeneidade, a polissemia do material dependendo do seu papel e destinação. Não é considerado que, na palavra, existem aspectos desiguais, dependendo das suas funções, um aspecto pode ser promovido por conta dos outros, enquanto esses outros são deformados e, às vezes, até nivelados ao grau de um requisito neutro... O conceito de "material" não sai dos limites da forma, ele também é formal; é errado misturá-lo com os aspectos extraconstrutivos.[14]

Trata-se, portanto, do significado construtivo de vários elementos da língua, entendida como uma matéria-prima da poesia, e não das significações ideológicas, entendidas como uma motivação do procedimento, ou seja, não do significado primordial e fundamental do termo "material".

O material, em seu sentido primordial, como motivação, não pode adquirir uma significação construtiva independente sem que todo o conceito formalista da arte seja destruído.

Pois, então, não teria mais como falar sobre a "arte como procedimento". Seria totalmente errônea a famosa afirmação programática de R. Jakobson: "se a ciência sobre a literatura deseja tornar-se uma ciência, ela é obrigada a reconhecer os 'procedimentos' como seus únicos protagonistas".[15] Não sobraria nada nem dos procedimentos formalistas; eles seriam totalmente devorados pelo material ideológico autossignificante inserido na construção.

Por essa razão, é totalmente errada a afirmação de Eikhenbáum sobre a evolução do conceito de "material" na história do método formal. Ele considera como principal etapa dessa evolução justamente o livro de Tyniánov.

> Partimos [escreve Eikhenbáum] do conceito de enredo como construção para o conceito de material como motivação e daí a compreensão do material como elemento que participa da construção, dependendo do caráter da dominante construtiva.[16]

A afirmação de Eikhenbáum apresentada anteriormente é baseada em *quaternio terminorum*. Aceitou-se, na construção, um material ideológico diferente daquele que foi inicialmente compreendido como motivação do procedimento. Aquele material permaneceu fora da construção.

Não podia ser diferente. De fato, o que sobraria do formalismo se a ideia, o acontecimento ético, o problema etc., se tornassem os fatores construtivos de uma obra literária?

A CORRETA COLOCAÇÃO DO PROBLEMA DA CONSTRUÇÃO POÉTICA

O problema colocado pelos formalistas e solucionado por eles, de forma errônea, permanece, no entanto, em pleno vigor.

Como reunir, na unidade da construção artística, a imediata presença material de uma obra singular, seu aqui e agora, com a infinita perspectiva semântica dos significados ideológicos introduzidos nela? Como reunir o desenvolvimento da narração no tempo real da apresentação e audição ou leitura com o desenvolvimento do acontecimento narrado em um tempo ideal, que dura anos?

Chegamos à conclusão de que a solução proposta pelos formalistas não suporta uma crítica. Eles partiam de uma falsa suposição de que o sentido, com toda sua plenitude, abrangência e amplitude, não pode ser incluído na construção poética com sua presença material singular aqui e agora. Esse medo do sentido na arte levou os formalistas a reduzir a construção à pura periferia, à dimensão externa da obra. A obra perdeu sua profundidade, sua tridimensionalidade e plenitude. Foram o material e o procedimento que expressaram essa percepção superficial da construção. Ao estabelecer a proporcionalidade inversa entre o sentido e a autossignificação artística, eles inevitavelmente chegaram ao vazio do procedimento formalista, como uma combinação do material indiferente.

O problema deve ser solucionado de outro modo.

O problema colocado poderia ser solucionado se fosse possível encontrar, na obra poética, um elemento que fizesse parte simultaneamente tanto da presença material da palavra quanto do seu significado e intermediasse a reunião da profundidade e abrangência do sentido com a singularidade do som pronunciado. Esse mediador criará a possibilidade de uma transição ininterrupta da periferia da obra ao seu sentido interno, da forma externa ao sentido ideológico interno.

Foi assim que, no sentido de busca desse mediador, desde os tempos remotos foi entendido o problema da construção poética.

Atualmente, na poética da Europa Ocidental, essa tarefa é compreendida com uma clareza especial. A maioria vê a chave da sua solução no conceito da "forma interna da palavra". Na Rússia, Potebniá, continuador da tradição da "forma interna", de Humboldt, compreendia e resolvia nosso problema, na sua teoria da imagem, justamente dessa forma.

A imagem era o mediador que reunia a concretude sensual do som com a abrangência do seu sentido. Por ser visível e quase sensual, a imagem possuía algo em comum com a materialidade singular dada do som. Por sua capacidade de generalizar, de tipificar, de ampliar simbolicamente seu significado, ela possuía parentesco com o sentido.

Era da mesma forma, como vimos, que os simbolistas problematizavam a construção poética. Para eles também, o símbolo e o significado simbólico possuíam a função de reunir o sinal externo com o significado interno.

Todas essas soluções encontradas no terreno idealista e reunidas com a compreensão psicológica e individual da arte ideológica para nós são inadmissíveis. Porém, o caminho para a solução do problema foi traçado por eles corretamente.

É característico que os formalistas, ao criticar os simbolistas e a teoria da imagem de Potebniá, não compreenderam totalmente o sentido do problema, não consideraram o seu verdadeiro centro de gravidade. Isso é compreensível: desde o começo, ao cortar o sentido e ao orientar-se para a palavra transmental, eles inevitavelmente deveriam pular esse problema.

A AVALIAÇÃO SOCIAL E SEU PAPEL

O que então, na realidade, é aquele elemento que reúne a presença material da palavra com o seu sentido?

Supomos que esse elemento seja a avaliação social.

É verdade que a avaliação social não é atributo exclusivo da poesia. Ela está presente em cada palavra viva, já que a palavra faz parte de um enunciado concreto e singular. O linguista abstrai-se da avaliação social, da mesma forma que se abstrai das formas concretas do enunciado. Por isso, na língua, como num sistema linguístico abstrato, não encontraremos um valor social.

O que, então, é a avaliação social? Qual é seu papel na língua, mais precisamente no enunciado, e qual é seu significado para a construção poética?

A ligação entre o sentido e o signo em uma palavra, tomada separadamente, independente de um enunciado concreto, por assim dizer, em "palavra de dicionário", é totalmente arbitrária e técnica. Aqui, a palavra é simplesmente um signo convencional. Entre a realidade da palavra isolada e o seu significado há uma ruptura que pode ser superada apenas por meio da ligação mecânica entre elas, por meio da associação.

Porém, é diferente no caso de um enunciado singular concreto, mesmo quando ele consiste em uma palavra. Qualquer enunciado concreto é um ato social. Por ser também um conjunto material peculiar – sonoro, pronunciado, visual –, o enunciado ao mesmo tempo é uma parte da realidade social. Ele organiza a comunicação que é voltada para uma reação de resposta, ele mesmo reage a algo; ele é inseparável do acontecimento de comunicação. Sua realidade peculiar enquanto elemento isolado já não é a realidade de um corpo físico, mas a de um fenômeno histórico. Não apenas o sentido do enunciado possui um significado histórico e social, mas, também, o próprio fato de sua pronúncia e, em geral, de sua realização aqui e agora, em dadas circunstâncias, em dado momento histórico, nas condições de dada situação social.

Dessa forma, a própria presença peculiar do enunciado é histórica e socialmente significativa. Da categoria de uma realidade natural, ela passa para a categoria de uma realidade histórica. O enunciado já não é um corpo nem um processo físico, mas um acontecimento da história, mesmo que seja infinitamente pequeno. Sua peculiaridade é a peculiaridade de uma realização histórica em determinada época e com determinadas condições sociais. É a singularidade de um ato histórico-social, diferente em princípio da singularidade de um objeto ou processo físico.

Mas o próprio sentido da palavra-enunciado passa a fazer parte da história por meio do ato individual de sua realização e torna-se um fenômeno histórico. Pois o fato de que foi esse sentido que se tornou um objeto de discussão aqui e agora, que é dele que estão falando e que falam justamente assim e não de outra forma, que precisamente esse sentido entrou no horizonte concreto dos que falam, tudo isso é inteiramente determinado pelo conjunto das condições histórico-sociais e pela situação concreta desse enunciado individual.

Pois de uma enorme variedade dos objetos e significados acessíveis para esse grupo social justamente um significado determinado, um objeto determinado, entrou no horizonte das pessoas que falam ou que se comunicam de modo ideológico nesse momento e nesse lugar. Entre o sentido e o ato (enunciado), entre o ato e a situação concreta histórico-social, é estabelecida uma ligação histórica, orgânica e atual. A singularidade material do sinal, bem como a abrangência e a amplitude do sentido, encontra-se na união concreta de um fenômeno-enunciado histórico.

É verdade que a própria união possui um caráter histórico. A ligação orgânica entre o signo e o sentido, alcançada em um ato histórico concreto do enunciado, existe apenas para esse enunciado e apenas para essas condições de sua realização.

Se afastarmos o enunciado da comunicação social, se o transformarmos em objeto, perderemos também a união orgânica de todos os aspectos que havíamos alcançado. A palavra, a forma gramatical, a frase e, em geral, todas as definições linguísticas tomadas em abstração do enunciado concreto e histórico transformam-se em sinais técnicos de um sentido apenas possível e que ainda não foi individualizado historicamente. Essa ligação orgânica do sentido e do signo não pode tornar-se verbal, gramaticalmente firme e fixa em formas iguais transmitidas, ou seja, ela não pode, por si só, tornar-se um signo ou um aspecto constante do signo, não pode gramaticalizar-se. Essa ligação é criada para depois ser destruída e recriada, porém, já em novas formas, nas condições de um novo enunciado.

Iremos chamar de avaliação social justamente essa atualidade histórica que reúne a presença singular de um enunciado com a abrangência e a plenitude do seu sentido, que individualiza e concretiza o sentido e compreende a presença sonora da palavra aqui e agora.

Pois é essa avaliação social que atualiza o enunciado tanto no sentido da sua presença fatual quanto no do seu significado semântico. Ela determina a escolha do objeto, da palavra, da forma e a sua combinação individual nos limites do enunciado. Ela determina, ainda, a escolha do conteúdo e da forma, bem como a ligação entre eles.

Existem as avaliações mais estáveis e profundas que são determinadas pela situação econômica de uma classe em dada época de sua existência. É como se formulassem, nessas avaliações, as grandes tarefas históricas de uma época inteira da vida de um dado grupo social. Outras avaliações estão relacionadas aos fenômenos mais próximos e de curta duração da vida social e, finalmente, com o tema do dia, da hora, do instante. Todas essas avaliações penetram-se mutuamente e estão ligadas de forma dialética. A tarefa da época transforma-se em uma tarefa de cada dia ou até de uma hora. A avaliação social reúne a minuta da época e o assunto do dia com a tarefa da história. Ela determina a fisionomia histórica de cada feito e de cada enunciado, sua fisionomia de indivíduo, de classe e de época.

De fato, é impossível compreender um enunciado concreto sem conhecer sua atmosfera axiológica e sua orientação avaliativa no meio ideológico.

Pois aceitar um enunciado não significa capturar seu sentido geral como capturamos o sentido da "palavra de dicionário". Entender um enunciado significa entendê-lo no contexto da sua contemporaneidade e da nossa (caso elas não coincidam). É necessário compreender o sentido no enunciado, o conteúdo do ato e a realidade histórica do ato em sua união concreta e interna. Sem tal compreensão, o próprio sentido estará morto, tornar-se-á um sentido de dicionário, desnecessário.

A avaliação social determina todos os aspectos do enunciado, penetrando-o por inteiro, porém, ela encontra a expressão mais pura e típica na entonação expressiva.

A entonação expressiva que dá cor a cada palavra do enunciado reflete sua singularidade histórica, diferente da entonação sintática que é mais estável. O caráter expressivo é determinado não pelo esquema lógico do sentido, mas por toda sua plenitude e integridade individual, e por toda sua situação concreta e histórica. Da mesma forma, a entonação expressiva dá cor ao sentido e ao som, aproximando-os de forma íntima na união peculiar do enunciado. É claro, a entonação expressiva não é obrigatória, porém, quando ocorre, ela é a expressão mais clara do conceito da avaliação social.

No enunciado, cada elemento da língua tomado como material obedece às exigências da avaliação social. Apenas aquele elemento da língua que é capaz de satisfazer suas exigências pode entrar no enunciado. A palavra torna-se um material do enunciado apenas como expressão da avaliação social. Por isso, a palavra entra no enunciado não a partir do dicionário, mas a partir da vida, passando de um enunciado a outros. A palavra passa de uma totalidade para outra sem esquecer o seu caminho. Ela entra no enunciado como uma palavra da comunicação, saturada de tarefas concretas dessa comunicação: históricas e imediatas.

Todo enunciado obedece a essa condição, incluindo o enunciado literário, ou seja, a construção poética.

A AVALIAÇÃO SOCIAL E O ENUNCIADO CONCRETO

A língua, entendida como um conjunto ou como um sistema de possibilidades linguísticas (fonéticas, gramaticais, lexicais), é a menos propícia a servir como material à poesia. O poeta não escolhe as formas linguísticas, mas os valores nelas contidos. Todas as características linguísticas da palavra são obtidas apenas por meio de uma abstração dessa avaliação, e, por si só, em sua abstração, não podem servir como material da poesia, nem mesmo como exemplo gramatical.

Dar um exemplo significa pronunciar um enunciado convencional; já a forma puramente linguística apenas pode ser submetida a uma designação simbólica. A forma linguística é somente real na apresentação discursiva concreta, no ato social do enunciado.

Mesmo a palavra transmental é pronunciada com alguma entonação, portanto, nela também já está esboçada alguma orientação valorativa, algum gesto valorativo.

Ao escolher as palavras, suas combinações concretas, sua localização na composição, o poeta escolhe, compara, combina, justamente as avaliações nelas contidas. Aquela resistência do material, que nós percebemos em cada obra poética, é justamente a resistência das avaliações sociais contidas nele; estas existiam antes de o poeta as tomar. São elas que ele reavalia, e a elas atribui nuances, renova. Apenas um aluno que na escola faz os exercícios de latim sente a resistência linguística do material.

É característica a seguinte afirmação de Chklóvski: "A obra literária é pura forma... Ela não é um objeto nem um material, mas uma correlação de materiais."[17] Como sabemos, Chklóvski entende o material de modo totalmente indiferente às avaliações...

> Não importa a dimensão da obra [diz ele], o significado aritmético do seu numerador e denominador, o que importa é a sua relação. As obras cômicas, trágicas, universais, de salão, a contraposição de um mundo a outro mundo ou de um gato a uma pedra são iguais entre si.[18]

Certamente, essa afirmação não é uma tese científica, mas um paradoxo de tipo folhetinesco e, portanto, uma pequena construção artística.

Todo seu efeito fundamenta-se justamente sobre a diversidade avaliativa das palavras – gato e mundo, pedra e mundo etc. –, ou seja, justamente sobre seu "significado aritmético". Se deixarmos de lado as avaliações por trás dessas palavras, não restará absolutamente nada do paradoxo.

Para o poeta, assim como para todo falante, a língua é um sistema de avaliações sociais; e quanto mais rico, complexo e diferenciado ele for, tanto mais essenciais e significativas serão as obras dessa língua.

Em todo caso, podem entrar em uma obra literária somente aquela palavra e aquela forma nas quais a avaliação social ainda esteja viva e perceptível.

As possibilidades de uma língua tornam-se realidade somente por meio da avaliação. Por que duas determinadas palavras ficam lado a lado? A linguística se restringe a explicar o porquê desse fato. Porém, dentro dos limites das possibilidades linguísticas, não se pode explicar o porquê disso. Para tanto, será preciso chegar até a avaliação social e transformar uma das possibilidades gramaticais em um fato concreto da realidade discursiva.

Suponhamos o seguinte caso. Dois grupos sociais inimigos dispõem de um mesmo material linguístico, isto é, de um léxico absolutamente idêntico, e das mesmas possibilidades morfológicas e sintáticas, e assim por diante.

Nessas condições, se as diferenças de nossos dois grupos sociais estiverem condicionadas pelas premissas socioeconômicas fundamentais de sua existência, as mesmas palavras terão entonações profundamente diferentes; nas mesmas construções gramaticais gerais, elas serão inseridas em combinações semânticas e estilísticas profundamente diferentes. As mesmas palavras irão ocupar um lugar hierárquico diferente na totalidade do enunciado, como ato social concreto.

Uma combinação de palavras em um enunciado concreto ou em uma apresentação literária é sempre determinada pelos seus coeficientes de avaliação e pelas condições sociais de realização desse enunciado.

Certamente, o caso apresentado por nós é fictício. Pois nós supomos que diferentes avaliações atuam nos limites de uma única e mesma língua pronta.

Entretanto, na verdade, a língua é criada, formulada e se desenvolve ininterruptamente nos limites de determinado horizonte de valores. Por isso, dois grupos sociais profundamente diferentes não podem dispor de um único e mesmo arsenal linguístico.

Somente para uma consciência individual, as avaliações desenvolvem-se em um círculo de possibilidades linguísticas prontas e disponíveis. Do ponto de vista sociológico, as próprias possibilidades da língua estão inseridas, em seu surgimento e desenvolvimento, no círculo de avaliações que necessariamente se constituem nesse grupo social. Isso pode ser confirmado até mesmo pela teoria dos formalistas sobre o material indiferente.

Essa doutrina surgiu como a expressão teórica daquela percepção prática do material promovida pelos futuristas.

Em sua criação, os futuristas partiam de um sistema de avaliações sociais desorganizado e facilitado.

Para eles, as palavras tornaram-se levianas. Disso decorre sua "orientação para o insensato", para uma fala "simples como um mugido". As palavras perderam seu peso de avaliação, a distância entre elas diminuiu e sua hierarquia foi abalada. As palavras foram como que tiradas do contexto da fútil conversação das pessoas que não participam ativamente da vida.

Isso tem relação com o fato de que os futuristas foram representantes de um grupo social que foi relegado para a periferia da sociedade; inativo e desarraigado do ponto de vista social e político.

O sistema de avaliações, que encontrou sua expressão na poesia dos simbolistas, estava se decompondo, e a vida não criava as condições para a formação de um novo sistema de avaliações. Onde para um simbolista havia sentido, ação e um ato teúrgico, para os futuristas havia apenas a palavra sem sentido, na qual, como consequência, as cruas possibilidades linguísticas assumiram o primeiro plano.

Assim, o material da poesia é a língua como sistema de avaliações sociais vivas e não um conjunto de possibilidades linguísticas.

Está completamente patente que a ciência da poesia não pode, de modo algum, apoiar-se exclusivamente na linguística.[19] Entretanto, ela pode e deve utilizá-la.

Mais do que isso, a ciência da poesia, que estuda a vida das apresentações concretas da fala, pode ensinar muito à linguística formalista contemporânea.

Em geral, as ciências das ideologias, que estudam a vida do enunciado concreto e, por conseguinte, a atualização da língua como sistema abstrato de possibilidades, devem o tempo todo ser consideradas pela linguística. A própria linguística doravante irá desviar-se, certamente, da avaliação social concreta: são suas tarefas práticas e teóricas que impõem isso. Porém, ela não pode deixar de considerar o papel da avaliação social.

Pois bem, uma obra poética, assim como todo enunciado concreto, é, de fato, uma unidade inseparável do sentido e da realidade, fundamentada sobre a unidade da avaliação social que a atravessa por todos os lados.

Todos aqueles elementos que podem ser isolados em uma análise abstrata de uma obra, análise bastante adequada dentro dos seus limites, todos eles – a composição sonora, a estrutura gramatical, a temática etc. – são unidos pela avaliação e a ela servem.

Já o elemento avaliativo insere ininterruptamente a obra literária no tecido geral da vida social de uma dada época histórica e de um dado grupo social.

Para o formalismo, que ignora a avaliação social, uma obra literária é decomposta em elementos abstratos que são estudados isoladamente. A ligação entre esses elementos é abordada a partir de uma perspectiva exclusivamente técnica.

Porém, na verdade, o procedimento (admitindo-se esse termo com restrições) movimenta-se não no meio linguístico neutro, mas se insere no sistema das avaliações sociais e, por meio disso, ele mesmo torna-se um ato social.

É precisamente esse aspecto positivo do procedimento – o reagrupamento, a renovação ou as nuances de valores que ele cria – que é importante. Nisso consiste o sentido e o papel do procedimento artístico.

Ao não considerar isso, o formalismo elimina o sentido vivo do procedimento e rastreia seus aspectos secundários, puramente negativos, como se fossem vestígios mortos que o trabalho do procedimento deixa na língua abstrata e destituída de sentido da linguística.

Pois bem, a avaliação social faz a mediação entre a língua, como um sistema abstrato de possibilidades, e sua realidade concreta. A avaliação social determina o fenômeno histórico vivo, o enunciado, tanto do ponto de vista das formas linguísticas selecionadas quanto do ponto de vista do sentido escolhido. Os partidários da teoria da "forma interna" não compreendem, em absoluto, esse papel mediador da avaliação social. Eles tentam fazer dela um atributo linguístico da própria palavra, da própria língua, independente do enunciado concreto. Eles não entendem seu caráter histórico.

No final das contas, a forma interna, para a maioria de seus defensores contemporâneos, é uma espécie de avaliação naturalizada, sobretudo, de natureza psicológica. A forma interna é retirada do vir a ser e se substancializa. Nisso originam-se as tentativas absurdas de mostrar a forma interna na própria palavra, na sentença, no período e, de modo geral, na construção linguística, tomada independentemente do enunciado e de sua situação histórica concreta.[20] Mas, na verdade, é somente para dado enunciado e sob as condições históricas particulares da sua realização que a unidade do sentido, do signo e da realidade é efetivada por meio da avaliação social. Se tomarmos o enunciado fora do seu vir a ser histórico, fazendo dele abstração, distanciamo-nos cada vez mais do que procuramos.

A noção de que a avaliação é um ato individual, que é divulgada pela "filosofia da vida" contemporânea, conduz a não menos falsas conclusões. A avaliação é social e organiza a comunicação. Nos limites do organismo individual e da psique, ela nunca conduziria à criação do signo, isto é, do corpo ideológico. Até o enunciado interno (a fala interior) é social; ele se orienta para um auditório hipotético, para uma resposta hipotética e, somente no processo de tal orientação, pode constituir-se e tomar alguma forma.

AVALIAÇÃO SOCIAL E CONSTRUÇÃO POÉTICA

A teoria da avaliação social e do seu papel, tal qual desenvolvemos, estende-se a qualquer enunciado enquanto intervenção discursiva histórica, e não somente à obra poética.

Entretanto, nossa tarefa é explicar a especificidade da construção artística.

É verdade que, em nossa breve análise, tivemos em mente, o tempo todo, justamente o enunciado poético; porém, ainda não apresentamos definições especificadoras.

A avaliação social estabelece sempre uma ligação orgânica entre a presença singular do enunciado e o caráter geral de seu sentido. Porém, não é sempre que ela penetra todos os aspectos do material, fazendo-os igualmente necessários e insubstituíveis. A realidade histórica do enunciado pode estar subordinada à realidade do ato ou do objeto e tornar-se tão somente uma etapa preparatória da ação, seja qual for. Tal enunciado não é completo por si só. A avaliação social leva-nos além dos limites do enunciado para outra realidade. A presença da palavra é apenas um apêndice de outra presença. No campo do conhecimento e do *ethos*, a avaliação social é tão somente uma preparação da ação. Ela escolhe o objeto para o qual será orientado o ato ou o conhecimento.

Assim, cada época tem seu conjunto de objetos do conhecimento, seu conjunto de interesses cognitivos. O objeto entra no horizonte cognitivo e concentra em si a energia social, somente na medida em que isso é imposto pelas necessidades efetivas de dada época e de dado grupo social. A escolha do objeto de conhecimento é determinada pela avaliação social, assim como a escolha do tema pelo poeta. Por isso, o enunciado científico também é organizado pela avaliação social em todos os estágios da constituição do trabalho científico. Porém, a avaliação social organiza o enunciado científico não em prol dele próprio, ela organiza o próprio conhecimento do objeto no qual a palavra é um aspecto necessário, mas não autônomo. Aqui a avaliação não termina na palavra.

A situação é diferente na construção poética.

Nela o enunciado é separado tanto do objeto, tal como ele é dado fora do enunciado, quanto da ação. Aqui a avaliação social completa-se, por inteiro, no próprio enunciado. Como se diz, ela expressa-se até o fim. A realidade do enunciado em si não serve, em absoluto, a qualquer outra realidade. A avaliação social transborda e completa-se aqui na pura expressão. Por isso, sem exceção, todos os aspectos do material, do sentido e do ato concreto de realização tornam-se igualmente essenciais e necessários.

Mais do que isso, uma vez que o enunciado está separado do objeto real e da ação, sua presença material no aqui e agora se torna o princípio organizador de toda a construção. Por mais profunda e ampla que seja a perspectiva semântica da obra, ela não deve destruir nem eliminar o plano do enunciado, do mesmo modo que o espaço ideal na pintura não destrói o plano de um quadro.[21]

Por isso, a construção do enunciado, o desenvolvimento no tempo real da sua execução e percepção (escuta, elocução, leitura), representa tanto o ponto de partida quanto de conclusão de toda a organização. Nela tudo está reunido de forma compacta nesse plano real da expressão. Mas disso, de modo algum, resulta que esse plano da obra passe a ser "transmental". Nesse plano é possível inserir qualquer sentido desejado sem perder sua concretude e fidelidade.

Por isso, a fabulação, de forma alguma, é uma motivação dispensável e substituível (na arte não motivada) do desenvolvimento do enredo (retardamentos, digressões etc.); a fabulação desenvolve-se juntamente com o enredo: o acontecimento de vida narrado e o fato real da própria narração se fundem em um único acontecimento da obra literária. A avaliação social organiza tanto a própria visão e compreensão do acontecimento transmitido – pois só vemos e compreendemos aquilo que, de uma maneira ou outra, toca-nos, interessa-nos – quanto as formas de sua transmissão: a disposição do material, as digressões, os retornos ao passado, as repetições etc., tudo isso é atravessado pela mesma lógica da avaliação social.

Do mesmo modo, também o plano do *skaz* abarca toda a profundidade do narrado. A "insignificância" de Akáki Akákievitch[VIII] e o "humanismo" em relação ao irmão desfavorecido não é, em absoluto, apenas uma motivação para que as entonações próprias dos jogos de palavras sejam grotescamente transferidas para as entonações sentimentais e melodramáticas, como afirma Eikhenbáum.[22]

O mesmo princípio organiza tanto o modo como o autor vê e compreende a vida de uma pessoa como Akáki Akákievitch quanto a entonação do *skaz* sobre ele. O acontecimento da vida de Akáki Akákievitch (fictício) e o acontecimento real do *skaz* sobre ele fundem-se na unidade peculiar do acontecimento histórico de "O capote" (*Chinél*) gogoliano. Precisamente desse modo "O capote" entrou para a vida histórica da Rússia e revelou-se um fator ativo nela.

Portanto, a realidade de uma apresentação artística, seu desenvolvimento no tempo real da comunicação social e o significado ideológico do acontecimento representado interpenetram-se mutuamente na unidade da construção poética.

Porém, não é possível compreender essa construção por inteiro se a abstrairmos das condições de sua realização social. Pois o desenvolvimento efetivo da obra, por exemplo, do enredo ou do *skaz*, está, o tempo todo, orientado para o auditório e não pode ser compreendido fora das inter-relações do falante com os ouvintes ou do autor com os leitores.

Pois até aqueles fenômenos, em geral superficiais, no desenvolvimento do enredo, analisados por Chklóvski – digressões, retardamentos, alusões, os enigmas e suas soluções etc. –, são expressões de uma espécie de interação do autor com o leitor, o

---

[VIII] N. T.: Akáki Akákievitch é o personagem principal do conto "O capote" de Gógol.

jogo entre duas consciências, uma que sabe, outra que não sabe, uma que espera, outra que rompe essas expectativas, e assim por diante.

Do mesmo modo, o *skaz* está, o tempo todo, orientado para a correspondente reação do auditório, para seu apoio unânime, ou, ao contrário, para sua oposição. Todo *skaz* reage, de forma muito aguda e profunda, à atmosfera social avaliativa.

A curva do *skaz* é uma oscilação da atmosfera avaliativa daquele coletivo social, no qual o *skaz* está de fato orientado ou o qual ele estiliza.

Esse é o papel da avaliação social na construção da obra poética.

No próximo capítulo, iremos nos deter mais demoradamente no significado construtivo de alguns elementos que fazem parte da obra poética.

Notas

[1] V. Chklóvski, *Teóriia prózy* ("A teoria da prosa"), p. 171.
[2] Idem, p. 139.
[3] *Literatura*, p. 298.
[4] V. Chklóvski, *Teóriia prózy* ("A teoria da prosa"), p. 161.
[5] Idem, ibidem.
[6] Idem, p. 30.
[7] Idem, p. 50.
[8] *Literatura*, p. 162.
[9] Idem, p. 153-7.
[10] *Rózanov*, p. 8.
[11] *Literatura*, p. 195.
[12] Idem, p. 169.
[13] *Probliéma stikhotvórnogo iazyká* ("O problema da linguagem poética"), p. 7.
[14] Idem, p. 8.
[15] *Noviéichaia rússkaia poésiia* ("A mais nova poesia russa"), p. 10.
[16] *Literatura*, p. 148.
[17] *Rózanov*, p. 4.
[18] Idem, p. 5.
[19] Em teoria, também a maioria dos formalistas não contesta isso.
[20] Um exemplo instrutivo de tais tentativas é o livro de G. Shpet *Vinútrenniaia fórma slóva* ("A forma interna da palavra"), Moscou, 1927. A tentativa de inclusão da dialética e da história não o impede de procurar a forma interna na língua e de substancializá-la. Aliás, com bases idealistas, isso não pode ocorrer de outro modo. [N. T.: Gustav Shpet (1879-1937), filósofo russo, promotor e transformador da fenomenologia de Husserl, bem como de Humboldt e Hegel. Suas obras versam sobre filosofia, hermenêutica, estética, psicologia, teoria da literatura e do teatro e história do pensamento russo. Foi membro do Círculo Linguístico de Moscou e próximo de Román Jakobson, o que o colocou no centro da polêmica sobre o método formal.]
[21] Com certeza, isso é somente uma analogia figurativa. O espaço ideal na pintura não pode equiparar-se ao sentido da obra literária.
[22] *Literatura*, p. 163.

CAPÍTULO TERCEIRO

Os elementos da construção artística

O problema do gênero

O último problema que os formalistas abordaram foi o gênero. E esse retardamento foi uma consequência direta e inevitável do fato de que o objeto inicial de sua teoria foi a linguagem poética, e não a construção da obra.

Eles chegaram a esse problema já quando os elementos fundamentais da construção tinham sido estudados e determinados fora do gênero, quando toda a poética já estava praticamente pronta.

Normalmente, os formalistas definem o gênero como um agrupamento específico e constante de procedimentos com determinada dominante. Uma vez que os procedimentos fundamentais foram determinados fora do gênero, este foi mecanicamente composto a partir dos procedimentos. O significado atual do gênero não foi compreendido pelos formalistas.

Entretanto, a poética deve partir precisamente do gênero. Pois o gênero é uma forma típica do todo da obra, do todo do enunciado. Uma obra só se torna real quando toma a forma de determinado gênero. O significado construtivo de cada elemento somente pode ser compreendido na relação com o gênero. Se o problema do gênero, como problema do todo, tivesse sido oportunamente colocado pelos formalistas, então, eles não poderiam, de modo algum, atribuir um significado construtivo autônomo aos elementos abstratos da língua.

O gênero é uma totalidade típica do enunciado artístico, e, ainda, uma totalidade essencial, acabada e resolvida. O problema do acabamento é um dos mais essenciais da teoria do gênero.

É suficiente dizer que, com a exceção da arte, nenhum campo da criação ideológica conhece o acabamento no sentido próprio da palavra. Fora da arte, todo acabamento, todo final, é convencional e superficial e, antes de tudo, determinado por causas externas, e não pelo acabamento interno e exaurido do próprio objeto. A finalização de um trabalho científico tem esse caráter relativo. Na realidade, um trabalho científico nunca finaliza: onde acaba um, continua outro. A ciência é uma unidade que nunca pode ser finalizada. Ela não pode ser fragmentada em uma série de obras acabadas e autônomas. O mesmo ocorre em outros campos da ideologia. Em nenhum lugar, há obras essencialmente acabadas e esgotadas.

Além disso, quando no enunciado cotidiano ou científico se inscreve um acabamento superficial e põe-se o ponto final, essa finalização tem um caráter semiartístico. Ela não afeta o objeto do enunciado.

Nós ainda podemos expressar isso da seguinte maneira: em todos os campos da criação ideológica é possível somente um acabamento composicional do enunciado, porém, não é possível um acabamento temático autêntico dele. Somente alguns sistemas filosóficos, por exemplo, o de Hegel, pretendem, de forma completamente ilegítima, dar uma finalização temática no campo do conhecimento. Nos demais campos da ideologia, tais pretensões somente são possíveis no terreno da religião.

Já na literatura, tudo se concentra justamente nesse acabamento essencial, objetivo e temático, e não no acabamento superficial e discursivo do enunciado. A finalização composicional, que se mantém na periferia verbal, pode, às vezes, também, estar ausente na literatura. É possível usar o procedimento de não dizer até o fim [*nedoskázannost*]. Porém, esse caráter inacabado e exterior realça ainda mais o profundo acabamento temático.

No geral, não se pode confundir o acabamento com a finalização. A finalização é possível somente nas artes que têm duração no tempo.

O problema do acabamento é um problema muito importante nos estudos da arte e que, até o momento, não foi suficientemente valorizado. Pois a possibilidade de se ter acabamento é uma particularidade específica da arte que a diferencia de todos os outros campos da ideologia.

Cada arte, dependendo do material e de suas possibilidades construtivas, tem suas maneiras e tipos de acabamento. A decomposição das artes particulares em gêneros é determinada em grau significativo justamente pelos tipos de acabamento do todo da obra. Cada gênero é um tipo especial de construção e acabamento do todo, sendo que, repetimos, trata-se de um tipo de acabamento temático e essencial, e não convencional e composicional.

Veremos que os formalistas, ao colocarem os problemas do todo e do gênero, tocaram somente nas questões da conclusão composicional. Para eles, o autêntico acabamento temático permaneceu desconhecido. O problema da totalidade construtiva tridimensional, o tempo todo, foi substituído pela questão superficial da composição como distribuição das massas verbais e dos temas verbais, e, às vezes, simplesmente como massas verbais transmentais. Nesse terreno, o tema do gênero e do acabamento do gênero não podia ser, certamente, colocado e solucionado de modo produtivo.

A DUPLA ORIENTAÇÃO DO GÊNERO NA REALIDADE

A totalidade artística de qualquer tipo, isto é, de qualquer gênero, orienta-se na realidade de forma dupla, e as particularidades dessa dupla orientação determinam o tipo dessa totalidade, isto é, seu gênero.

Em primeiro lugar, a obra se orienta para os ouvintes e os receptores, e para determinadas condições de realização e de percepção. Em segundo lugar, a obra está orientada na vida, como se diz, de dentro, por meio de seu conteúdo temático. A seu modo, cada gênero está tematicamente orientado para a vida, para seus acontecimentos, problemas, e assim por diante.

Na primeira orientação, a obra entra em um espaço e tempo real: para ser lida em voz alta ou em silêncio, ligada à igreja, ao palco, ou ao teatro de variedades. Ela é uma parte das festividades ou simplesmente do lazer. Ela pressupõe um ou outro auditório de receptores ou leitores, esta ou aquela reação deles, esta ou aquela relação entre eles e o autor. A obra ocupa certo lugar na existência, está ligada ou próxima a alguma esfera ideológica.

Assim, por exemplo, a ode fazia parte de uma festividade civil, isto é, estava diretamente ligada à vida política e aos seus eventos; a lírica litúrgica podia fazer parte do culto religioso ou, em todo caso, estava próxima da religião, e assim por diante.

Desse modo, uma obra entra na vida e está em contato com os diferentes aspectos da realidade circundante mediante o processo de sua realização efetiva, como executada, ouvida, lida em determinado tempo, lugar e circunstâncias. Ela ocupa certo lugar, que é concedido pela vida, enquanto corpo sonoro real. Esse corpo está disposto entre as pessoas que estão organizadas de determinada forma. Essa orientação imediata da palavra como fato, mais exatamente como feito histórico na realidade circundante, determina toda a variedade de gêneros dramáticos, líricos e épicos.[1]

Porém, não é menos importante a determinação interna e temática dos gêneros.

Cada gênero é capaz de dominar somente determinados aspectos da realidade, ele possui certos princípios de seleção, determinadas formas de visão e de compreensão dessa realidade, certos graus na extensão de sua apreensão e na profundidade de penetração nela.

A UNIDADE TEMÁTICA DA OBRA

O que então seria a unidade temática da obra? Em qual plano essa unidade deve ser definida?

Tomachévski define a unidade temática da obra da seguinte maneira:

> Em sua expressão artística, as orações isoladas, ao se combinarem entre si de acordo com seu significado, resultam em alguma construção, cuja unidade ocorre por meio da união do pensamento ou do tema. O tema (do que se fala) é formado pela unidade dos significados dos elementos isolados das obras. Pode-se falar tanto do tema da obra integral quanto dos temas das partes isoladas. Cada obra escrita em uma língua dotada de significado possui um tema...
>
> Para que a construção verbal possa determinar uma obra unificada, ela deve possuir um tema unificador, que é revelado à medida em que a obra se desenvolve.[2]

Essa definição de unidade temática é bem típica.

Ao falar sobre a unidade temática, os formalistas a compreendem justamente assim. Um conceito análogo é dado por Jirmúnski em seu trabalho "As tarefas da poética".

A definição de Tomachévski nos parece totalmente errônea. É impossível construir a unidade temática de uma obra como se ela fosse uma combinação dos significados de suas palavras e de suas orações isoladas. Se assim o fizermos, o complicadíssimo problema da relação da palavra com o tema seria completamente distorcido. A compreensão linguística do sentido da palavra e da frase convém à palavra e à frase como tais, mas não ao tema. O tema não se forma, em absoluto, desses significados; ele constitui-se somente com sua ajuda, assim como com a ajuda de todos os elementos semânticos da língua, sem exceção. Dominamos o tema com a ajuda da língua, mas não devemos incluí-lo na língua, como se fosse um elemento dela.

O tema transcende sempre a língua. Mais do que isso, o tema não está direcionado para a palavra, tomada de forma isolada, nem para a frase e nem para o período, mas para o todo do enunciado como apresentação discursiva. O que domina o tema é justamente esse todo e suas formas, irredutíveis a quaisquer formas linguísticas. O tema de uma obra é o tema do todo do enunciado, considerado como determinado ato sócio-histórico. Por conseguinte, o tema é inseparável tanto do todo da situação do enunciado quanto dos elementos linguísticos.

Por isso, de modo algum, é possível colocar o tema no enunciado e trancá-lo como em uma caixa. Já o todo do significado dos elementos verbais da obra é somente um dos meios de se dominar o tema, mas não é o próprio tema. É possível falar dos temas das partes isoladas de uma obra, somente ao considerar essas partes como enunciados acabados e isolados, que se orientam na realidade de forma independente.

Porém, se o tema não coincide com a união dos significados dos elementos verbais da obra e não pode ser inserido em uma palavra como um de seus aspectos, esse fato resultará em uma série de importantíssimas conclusões metodológicas.

O tema já não pode ser comparado e analisado no mesmo plano do fonema, da sintaxe poética, e assim por diante, como é feito pelos formalistas e é sugerido por Jirmúnski. Dessa maneira, podem ser analisados apenas os significados das palavras e das orações, ou seja, a semântica como um dos aspectos do material verbal que participa da construção do tema, porém, o próprio tema, compreendido como o tema do enunciado integral, não pode ser assim analisado.

Adiante, fica evidente que as formas do todo, isto é, as formas do gênero, determinam substancialmente o tema. O tema realiza-se não por meio da frase, nem do período e nem por meio do conjunto de orações e períodos, mas por meio da novela, do romance, da peça lírica, do conto maravilhoso, e esses tipos de gênero, certamente, não obedecem a nenhuma determinação sintática. O conto maravilhoso, em si, não se forma, de modo algum, a partir das orações e dos períodos. Como consequência, a unidade temática da obra é inseparável de sua orientação original na realidade circundante, isto é, inseparável das circunstâncias espaciais e temporais.

Assim, entre a primeira e a segunda orientação da obra na realidade (orientação imediata a partir de fora e temática a partir de dentro), estabelece-se uma ligação e uma interdependência indissolúveis. Uma é determinada pela outra. A dupla orientação acaba por ser única, porém, bilateral.

A unidade temática da obra e seu lugar real na vida unem-se, de forma orgânica, na unidade dos gêneros. É no gênero que se realiza mais nitidamente aquela unidade entre a realidade efetiva da palavra e seu sentido, sobre o qual falamos no capítulo anterior. A compreensão da realidade realiza-se com a ajuda da palavra efetiva, palavra-enunciado. As formas determinadas da realidade da palavra estão ligadas a certas formas da realidade que a palavra ajuda a compreender. Na poesia, essa ligação é orgânica e multilateral, por isso, nela é possível um acabamento efetivo do enunciado. O gênero é a unidade orgânica entre o tema e o que está além dos seus limites.

O GÊNERO E A REALIDADE

Se abordarmos o gênero do ponto de vista da sua relação interna e temática com a realidade e sua formação, então, podemos dizer que cada gênero possui seus próprios meios de visão e de compreensão da realidade, que são acessíveis somente a ele. Assim como a arte gráfica é capaz de dominar aspectos da forma espacial que a pintura é incapaz de alcançar e vice-versa, igualmente, nas artes verbais, os gêneros líricos, para dar um exemplo, possuem meios de atribuir forma conceitual à realidade e à vida que são inacessíveis ou menos acessíveis à novela ou ao drama. Os gêneros dramáticos, por sua vez, possuem meios de ver e mostrar tais aspectos do caráter e do destino humano que não podem ser revelados e analisados, pelo menos com tanta clareza, com os meios do romance. Cada um dos gêneros efetivamente essenciais é um complexo sistema de meios e métodos de domínio consciente e de acabamento da realidade.

Existe um conceito antigo e, em geral, correto segundo o qual o homem toma consciência e compreende a realidade com a ajuda da língua. De fato, fora da palavra é impossível uma consciência ideológica minimamente clara. No processo de refração da existência por meio da consciência, a língua e as suas formas possuem um papel fundamental.

Entretanto, esse conceito precisa de um complemento essencial. Não é possível dar consciência e compreender a realidade com a ajuda da língua e de suas formas em um sentido estritamente linguístico. São as formas do enunciado, e não da língua, que desempenham o papel essencial na tomada de consciência e na compreensão da realidade. Quando se diz que pensamos com palavras, que no processo de vivência, de visão, de compreensão, existe um fluxo de discurso interior, não se compreende o que isso significa. Pois não pensamos com palavras ou frases, e estas não constituem o fluxo do discurso interior.

Pensamos e compreendemos por meio de conjuntos que formam uma unidade: os enunciados. Já o enunciado, como sabemos, não pode ser compreendido como um todo linguístico, e suas formas não são sintáticas.

Esses atos de orientação do homem na realidade, que são interiores, íntegros e expressos de modo material, assim como as formas desses atos, são extremamente importantes. É possível dizer que a consciência humana possui uma série de gêneros interiores que servem para ver e compreender a realidade. Dependendo do meio ideológico, uma consciência é mais rica em gêneros, enquanto outra é mais pobre.

A literatura ocupa um lugar importante nesse meio ideológico. Assim como as artes plásticas ensinam o nosso olhar a ver, aprofundam e ampliam a área de visão, da mesma forma os gêneros literários bem consolidados enriquecem nosso discurso interior com os novos procedimentos de tomar consciência e compreender a realidade.

É verdade que nossa consciência, nesse caso, se abstrai das funções finalizadoras do gênero: para ela é importante não finalizar, mas, sim, compreender. A compreensão finalizadora da realidade fora da arte é uma estetização vulgar e injustificada.

É impossível separar o processo de visão e de compreensão da realidade do processo da sua encarnação artística dentro das formas de determinado gênero. Seria ingênuo considerar que, nas artes plásticas, o homem primeiro vê e depois retrata o que viu, inserindo sua visão no plano do quadro com a ajuda de determinados meios técnicos. Na verdade, a visão e a representação geralmente fundem-se. Novos meios de representação forçam-nos a ver novos aspectos da realidade, assim como estes não podem ser compreendidos e introduzidos, de modo essencial, no nosso horizonte sem os novos recursos de sua fixação. A ligação entre eles é inseparável.

O mesmo acontece na literatura. O artista deve aprender a ver a realidade com os olhos do gênero. É possível entender determinados aspectos da realidade apenas na relação com determinados meios de sua expressão. Por outro lado, os meios de expressão podem ser aplicados somente a certos aspectos da realidade. O artista não encaixa um material previamente dado no plano preexistente da obra. O plano da obra lhe serve para revelar, ver, compreender e selecionar o material.

A capacidade de encontrar e de capturar a unidade de um pequeno acontecimento anedótico da vida pressupõe, até certo grau, a capacidade de elaborar e contar a anedota, e, em todo caso, presume uma orientação para os meios de organização do material em forma de anedota. Por outro lado, esses meios não podem ser compreendidos se a vida não possuir um aspecto essencialmente anedótico.

Para criar um romance é necessário ver a vida de um modo que ela possa tornar-se uma história [*fabula*] de romance, é necessário aprender a ver, em larga escala, as novas ligações e direções da vida que são mais profundas e mais amplas. Existe um abismo entre a capacidade de capturar a unidade isolada de uma situação cotidiana ocasional e a capacidade de compreender a unidade e a lógica interior de uma época inteira. Pela mesma razão, há um abismo entre a anedota e o romance. Porém, o domínio da época em seus diferentes aspectos – familiar e cotidiano, social ou psicológico – acontece em uma ligação ininterrupta com os meios de sua representação, isto é, com as principais possibilidades de construção do gênero.

A lógica da construção do romance permite dominar a lógica peculiar de novos aspectos da realidade. O artista consegue ver a vida de um modo que ela caiba, de maneira essencial e orgânica, no plano da obra. O cientista vê a vida diferentemente, ou seja, do ponto de vista dos meios e métodos para dominá-la. Por isso, ele é capaz de alcançar outros aspectos e ligações da vida.

Desse modo, a realidade do gênero e a realidade que o gênero pode alcançar estão organicamente ligadas. Porém, vimos que a realidade do gênero é a realidade social de sua realização no processo da comunicação social. Dessa forma, o gênero é um conjunto de meios de orientação coletiva na realidade, dirigido para seu acabamento. Essa orientação é capaz de compreender novos aspectos da realidade. A compreensão da realidade desenvolve-se e origina-se no processo da comunicação social ideológica. Por isso, uma autêntica poética do gênero pode ser apenas uma sociologia do gênero.

Uma crítica à teoria formalista dos gêneros

O que fazem, então, os formalistas ao abordarem o problema do gênero?

Eles o separam dos dois polos reais entre os quais o gênero se localiza e se define. Eles separam a obra tanto da realidade da comunicação social quanto do domínio temático da realidade. Eles fazem do gênero uma combinação fortuita de procedimentos ocasionais.

Nessa relação são extremamente característicos os trabalhos de Chklóvski *Stroénie rasskáza i romána* ("A construção do conto e do romance") e *Kak sdiélan Don-Kikhot* ("Como foi feito 'Dom Quixote'").

> A coletânea de novelas [escreve Chklóvski] foi a precursora do romance moderno: isso pode ser dito, embora não possamos afirmar que haja entre eles uma ligação de causa e efeito, mas simplesmente como fato cronológico.
> As coletâneas de novelas faziam normalmente com que suas partes isoladas tivessem ao menos uma ligação formal. Esse feito alcançava-se porque as novelas isoladas eram introduzidas como partes de uma novela que as emoldurava.[3]

Em seguida, Chklóvski estabelece alguns modos de emoldurar. Ele considera o *Decamerão* o tipo clássico europeu de emoldurar por ter como motivação a narração em nome da narração.

A diferença entre o *Decamerão* e o romance europeu do século XVIII consiste apenas no fato de que os episódios da coletânea não são interligados por meio da união das personagens. Já a personagem, na compreensão de Chklóvski, é uma carta do jogo que torna possível a manifestação da forma do enredo. Assim é, por exemplo, Gil Blas, que Chklóvski compara a um fio para o enfileiramento [*nanízyvanie*] dos episódios do romance.

Chklóvski considera o enfileiramento como outro procedimento de unir as novelas em um romance. A história posterior do romance, de acordo com Chklóvski, resume-se apenas a uma união de novelas mais sólida, porém, igualmente superficial.

Em geral, é possível dizer [conclui ele] que, na história do romance, tanto o procedimento de emoldurar quanto o procedimento de enfileirar desenvolvem-se no sentido da introdução, de forma cada vez mais orgânica, do material intercalado no próprio corpo do romance.[4]

Chklóvski analisa *Dom Quixote* desse ponto de vista.

Todo esse romance resulta tão somente na união, por meio do emoldurar e do enfileirar, de fragmentos de material que são diferentes e internamente alheios entre si: novelas, discursos de Dom Quixote, cenas cotidianas, e assim por diante.

De acordo com Chklóvski, a própria imagem da personagem Dom Quixote é apenas o resultado mecânico da construção do romance.

Apresentamos suas próprias conclusões:

> 1. A tarefa primordial do autor não foi o tipo de Dom Quixote tão glorificado por Heine e explorado por Turguêniev.[1] Esse tipo é o resultado da construção do romance, assim como frequentemente o mecanismo de reprodução cria novas formas na poesia.
>
> 2. No meio do romance, Cervantes já compreendeu que imprimiu uma duplicidade em Dom Quixote, ao sobrecarregá-lo com sua sabedoria; e, então, ele usou ou começou a usar esse fato para os seus objetivos artísticos.[5]

Toda essa construção ignora a organicidade do gênero romance.

Para qualquer leitor sem preconceito torna-se claro que a unidade do romance analisado não é, de forma alguma, alcançada por meio dos procedimentos de enfileirar e de emoldurar. Porém, se nos abstrairmos desses procedimentos, bem como das motivações de introdução do material, mesmo assim sobrará a impressão de que o mundo desse romance possui uma união interna.

Essa união é criada não por meio dos procedimentos externos como os entende Chklóvski, mas, pelo contrário, os procedimentos externos são consequências dessa junção e da necessidade de inseri-la no plano da obra.

Nesse caso, realmente acontece uma luta pelo novo gênero. O romance ainda se encontra no estágio da sua constituição. Porém, já estão presentes uma nova visão e uma nova compreensão da realidade, bem como um novo conceito de gênero.

O gênero lança uma luz sobre a realidade, enquanto a realidade ilumina o gênero.

Se no horizonte do artista não tivesse surgido essa união de vida, que, por princípio, não podia ser introduzida nos moldes da novela, ele ficaria limitado à novela

---

[1] N. T.: Ele refere-se ao ensaio de Turguêniev "Hamlet and Don Quixote" (1860).

ou a uma coletânea de novelas. Nenhuma combinação externa de novelas é capaz de substituir a união interna da realidade, adequada a um romance.

Do ponto de vista composicional, as novelas em *Dom Quixote* não estão muitas vezes bem ligadas entre si. Porém, nesses casos, tornou-se especialmente evidente que o novo conceito da realidade não cabia dentro dos moldes do gênero novela. Em todo lugar, podem ser percebidas algumas ligações e inter-relações que rompem a novela e que a forçam a obedecer à unidade superior da obra.

Essas ligações somam-se na unidade da época, e não na do acontecimento cotidiano, que cabe nos moldes da novela. Assim como a unidade da vida social da época não pode ser obtida por meio da soma de alguns episódios e situações cotidianos, não se chega à unidade do romance por meio do enfileiramento de novelas.

O romance revela um aspecto qualitativamente novo da realidade em seu tema, aspecto relacionado com a nova e também qualitativa construção da realidade enquanto gênero da obra.

O PROBLEMA DO PROTAGONISTA

Passemos para a teoria do protagonista.

O modo como V. Chklóvski compreendia a imagem de Dom Quixote é típico de todo o formalismo.

Eis como Tomachévski define suas funções construtivas:

> O protagonista não é, de forma alguma, um elemento necessário da fabulação. A fabulação como sistema de motivos pode ficar totalmente sem o protagonista e sua caracterização. O protagonista é o resultado da formalização do material do enredo e serve, por um lado, como um meio de enfileiramento dos motivos e, por outro, como uma espécie de motivação encarnada e personificada da ligação dos motivos.[6]

Dessa forma, o protagonista revela-se apenas como um dos elementos da construção composicional e, ainda por cima, concebida externamente.

Entretanto, o protagonista só poderá realizar as funções composicionais se ele for um elemento temático. Está claro que esse significado temático do protagonista é diferente em cada gênero. Em particular, no romance *Gil Blas* as definições do caráter do protagonista são pouco significativas. O próprio gênero desse romance, no sentido do conjunto dos meios de visão e da compreensão da realidade, não é direcionado para o ser humano, mas para o desenvolvimento da aventura.

E, mesmo nesse caso, o protagonista não serve como um fio para o enfileiramento de episódios. Mesmo assim, todos esses episódios se unem na unidade essencial de uma vida, vivida por um único e mesmo protagonista. A unidade do protagonista é tematicamente necessária nesse romance picaresco, assim como nos romances de aventura. No entanto, não se trata de uma unidade de caracterização.

Já com *Dom Quixote* é diferente. Não é em vão que ele foi "glorificado por Heine e explorado por Turguênev". É possível discordar da concreta análise temática dessa personagem. Ela, assim como todas as interpretações das imagens artísticas, é relativa e condicional.

Porém, é importante o fato em si de que essas interpretações sejam possíveis e necessárias. Ele nos diz que esse protagonista carrega dentro da obra as funções temáticas mais profundas.

De acordo com a interpretação de Chklóvski, Cervantes precisava, inicialmente, apenas da loucura de Dom Quixote ou, mais precisamente, da sua tolice para motivar uma série de aventuras. Posteriormente, o autor passou a utilizar essa personagem como motivação para a introdução da suas próprias ideias, que estavam longe de ser tolas, e, muitas vezes, eram até muito especiais. Como resultado, Dom Quixote é simultaneamente uma motivação tanto dos atos insanos quanto dos discursos inteligentes. De acordo com Chklóvski, Cervantes passou a utilizar de modo consciente essa característica de Dom Quixote, que havia surgido involuntariamente.

Nesse raciocínio está presente uma hipótese sobre a gênese do romance que é totalmente infundada. Chklóvski não apresentou quaisquer provas reais para sustentar esse tipo de compreensão da ideia inicial do autor e da suas alterações posteriores. Ele simplesmente atribuiu a Cervantes suas próprias invenções.

Entretanto, não é isso que nos importa.

Independentemente de qual seja a gênese do romance e do seu herói, está totalmente claro o significado verdadeiro e construtivo da imagem de Dom Quixote no romance, não necessitando de nenhum tipo de suposições genéticas.

Ao mesmo tempo, essa imagem não serve como motivação para o que quer que seja – nem para os discursos inteligentes nem para as aventuras insanas. Essa imagem é valiosa por si mesma, assim como todos os elementos essenciais e construtivos da obra.

Como tal, essa imagem se opõe à de Sancho, e esse par implementa a principal concepção temática do romance: aquele conflito ideológico e aquela contradição interna no horizonte ideológico da época que foram encarnados nesse romance.

As aventuras e os discursos de Dom Quixote, como também as aventuras e as falas do seu escudeiro, estão subordinadas a esse conflito.

Aquelas novelas introduzidas de forma bastante abundante no romance, que não estão diretamente relacionadas nem com Dom Quixote nem com Sancho, também estão subordinadas a esse conflito.

Essa interna unidade temática do romance ajuda a esquecer algumas das suas externas imperfeições composicionais.

Tema, fabulação e enredo

Agora, no que se refere à unidade temática e sua realização no gênero revelada por nós, torna-se clara a significação verdadeiramente construtiva da fabulação e do enredo.

A fabulação (onde ela está presente) caracteriza o gênero do ponto de vista de sua orientação temática na realidade. O enredo caracteriza a mesma coisa, porém, do ponto de vista da realidade objetiva do gênero em processo da sua realização social. É impossível, e nem é útil, traçar entre eles uma fronteira mais ou menos definida. A orientação para o enredo, ou seja, para um desenvolvimento real da obra, é necessária apenas para dominar a fabulação. Com os olhos do enredo, vemos a fabulação até na vida.

Ao mesmo tempo não existe um enredo que seja indiferente à importância da fabulação na vida.

Dessa forma, a fabulação e o enredo são na essência um único elemento construtivo da obra. A fabulação é o elemento que tende à unidade temática da realidade em processo de acabamento, enquanto o enredo tende ao acabamento da realidade da obra.

Cada elemento da estrutura artística encontra-se em uma posição semelhante. Assim, o protagonista pode ser definido na unidade temática da obra, porém suas funções composicionais também podem ser definidas no processo de desenvolvimento real da obra. As funções temáticas e composicionais do protagonista estão nele inseparavelmente fundidas: ele pode entrar na obra apenas como protagonista de um acontecimento da vida. Por outro lado, é possível ver e compreender certos aspectos da realidade da vida do protagonista apenas por meio do seu papel potencial na unidade artística da obra (e, consequentemente, do seu papel composicional).

Assim, um artista consegue ver o homem do ponto de vista de suas potenciais funções artísticas, ou seja, consegue encontrar um protagonista na vida. As definições cognitivas e as avaliações éticas são apresentadas em uma combinação química com a forma artística finalizadora nessa visão de homem como um protagonista potencial.

Se o protagonista pudesse ser esgotado por meio das suas funções composicionais, seria impossível percebê-lo fora do plano da obra – na vida. Tampouco seria possível a imitação do protagonista literário na vida. Entretanto, os casos dessa influência da literatura sobre a vida são inquestionáveis. Os protagonistas de Byron surgiam na vida cotidiana e eram reconhecidos e percebidos por todos como tais.

Mais do que isso, é possível transformar a própria vida em uma fabulação artística, ou seja, viver fabulisticamente. Porém, esses protagonistas sem obra e as fabulações sem enredo real são criações estranhas. Pois essas criações não adquirem a realidade da vida, uma vez que é forte demais a orientação para a obra e, portanto, para a finalização, que é estranha à vida. Essas criações sequer adquirem a realidade artística, já que essa é a realidade da obra realizada na palavra. O tema artístico separado dessa realidade objetiva da obra é uma espécie de antípoda à palavra transmental isolada da realidade temática.

Além da fabulação, do enredo, do protagonista (e, é claro, dos elementos da fabulação-enredo), o problema temático possui um significado construtivo muito importante. E esse problema pode ser compreendido tanto no sentido da unidade temática quanto no sentido da realização efetiva da obra (as funções composicionais do problema). Qualquer problema cognitivo fora da arte pode ser analisado por meio da orientação para sua possível realização no plano da obra artística. Esse é um fenômeno bastante comum na filosofia. As construções filosóficas como as de Nietzsche, de Schopenhauer etc., possuem caráter semiartístico. Nesses filósofos, o problema torna-se um tema dotado das funções composicionais no plano da realização verbal efetiva das suas obras.

Disso decorre sua profunda perfeição artística. Por outro lado, no romance, onde o problema temático, na maioria dos casos, possui uma enorme significação, fenômenos opostos podem acontecer: o problema pode decompor a integridade artística da obra, quebrar seu plano, adquirindo um significado puramente cognitivo sem qualquer orientação para a finalização. Assim, surgem as formações híbridas, análogas aos filosofemas artísticos.

Aqui, não abordamos outros elementos construtivos como, por exemplo, o tema lírico. Excluímos completamente da nossa análise as questões do ritmo (poético e prosaico), as questões do estilo, e assim por diante. A orientação metodológica na solução de todas essas questões permanece a mesma; já para nós, são importantes apenas os caminhos de construção da poética sociológica, e não a solução concreta de suas tarefas.

Em todo caso, encontraremos a mesma combinação química da definição cognitiva, da avaliação ética e da forma artística finalizadora em qualquer elemento da estrutura poética, em cada metáfora, em cada epíteto. Todo epíteto ocupa um lugar na realização efetiva da obra, soa nela e, ao mesmo tempo, é direcionado à unidade temática por ser uma definição artística da realidade.

Seria útil olharmos, depois da exposição do nosso ponto de vista, para a divisão habitual da obra artística em forma e conteúdo. Essa terminologia pode ser aceita apenas com a condição de que forma e conteúdo sejam concebidos como limites entre os quais se situa cada um dos elementos da construção artística. Então, o conteúdo corresponderá à unidade temática (no seu limite); enquanto a forma corresponderá à realização efetiva da obra. Porém, é preciso ter em vista que cada elemento separado da obra é uma ligação química entre a forma e o conteúdo. Não existe conteúdo sem forma, como também não existe forma sem conteúdo. A avaliação social é aquele denominador comum ao qual se reduzem o conteúdo e a forma em cada elemento da construção.

Conclusões

Resta-nos tirar algumas conclusões.

Na nossa análise da visão dos formalistas sobre o gênero e seus elementos construtivos, sobressai com clareza a tendência dominante a entender a arte como uma recombinação de elementos previamente dados. Um novo gênero constitui-se a partir dos gêneros existentes; em cada um dos gêneros acontecem reagrupamentos dos elementos previamente dados. Tudo está dado para o artista, resta-lhe apenas combinar de modo novo o material já existente. A fabulação é dada e resta apenas combinar por meio dela o enredo. Mas também os procedimentos do enredo já existem e só é necessária sua reorganização. O protagonista está dado, é necessário apenas enfileirar nele os motivos preexistentes.

Toda a primeira parte do trabalho de Chklóvski "Como é feito 'Dom Quixote'" é dedicada à análise das motivações para a introdução dos discursos de Dom Quixote (em parte, também de Sancho e dos outros personagens), que ocupam, como sabemos, um lugar significativo nesse romance. Porém, se Cervantes introduziu esses discursos no romance, isso não foi feito para dar motivação a eles; pelo contrário, a motivação, de acordo com Chklóvski, serve para introduzir os discursos. É evidente que a energia criativa do autor foi direcionada para a criação dos próprios discursos e não para motivar sua introdução. Com a ajuda de quais procedimentos foram criados os discursos? Qual é o significado do seu conteúdo no romance? Chklóvski nem sequer coloca essas questões. Para ele são elementos preexistentes. Ele procura a criação artística apenas na combinação desses elementos.

Os formalistas assumem que todo o trabalho elementar e básico de criação da visão e compreensão artística da vida já foi feito, ou seja, eles pressupõem como existente a fabulação, o protagonista e o problema. Ao ignorar o conteúdo interior desse material preexistente, interessam-se apenas por sua disposição externa e composicional no plano da obra. Porém, até mesmo esse plano é separado das condições sociais reais da sua realização. No plano da obra, acontece um jogo vazio com o material introduzido, totalmente indiferente em relação ao seu significado. Chklóvski mostrou isso muito bem.

> Permito-me [diz ele] fazer uma comparação. As ações de uma obra literária realizam-se em um determinado campo, às peças do xadrez irão corresponder tipos: as máscaras e os papéis do teatro moderno. Os enredos correspondem aos gambitos, ou seja, às jogadas clássicas desse jogo que os jogadores usam em diferentes variações. A tarefas e as peripécias correspondem às jogadas do adversário.[7]

De modo involuntário, surge uma pergunta: por que não substituir, de uma vez por todas, todo o material por peças prontas e convencionais, como no xadrez? Para que gastar tanta energia na criação material? Veremos que nos trabalhos histórico-literários os formalistas aproximam-se (na medida do possível) da solução mais radical dessa questão. Eles analisam, de forma consistente, todo o material como composto por um número limitado de determinados elementos que permanece invariável no decorrer do processo histórico do desenvolvimento da literatura (pois não há impulsos para a introdução do material de fora ou para a criação de um novo material). Esses elementos são apenas distribuídos ou combinados de modo diferente de acordo com obras e escolas diferentes. Apenas nos últimos tempos iniciou-se uma revisão, que não pode ir longe, dessa teoria absurda. Para ser realmente produtiva, ela deve iniciar-se a partir da fundação do edifício formalista, ou seja, a partir dos pontos básicos da sua poética por nós analisados.

NOTAS

[1] Esse aspecto do gênero foi apresentado na teoria de A. N. Vesselóvski. Ele explicou alguns dos elementos da construção artística, por exemplo, as repetições épicas, o paralelismo rítmico, a partir das condições do acontecimento social em que a obra se realiza. Ele levou em conta o lugar que uma obra ocupa no espaço e no tempo real. No entanto, esse aspecto de sua teoria ficou inacabado.

[2] *Teóriia literatúry* ("Teoria da literatura"), p. 131. Esse livro não pode ser chamado formalista no sentido estrito da palavra. Seu autor distanciou-se em muito do formalismo. No seu trabalho, ele revisa posições bastante importantes do método formal. Contudo, os hábitos formalistas de pensamento ainda estão muito fortes, e ele não abandonou muitas premissas fundamentais do método formal.

[3] *Teóriia prozy* ("Teoria da prosa"), p. 64.

[4] Idem, p. 69.

[5] Idem, p. 77.

[6] *Teóriia literatúry* ("Teoria da literatura"), 3. ed., p. 154.

[7] *Teóriia prozy* ("Teoria da prosa"), p. 50.

QUARTA PARTE

O MÉTODO FORMAL NA HISTÓRIA DA LITERATURA

CAPÍTULO PRIMEIRO

A obra de arte como um dado externo à consciência

A EXTERIORIDADE DA OBRA ARTÍSTICA EM RELAÇÃO AO HORIZONTE IDEOLÓGICO NA DOUTRINA DO FORMALISMO

Os formalistas insistem em afirmar que estudam uma obra literária como um dado objetivo independente da consciência e da psique subjetivas do criador e dos receptores. Por isso, a história da literatura, para eles, é uma história das obras e daqueles grupos objetivos: tendências, escolas, estilos, gêneros, que organizam essas obras de acordo com suas características internas e imanentes.

Considerando que esse postulado dos formalistas está direcionado contra a estética psicológica e a interpretação subjetiva, psicológica e ingênua da obra artística tomada como expressão do mundo interior, da "alma" do artista, a tese dos formalistas é bastante aceitável.

De fato, os métodos subjetivos e psicológicos são totalmente inadmissíveis na poética e na história da literatura.

Obviamente, isso não significa que se pode ignorar a consciência individual. Isso quer dizer apenas que ela deve ser tomada em suas manifestações objetivas. A consciência individual é um fator que deve ser calculado e estudado apenas na medida em que ela se manifesta em determinados aspectos do trabalho, da ação, da palavra, do gesto, e assim por diante, ou seja, conforme a consciência individual aparece expressa materialmente de forma objetiva. Nesse sentido, o caráter objetivo do método deve ser mantido até o fim.

Entretanto, a tese dos formalistas não se reduz, de forma alguma, a essa negação legítima do psicologismo subjetivo nos estudos literários.

Separando a obra da consciência subjetiva e da psique, eles, ao mesmo tempo, a separam do ambiente ideológico em geral, bem como da comunicação social objetiva. A obra aparece separada tanto da realização efetiva social quanto de todo o mundo sociológico.

O fato é que os formalistas, ao criticarem a estética psicológica e a compreensão idealista da consciência, assimilaram ao mesmo tempo os principais defeitos metodológicos dessas tendências. Assim como os idealistas e psicologistas, os formalistas projetaram tudo o que é ideologicamente significativo para a consciência individual e subjetiva. A ideia, a avaliação, a visão de mundo, o humor etc., tudo isso era por eles também considerado como o conteúdo da consciência subjetiva, "do mundo interior" e da "alma". Ao rejeitarem a consciência subjetiva, os formalistas recusaram todos esses conteúdos ideológicos que lhes foram erroneamente atribuídos. Como resultado, a obra ficava em um vazio ideológico total. A objetividade era comprada à custa do sentido.

Porém, na verdade, todos esses conteúdos da consciência podem ser apresentados tão objetivamente quanto as obras de arte.

A objetividade que os formalistas atribuem à literatura pode ser estendida, pelo mesmo motivo, para todas as significações ideológicas sem exceção, por mais insignificantes e breves que sejam suas manifestações externas. Pois a expressão mais primitiva da sua avaliação (emoção) em um enunciado ou até mesmo em um gesto é um fato tão "externo" à consciência quanto a obra literária, embora seu significado e sua influência na totalidade do ambiente ideológico sejam muito pequenos.

Trata-se, portanto, da contraposição de uma formação ideológica, a literatura, a outras formações ideológicas: éticas, cognitivas e religiosas, ou seja, da contraposição de vários momentos do meio material ideologicamente objetivado, e não da contraposição da literatura à psique subjetiva.

> Os amantes da biografia [diz Eikhenbáum] ficam perplexos diante das "contradições" entre a vida de Nekrássov[1] e sua poesia. Não é possível apagar essa contradição, mas ela não só é legítima como totalmente necessária justamente porque a "alma" ou o "temperamento" é uma coisa enquanto a obra é algo totalmente diferente.[1]

---

[1] N. T.: N. A. Nekrássov (1821-1878), poeta e escritor russo que defendia em sua obra as classes sociais oprimidas, porém, na vida pessoal, jogava cartas e bebia em exagero.

Essa afirmação de Eikhenbáum é muito característica.

Se admitirmos que a vida é uma coisa enquanto a obra é algo totalmente diferente, disso não procede a legitimidade e a necessidade de haver uma contradição entre elas. Os assuntos totalmente diferentes justamente não podem, de forma alguma, contradizer um a outro. A contradição é possível apenas quando dois fenômenos se unem em um plano e estão subordinados a uma unidade superior. Quando não há unidade semântica nem remissão a um mesmo sentido, não pode haver contradição.

Dessa forma, onde há contradição é possível também coerência.

Se entre a vida e a arte existe uma contradição, disso certamente procede que não são apenas coisas diferentes, mas fenômenos que se encontram no mesmo plano e que, portanto, podem colidir. De fato, a vida e a arte pertencem à unidade do mundo ideológico e, entre elas, os conflitos são possíveis e às vezes até mesmo necessários.

Em seguida, é totalmente inadmissível a identificação da vida com a "alma" ou o "temperamento". Isso é tão errado como a identificação da criação artística com a "alma" ou o "temperamento", que Eikhenbáum renega com toda a razão.

Quando falam da contradição entre a vida de Nekrássov e sua obra, compreendem a vida como todo o conjunto de suas objetivações: sua atividade de revisor e empresário do ramo editorial, seu engajamento social e de classe por meio de atitudes e feitos prático-cotidianos e, por fim, uma série de suas manifestações íntimas e pessoais. Todas essas objetivações são comparadas às objetivações poéticas na unidade do meio sociológico, e, entre elas, nesse caso, é encontrada a contradição.

É claro que não tocamos na questão de quão real era essa contradição, se era profunda ou não e quais eram seus motivos etc. Interessa-nos apenas mostrar a legitimidade metodológica da própria comparação entre vida e obra.

Apesar de o próprio conceito de "vida" ser amplo e indefinido demais, nesse contexto, em todo caso, torna-se claro que a vida é compreendida como uma série de objetivações: éticas, cotidianas e práticas, socioeconômicas e filosóficas, que, em sua essência, são tão objetivas quanto as objetivações poéticas de Nekrássov, embora não possuam todo esse significado histórico.

Eikhenbáum continua da seguinte forma: "O papel escolhido por Nekrássov foi sugerido pela história e foi recebido como um feito histórico. Ele desempenhou seu papel na peça criada pela história e o fez com a 'sinceridade' de um ator."[2]

Eikhenbáum reduz a atividade poética de Nekrássov à categoria de um feito histórico. Porém, a atuação de Nekrássov como editor, suas especulações comerciais, sua orientação socioeconômica nos assuntos financeiros etc., podem ser reduzidos à mesma categoria. Aqui não se trata da dimensão de um feito histórico nem do grau de sua importância, mas de seu conteúdo. Uma vez que a categoria de feito histórico existe, nela é incluída não apenas a atividade poética, mas também todas as outras objetivações dessa pessoa, entre as quais pode haver contradições.

Se Eikhenbáum chama a atividade poética de "papel criado pela história", então, podemos atribuir, com o mesmo direito, esse mesmo papel a todos os outros aspectos da atividade de Nekrássov. E se a objetivação poética do homem for igualada à sinceridade da objetivação de um ator no palco, então, com o mesmo direito, deveremos fazer isso com cada uma das outras objetivações do ser humano: cognitiva, filosófica, da vida, e assim por diante.

Dessa forma, todas as objetivações do ser humano pertencem, sem exceção, a um único mundo da realidade sócio-histórica e, portanto, encontram-se em mútua interação e podem entrar em contradições ou consonâncias.

Não existe fundamento algum para construir entre elas uma muralha da China. Do fato de que a vida e a literatura são matérias diferentes apenas se conclui que uma não é a outra, mas de forma alguma que entre elas não pode haver nenhuma interação. Pelo contrário, a diferença entre esses dois fenômenos é uma das condições necessárias para sua interação. Apenas o diferente é capaz de interagir.

O trecho seguinte do trabalho de Eikhenbáum "Como foi feito 'O capote' de Gógol" não é menos significativo. Ao analisar a famosa "passagem humanitária" de "O capote" como um procedimento grotesco ("Eu sou seu irmão..."), Eikhenbáum diz:

> Partindo da consideração fundamental de que nenhuma frase de uma obra literária por si só pode ser um simples "reflexo" dos sentimentos pessoais do autor e de que sempre existe uma construção e um jogo, não podemos e nem temos direito algum de ver nesse trecho mais do que determinado procedimento artístico. A tradição de identificar uma consideração isolada com o conteúdo psicológico da alma do autor é um caminho falso para a ciência. Nesse sentido, a alma do artista, assim como de uma pessoa que vive diferentes sentimentos, sempre permanece e deve permanecer fora dos limites da sua criação. Uma obra literária sempre é algo feito, acabado, inventado, não apenas artístico como também artificial no bom sentido dessa palavra, e, por esse motivo, nela não há e não pode haver lugar para uma reflexão de empiria espiritual.[3]

Todo esse raciocínio é extremamente típico para a compreensão formalista da objetividade na obra literária e da sua exterioridade em relação à consciência subjetiva.

Desse modo, a exterioridade em relação ao todo do horizonte ideológico é apresentada constantemente e da forma a mais ingênua como se fosse a exterioridade em relação à psique subjetiva. Pois a "passagem humanitária" em "O capote" é tratada e compreendida por todos enquanto uma objetivação social e ética e um "sermão". Ao considerá-la uma intromissão da alma e uma reflexão dos sentimentos pessoais do autor, será também necessário reduzir a essa categoria a objetivação estética na compreensão de Eikhenbáum, ou seja, como um procedimento grotesco.

É assim que agirá um psicólogo. Ele pode admitir (e isso, de forma alguma, contradiz a sua orientação psicológica) que, nesse caso, realmente existe um procedimento artístico convencional e não um apelo ético. Porém, ele explicará esse procedimento artístico por meio dos mecanismos subjetivos e psicológicos, assim como o fará com o apelo ético.

Se separarmos a literatura da "alma", então, também teremos que fazer o mesmo com o sermão ético e a "alma". Por ser uma determinada objetivação ideológica, esse sermão não é menos objetivo e, assim como a própria obra literária, não pode ser submetido às explicações subjetivas e psicológicas. Porém, se tivermos que procurar a "alma", onde faremos isso a não ser nas obras literárias?

Foi assim que sempre procederam todos que têm tendência ao psicologismo. Entretanto, se aplicarmos o método objetivo, o mesmo deve ser feito em todas as áreas da criação ideológica, sem exceção.

No caso analisado por nós, não se trata de intromissão da "alma" nem da reflexão da empiria espiritual, mas da introdução da avaliação ética e social direta na obra artística. Já sabemos que essa avaliação, assim como o problema cognitivo, faz parte da construção poética sem perder sua singularidade e seriedade e sem prejudicar de modo algum a própria construção poética. No nosso caso, o *pathos* ético é dado em uma ligação química com o acabamento artístico finalizador. Excluir o momento ético da construção artística de "O capote" significa não compreender essa construção.

Os formalistas procedem sempre desse modo: ao excluir a "alma", eles, na verdade, retiram da obra tudo o que tem significado ideológico. Como resultado, a obra não aparece como um dado externo à consciência subjetiva, mas como externa ao mundo ideológico.

A TEORIA DA PERCEPÇÃO DOS FORMALISTAS

No que diz respeito ao subjetivismo psicológico, os formalistas não conseguiram superá-lo. Pelo contrário, toda a literatura, separada do mundo ideológico, transformou-se, para os formalistas, em uma espécie de estimulador de estados e sensações psicofísicos relativos e subjetivos.

A base de sua teoria – desautomatização, perceptibilidade da construção etc. – pressupõe justamente uma consciência subjetiva perceptora.

Mais do que isso, a teoria dos formalistas, em seus aspectos essenciais, reduz-se a uma psicotécnica singular de percepção artística, ou seja, à revelação daquelas condições gerais psicotécnicas com as quais a construção artística em geral pode ser percebida.

Havíamos, em outro contexto, criticado a teoria dos formalistas quanto à forma propositalmente dificultada, quanto à desautomatização, e assim por diante. Aqui, é necessário deter-se nos mesmos conceitos em relação à teoria da percepção dos formalistas, uma vez que essa teoria se encontra na base da sua compreensão do processo histórico do desenvolvimento literário.

O conceito de "perceptibilidade", tal como havíamos visto, é totalmente vazio. O que exatamente deve ser percebido nem é conhecido. O material ideológico como tal não deve ser percebido e nem mesmo o procedimento pode servir como conteúdo da percepção, já que ele próprio reduz-se ao objetivo de criar a perceptibilidade. Desse modo, a própria perceptibilidade como tal, totalmente indiferente àquilo que é percebido, torna-se um único conteúdo da percepção artística e a obra transforma-se em um aparelho de estimulação dessa perceptibilidade. É claro que sob essa condição a percepção torna-se totalmente subjetiva e dependente de uma séria de circunstâncias e condições ocasionais. Ela expressará o estado subjetivo da consciência, e não o dado objetivo da obra.

Parece-nos que Jirmúnski tem basicamente toda a razão ao afirmar o seguinte:

> [...] Parece-me que o princípio de distanciamento dos padrões existentes, "o procedimento de estranhamento" e "o procedimento da forma propositalmente dificultada", longe de constituírem um fator organizador e propulsor no desenvolvimento da arte, representam apenas uma característica secundária que reflete a evolução da consciência dos leitores atrasados em suas exigências em relação à arte. O *Goetz* de Goethe parecia difícil, incompreensível e estranho não aos admiradores de Shakespeare do Círculo dos "gênios do *Sturm und Drang*", mas para o leitor educado pela tragédia francesa e pela prática dramática de Gottsched e Lessing; para o próprio Goethe, ele não era uma forma "retardada" e "difícil" determinada pelo contraste com algo convencional, mas uma expressão simples e absolutamente adequada das suas preferências e da sua visão de mundo artística [...] As metáforas de A. Blok ou o ritmo de Maiakóvski produzem realmente uma sensação de um discurso poético "retardado" e "torto", porém, apenas para um leitor educado, digamos, pela obra de A. Tolstói[II], Polónski[III] ou Balmont, um leitor

---

[II] N. T.: Alekséi Nikoláevitch Tolstói (1882-1945), escritor russo soviético e líder social, autor de romances sociopsicológicos, históricos e de ficção científica, de novelas e contos. Foi três vezes premiado por Stalin (1942, 1943, 1946).

[III] N. T.: I. P. Polónski (1819-1898), poeta e prosador russo.

ainda não iniciado, não acostumado com a arte nova ou, ao contrário, para um representante da jovem geração que percebe essa arte como uma convenção que deixou de ser compreensível e expressiva. Desse modo, a sensação de "estranhamento" e de "dificuldade" *precede* a vivência estética e significa a *incapacidade de construir* um objeto estético inabitual. No momento da vivência, essa sensação desaparece e é substituída pelo sentimento de simplicidade e habitualidade.[4]

A orientação de uma obra para a perceptibilidade é o pior tipo de psicologismo, pois, nesse caso, o processo psicofisiológico torna-se algo absolutamente autocentrado, privado de qualquer conteúdo, ou seja, de qualquer ligação com a realidade objetiva. Tanto a automatização quanto a perceptibilidade não são características objetivas da obra; elas não existem na própria obra nem na sua estrutura. Ao zombar daqueles que procuram a "alma" e o "temperamento" em uma obra artística, os formalistas, ao mesmo tempo, procuram nela o estímulo fisiológico.

A TEORIA DA PERCEPÇÃO E A HISTÓRIA

A teoria da percepção dos formalistas padece de mais um grande defeito metodológico bastante característico do psicologismo e do biologismo: ela transforma o processo que pode realizar-se nos limites de uma vida, de um organismo individual, em um esquema para a compreensão do processo que se estende a uma série de indivíduos e gerações que se sucedem.

De fato, a automatização e a desautomatização (ou seja, a perceptibilidade) devem confluir em um mesmo indivíduo. Apenas aquele para o qual uma construção está automatizada pode perceber com sua ajuda outra construção que deve substituí-la de acordo com a lei formalista de substituição das formas. Se para mim a obra dos autores mais velhos, digamos a obra de Púchkin, não está automatizada, então, não conseguirei perceber a partir desse pano de fundo a obra dos autores mais jovens, digamos de Benedíktov.[IV] É totalmente necessário que Púchkin automatizado e Benedíktov perceptível se juntem no plano de uma única consciência, de um único indivíduo psicofísico. Caso contrário, todo esse mecanismo perde qualquer sentido.

Se Púchkin está automatizado para uma pessoa, enquanto outra se interessa por Benedíktov, então, não pode haver absolutamente nenhuma ligação entre a automatização e a perceptibilidade, distribuídas entre dois sujeitos diferentes que se sucedem

---

[IV] N. T.: Vladímir Grigórievitch Benedíktov (1807-1873), poeta russo romântico menos conhecido do que Púchkin.

no tempo, assim como não pode haver ligação entre o enjoo de uma pessoa e a gula excessiva da outra.

Esse tipo de processo é não histórico por princípio: ele não consegue escapar dos limites de um organismo individual. Entretanto, os formalistas colocam o esquema "automatização-perceptibilidade" na base da sua explicação do processo histórico da sucessão das formas literárias. Com isso, a singularidade qualitativa do histórico – a sua incomensurabilidade nos limites de uma única vida de um sujeito individual – é totalmente ignorada. A história é biologizada e psicologizada.

Ainda voltaremos a essas questões que tratam da história da literatura no capítulo seguinte, especialmente dedicado a elas. Aqui, é importante apenas estabelecer a presença do psicologismo primitivo na concepção formalista. Ao separar a obra do horizonte ideológico, os formalistas a vincularam mais estreitamente às condições ocasionais e subjetivas da percepção. Um processo foi consequência inevitável do outro.

A SEPARAÇÃO FORMALISTA DA COMUNICAÇÃO SOCIAL REAL

A doutrina sobre a obra como um dado externo à consciência possui mais um aspecto negativo extremamente importante.

Ao tentar separar a obra da psique subjetiva, o formalismo ao mesmo tempo a isola também do fato objetivo da comunicação social, de modo que a obra artística transforma-se em um objeto sem sentido, análogo ao objeto do fetichismo comercial.

Qualquer enunciado, inclusive a obra de arte, é uma mensagem totalmente inseparável da comunicação. Ao mesmo tempo, a obra nunca é uma mensagem pronta, dada de uma vez por todas.

Aquilo que é comunicado não pode ser separado das formas, meios e condições concretas da mensagem. Já a mensagem em si constitui-se juntamente com o processo de comunicação. Porém, os formalistas, em sua interpretação, pressupõem de modo implícito uma comunicação totalmente pronta e imóvel, assim como uma mensagem também estática.

Esquematicamente, isso pode ser expresso da seguinte forma: existem dois membros da sociedade, A (o autor) e B (o leitor); as relações sociais entre eles são invariáveis e imóveis para dado momento; existe também uma mensagem pronta X que deve simplesmente ser transmitida de A para B. Nessa mensagem pronta X, destaca-se "o que" ("o conteúdo") e o "como" ("a forma"), sendo que para um discurso artístico é característica "a orientação para a expressão" ("como").

O esquema apresentado por nós se constituiu ainda durante o primeiro período de desenvolvimento do método formal, quando a obra poética contrapunha-se ao enunciado prático-cotidiano pronto e automatizado. A obra tornou-se o avesso desse enunciado.

Esse esquema está totalmente errado.

Na verdade, as relações entre A e B mudam e se constituem ininterruptamente, e é justamente no processo de comunicação que acontecem essas mudanças.

Tampouco existe a mensagem pronta X. Ela constitui-se no processo de comunicação entre A e B.

Portanto, ela não é transmitida, de forma alguma, de um para o outro, mas se constrói entre eles como uma ponte ideológica no processo de sua interação. É esse processo que determina tanto a unidade temática da obra em constituição quanto a forma de sua realização efetiva; é impossível separar ou delimitá-las, assim como, por exemplo, não seria possível encontrar o núcleo de uma cebola tirando as suas camadas uma atrás da outra.

Já se destacarmos desse processo vivo, objetivo e social as obras-objetos prontas, estaremos diante de abstrações privadas de qualquer movimento, constituição ou interação.

Não obstante, os formalistas tentam atribuir uma vida a essas abstrações, forçando-as a influenciar uma a outra, acondicionar uma a outra.

As obras podem entrar em uma interação efetiva e real entre si apenas na comunicação social, por serem suas partes inseparáveis. Essa interação não necessita absolutamente da mediação de consciências subjetivas, uma vez que estas últimas não são dadas fora da sua manifestação material, na comunicação objetiva. Não são as obras que interagem, e sim as pessoas, porém elas interagem por meio das obras e, com isso, colocam as obras em inter-relações refletidas.

Os formalistas fazem com que uma obra ocupe uma posição externa não em relação à psique subjetiva, mas em relação à comunicação e à interação das pessoas que se comunicam, entre as quais uma obra se constrói ("cria-se") e continua a viver no processo da sua alternância histórica. Cada elemento da obra pode ser comparado a um fio estendido entre os homens. A obra em sua totalidade é uma rede composta por esses fios que cria uma interação social complexa e diferenciada entre as pessoas que passam a fazer parte dela.

Portanto, o enunciado ideológico que se encontra entre as pessoas, assim como uma obra poética, depende, antes de mais nada, das correlações mais próximas entre elas, das formas mais próximas da sua comparação e contraposição. Essas inter-relações diretas e individualizadas determinam os aspectos mais mutáveis e individuais de um enunciado, suas entonações expressivas, a escolha individual das palavras e de suas combinações, e assim por diante.

Além disso, um enunciado é, em seus aspectos mais típicos e essenciais, determinado pelas inter-relações constantes e mais gerais dos falantes, como representantes de determinados grupos e interesses sociais e, em último caso, das classes sociais.

Em suas camadas mais profundas, essas inter-relações podem encontrar-se fora da consciência subjetiva dos falantes, porém, apesar disso, elas podem determinar os aspectos essenciais estruturais dos seus enunciados.

A obra não pode ser compreendida nem estudada em nenhuma das suas funções sem considerar as formas da inter-relação organizada entre as pessoas, entre as quais ela se encontra como um corpo ideológico de sua comunicação.

Trata-se não da psique subjetiva dos que falam ou dos que criam de forma artística, nem daquilo que eles pensam, sentem ou querem, mas do que a lógica social objetiva das suas inter-relações exige deles. No final das contas, essa lógica determina também as próprias emoções ("discurso interior") das pessoas. Essas emoções são apenas outra refração ideológica menos essencial da mesma lógica objetiva das inter-relações sociais organizadas.

Os formalistas separam a obra da interação entre as pessoas da qual ela é um aspecto. Com isso, eles destroem também todas as ligações essenciais. Eles relacionam a obra a um ser humano que se encontra fora da história, que não se altera e que exige apenas uma substituição periódica do automatizado pelo perceptível. O receptor não sente atrás de uma obra outras pessoas, inimigos e amigos; sente apenas um objeto, ou, mais precisamente, sua percepção vazia despertada nele por esse objeto.

A DIALÉTICA DO "EXTERNO" E DO "INTERNO"

A constituição da comunicação determina a de todos os aspectos da literatura e de cada uma das obras no processo da sua criação e percepção. Por outro lado, a formação da comunicação é determinada dialeticamente pela constituição da literatura por esta ser um dos seus fatores. No processo dessa constituição, não se alteram, em absoluto, as combinações dos elementos da obra, que permanecem idênticas a si mesmas, mas se alteram os próprios elementos, mudam as suas combinações e a sua configuração total.

É possível compreender a constituição da literatura e de uma obra separada apenas na totalidade do horizonte ideológico. Na medida em que separamos uma obra dessa totalidade, ela torna-se internamente imóvel e morta.

Como sabemos, o horizonte ideológico encontra-se em constituição ininterrupta. Essa formação, assim como qualquer outra, é dialética. Portanto, em cada um dos momentos desse processo constitutivo, descobrimos conflitos e contradições dentro do horizonte ideológico.

Uma obra artística também está envolvida nesses conflitos e contradições. Alguns elementos do meio ideológico são absorvidos pela obra, que se torna impregnada deles, enquanto outros são recusados por ser externos. Por isso, o "externo" e o "interno" no processo histórico mudam de lugares de forma dialética e é claro que, diante disso, não permanecem completamente idênticos. Aquilo que hoje ocupa uma posição externa em relação à literatura e representa uma realidade extraliterária amanhã poderá fazer parte da literatura como seu fator construtivo interno. Já aquilo que hoje é literário amanhã poderá tornar-se uma realidade extraliterária.

Os próprios formalistas já sabiam que a vida cotidiana se transforma em literatura, enquanto a literatura pode se tornar a vida cotidiana. Eles também sabem que, diante disso, a literatura não deixa de ser literatura, assim como a vida cotidiana não deixa de ser ela mesma, e que a singularidade dessas áreas mantém-se completamente nessa troca de lugares.

Eis o que diz Tyniánov:

> Quando a vida cotidiana entra na literatura, ela mesma se torna literatura e deve ser avaliada como um fato literário. É curioso analisar o significado da vida artística nas épocas de rupturas e revoluções literárias, quando se desintegra e se esgota a linha literária dominante e reconhecida por todos enquanto a nova direção ainda não foi encontrada. Nesses períodos, a vida artística transforma-se temporariamente em literatura e ocupa o seu lugar. Quando caiu a linha elevada dos poetas da geração de Lomonóssov na época de Karamzin, os detalhes da vida literária doméstica, como uma correspondência entre amigos ou uma brincadeira fugaz, transformaram-se em um fato literário. Porém, toda a essência desse fenômeno consistia justamente em elevar o fato da vida cotidiana ao nível de um fato literário! Na época em que dominavam os gêneros elevados, a mesma correspondência doméstica era apenas um fato da vida cotidiana que não possuía relação direta com a literatura.[5]

Infelizmente, os formalistas interpretam as inter-relações da literatura com a realidade extraliterária, nesse caso com o cotidiano literário, como uma assimilação unilateral de uma pela outra. Ao admitir que o cotidiano pode entrar na literatura e pode ser "elevado ao nível do fato literário", eles consideram que, por isso, ele deixará de ser cotidiano e adquirirá sua significação literária construtiva à custa da sua significação cotidiana, que será anulada.

Na verdade, aqui não acontece, de forma alguma, a substituição de uma significação pela outra, mas a sobreposição de uma sobre a outra, que, obviamente, não é mecânica. Ao significado cotidiano do fato é acrescentado um novo, construtivo e literário. Se o fato não tivesse significado cotidiano ou se o perdesse ao entrar na literatura, ele seria desinteressante e inútil para ela.

O mesmo vale também para todos os outros fenômenos extraliterários. Uma ideia filosófica, ao entrar na literatura a partir da filosofia ou vice-versa (foi assim que muitas ideias de Dostoiévski entraram para a filosofia russa), não perde sua essência ideológica no processo dessa peregrinação. Porém, mesmo quando algum fato cotidiano ou alguma ideia se encontram fora da literatura, existe uma interação ativa e essencial entre eles e a literatura. Pois, se esse fato cotidiano permanece fora da literatura, então, na própria literatura existe outro fato cotidiano que se encontra em alguma interação (por exemplo, de contradição) com o primeiro. Porém, além disso, a própria literatura como tal está orientada tanto em relação ao cotidiano como um todo quanto em relação a esse cotidiano concreto.

Quando a literatura sente alguns fatores e exigências sociais como sendo externos a ela, alheios à sua natureza, disso não decorre em absoluto que o fator social como tal é alheio à literatura. Porém, na verdade, o fator social é externo e verdadeiro apenas quando, na própria literatura, a esse fator é contraposto outro, também social, que, no entanto, se diferencia pela orientação de classe.

Não é a natureza literária que antagoniza esse fator social, mas um fator social inimigo que se tornou um fator interno da literatura nesse período.

Esse combate das duas orientações sociais toma várias formas como, por exemplo, a proclamação da "arte pela arte", da "natureza autônoma da arte", da "convencionalidade estética de qualquer arte" etc. Na base de todas essas teorias, encontra-se o fato real da contradição entre a arte dada e dadas condições sociais. Porém, a natureza interna e social da arte revela-se nessas construções tão claramente quanto nos casos da ligação direta e harmoniosa da arte com as exigências sociais da época. A compreensão dialética do "externo" e do "interno" da literatura e da realidade extraliterária (ideológica ou outra) é uma condição obrigatória para a construção da verdadeira história marxista da literatura.

O problema da convenção artística

Aqui é necessário pararmos, mesmo que seja brevemente, para considerar o conceito de "convenção artística".

Esse conceito é muito difundido nos estudos da arte e da literatura. Os formalistas também o empregam com frequência.

A esse conceito corresponde certo fenômeno real na própria arte. Às vezes, o material ideológico introduzido na construção artística torna-se, de fato, nela convencional. Essa é a peculiaridade das escolas e tendências famosas ou até mesmo dos artistas individuais. Porém, é totalmente inadmissível atribuir essa peculiaridade a toda a arte.

É característico que quando um ou outro valor ideológico torna-se convencional na arte, ele, para representantes dessa tendência, também é convencional fora da arte. Normalmente, o material torna-se convencional bem antes da sua substituição, ou seja, no fim da vida de uma ou de outra tendência, quando, na maioria dos casos, ele já se encontra nas mãos dos epígonos. Assim o material ideológico introduzido pelos clássicos torna-se convencional apenas na época de decomposição do classicismo. O mesmo vale também para o romantismo. O material ideológico introduzido pelos nossos simbolistas era levado a sério por eles tanto na arte quanto na vida, como também na filosofia. Ele torna-se convencional nos acmeístas. Mas, como a vida não fornecia um novo material ideológico, nem um *pathos* ideológico, na base do acmeísmo nasceu a doutrina do caráter convencional essencial do material artístico, porém, de forma moderada; o *pathos* ainda não havia se extinguido completamente.

Esse processo também se reflete na literatura. O material não é rejeitado porque ele se automatizou na construção artística por razões psicotécnicas, mas porque ele deixou de ser importante no horizonte ideológico e consequentemente também nas condições socioeconômicas dessa época. Se o material é atual, ele não deve temer nenhuma repetição.

Se os formalistas, ao tentar esclarecer as condições psicotécnicas da percepção, se voltassem à psicotécnica efetiva, então, eles encontrariam nela a seguinte ideia elementar: quanto mais vivo e essencial for o interesse pelo objeto, mais claras e completas serão sua visão e sua percepção.

Quando o material privado do seu peso no horizonte ideológico entrar na arte, a insuficiência de sua importância ideológica direta deve ser compensada de algum outro modo. Normalmente, essa compensação é obtida por meio da orientação mais tensa e ampla desse material dentro do contexto puramente literário. Ao redor desse material concentra-se todo tipo de reminiscências puramente artísticas das outras obras literárias, correntes, escolas e épocas. O material congrega as associações, ecos e alusões puramente artísticas. Como consequência disso, sua natureza literária pode ser sentida de forma particularmente intensa.

Essa orientação extremamente tensa do material ideologicamente enfraquecido dentro do contexto literário pode ter dois tipos de desenvolvimento. O artista pode avançar pelo caminho positivo, selecionando as correspondências desse material com as outras obras literárias por meio das reminiscências e associações positivas. Porém, ele pode tender às assim chamadas "sensações diferenciais" [*Differenzqualität*].[6]

Ambas as correntes levam ao mesmo objetivo: ao enraizamento mais sólido desse material no contexto puramente literário em relação à ampliação geral desse contexto. Um material ideologicamente enfraquecido, compensando desse modo, transforma-se em convencional.

É verdade que o caráter convencional difere um pouco da convencionalidade superficial dos epígonos. Pois aqui há uma tentativa de reanimar o *pathos* ideológico do material, reforçar seus acentos por meio da referência ao passado da literatura, por meio da mudança e renovação do seu contexto, enquanto o caráter convencional dos epígonos é o resultado de uma simples reprodução dos estereótipos literários com o material ideologicamente morto.

É necessário diferenciar, de modo estrito, os casos de renovação do material por meio da criação intencional das sensações diferenciais daqueles casos nos quais estas, ao surgirem na consciência de variados grupos de leitores, de forma alguma fazem parte do plano do artista ou servem a outros objetivos. Assim, os sentimentalistas não aspiravam absolutamente a criar as sensações diferenciais em relação ao classicismo, e, mesmo quando às vezes as criavam com intenção artística, seu objetivo era apenas a contraposição hostil ao classicismo – não apenas literário, mas também no que se refere à ideologia. O material dos sentimentalistas possuía uma importância ideológica plena e não necessitava de reminiscências artísticas especiais do tipo negativo.

Normalmente, os formalistas não distinguem esses casos e nem podem distingui-los, por permanecerem fiéis a si e à sua teoria que nega a importância ideológica do material.

O CENTRO DE VALORES DO HORIZONTE IDEOLÓGICO DA ÉPOCA COMO O PRINCIPAL TEMA DA LITERATURA

Existe mais uma questão relacionada à teoria dos formalistas sobre a obra como um dado externo à consciência.

Ao isolar a obra, ao enclausurá-la do horizonte ideológico por todos os lados, eles impossibilitaram seu acesso a uma particularidade muito importante do material literário.

O artista busca o material que se encontre no ponto de cruzamento de várias séries ideológicas. Quanto maior for o número de caminhos ideológicos que se cruzam no material e quanto mais variados forem os interesses ideológicos tratados por ele, maior será a acuidade com a qual o material será percebido.

Cada época possui seu centro de valores no horizonte ideológico ao qual levam todos os caminhos e as aspirações da criação ideológica. Justamente esse centro de valores torna-se o principal tema ou, mais precisamente, o principal conjunto de temas da literatura de uma dada época. E essas dominantes temáticas estão ligadas, como sabemos, a um determinado repertório de gêneros.

Os temas que prevalecem em cada uma das épocas literárias sempre são os temas que atravessam todas as esferas da criação ideológica. Considerando essa unidade de problemas atuais importantes em todos os campos da ideologia, torna-se especialmente clara a particularidade de cada um desses campos.

A arte, ao orientar-se para o centro de valores do horizonte ideológico da época, não somente não perde, como consequência disso, sua especificidade e sua particularidade, mas, pelo contrário, somente então as revela com plena força. A tarefa do acabamento artístico daquilo que é importante do ponto de vista histórico é a mais complexa, e a sua solução é o maior triunfo da arte.

Não é difícil de acabar aquilo que já perdeu sua importância histórica e aquilo que já foi acabado ou, mais precisamente, cancelado pela própria história, porém, esse acabamento nem será percebido. Portanto, se um artista usa o material histórico, ele o atualiza ideologicamente por meio da ligação de valores com a época presente.

Se essa ligação não pode ser sentida, então, o material histórico não pode tornar-se objeto da acabamento artístico. Pois, se a unidade temática pode ser afastada o quanto mais longe se queira, no tempo e no espaço, o desenvolvimento do corpo real da obra acontece nas condições da comunicação social atual. Unir a distância no tempo e no espaço com a época presente pela força da avaliação social que tudo penetra é a tarefa da estrutura artística de qualquer gênero histórico.

Resumindo:

Ao afirmar que uma obra literária é um dado externo à consciência, os formalistas retiraram dela não somente a subjetividade e o caráter fortuito das sensações individuais. Não, eles a separaram de todas aquelas esferas nas quais a obra torna-se historicamente real e objetiva: da unidade do horizonte ideológico, da realidade objetiva da comunicação social e da atualidade histórica da época contemporânea à obra.

Como resultado, a obra é enclausurada no círculo sem saída da eliminação subjetiva das sensações vazias. Com isso, os participantes da criação e da percepção artística perdem sua historicidade e se transformam em uma espécie de seres psicofísicos ou aparelhos de percepção.

Toda essa teoria, que é uma consequência inevitável da poética formalista, predetermina a completa esterilidade da história formalista da literatura.

Notas

[1] *Literatura*, p. 96.
[2] Idem, p. 97.
[3] Idem, p. 161.
[4] *K vopróssu o formálnom miétode* ("A questão do método formal"), p. 15-6.
[5] *Probliéma stikhotvórnogo iazyká* ("O problema da linguagem poética"), p. 123.
[6] O termo pertence a Broder Christiansen.

CAPÍTULO SEGUNDO

A teoria formalista do desenvolvimento histórico da literatura

O conceito formalista da sucessão histórico-literária

O conceito de desenvolvimento histórico-literário formalista resulta inteiramente da teoria, que já havíamos analisado, da obra como um fato externo em relação à consciência, bem como de sua doutrina sobre a percepção artística.

A série histórico-literária, composta por obras artísticas e por seus elementos construtivos, é abordada pelos formalistas de forma totalmente independente de todas as outras séries ideológicas e do desenvolvimento socioeconômico. Os formalistas tentam revelar a lei interna imanente do desenvolvimento das formas dentro de uma série literária pura e fechada.

De uma obra para outra, de um estilo para outro, de uma escola para outra, de uma dominante construtiva para outra, deixando para trás todas as instâncias e forças extraliterárias, ocorre o processo de desenvolvimento histórico-literário, ininterrupto e necessário em si mesmo. Independentemente do que aconteça no mundo e quais mudanças e reviravoltas econômicas, sociais e ideológicas gerais aconteçam nele, a série literária, com uma necessidade interna férrea, passa de um elo de seu desenvolvimento para outro, ignorando tudo ao seu redor.

Essa série pode ser interrompida ou deslocada sob a influência de fatores externos. A realidade extraliterária é capaz de frear seu desenvolvimento, mas, de acordo com a teoria formalista, ela não consegue mudar a lógica interna desse desenvolvimento, como também não pode traduzir nessa lógica nenhum aspecto novo e essencial do ponto de vista do conteúdo. Os formalistas não conhecem a mera categoria da interação. Na melhor das hipóteses, eles compreendem apenas uma interação parcial entre as linhas simultâneas dentro da própria série literária. Eles têm conhecimento apenas da sucessão evolutiva de uma etapa atrás da outra.

Entretanto, a concepção formalista do caráter da alternância dos elos da corrente do desenvolvimento histórico da literatura difere abruptamente das ideias comuns sobre a evolução. Não existe nenhuma ligação de sucessão no sentido exato entre o elo anterior e o seguinte. O posterior de forma alguma procede do anterior como um movimento subsequente, como desenvolvimento e complicação dos potenciais contidos nele, como ocorre na evolução científica natural.

Rigorosamente falando, o processo de desenvolvimento histórico-literário, assim como os formalistas entendem, não pode ser chamado nem de evolução nem de desenvolvimento, sem que seja criado um duplo sentido. Os formalistas compreendem a sucessão como algo que obedece a uma certa lei, mas de forma alguma como uma sucessão evolutiva.

"A história da literatura [diz V. Chklóvski] avança seguindo uma linha descontínua e quebradiça." Isso pode ser explicado pelo fato de que a sucessão das escolas e correntes literárias acontece "não de pai para filho, mas de tio para sobrinho". Acontece aquilo que os formalistas chamam de "canonização da linha menor".

Essa doutrina sobre a alternância histórico-literária formou-se, de uma vez por todas, no limiar do primeiro e do segundo períodos do desenvolvimento do formalismo. Pela primeira vez, ela foi formulada de modo completo por Chklóvski em seu livro *Rózanov*.[1] A formulação dada por ele posteriormente sofreu certos acréscimos, detalhamentos e foi mais bem fundamentada, mas a sua essência permaneceu e continua a servir como uma base para os trabalhos histórico-literários de todos os formalistas até o presente tempo. Tendo em vista a importância teórica das formulações primárias de V. Chklóvski, nós as apresentamos de forma integral:

> Em cada uma das épocas literárias existem várias escolas literárias, elas coexistem na literatura simultaneamente, sendo que uma delas representa seu auge canonizado. Outras existem não de forma canonizada, e sim de forma latente como, por exemplo, existia na época de Púchkin a tradição de Derjávin[I] nas poesias de Küchelbécker e Griboiédov,[II] simultaneamente com a tradição do verso russo de vaudeville e com

---

[I] N. T.: Gavriil Románovitch Derjávin (1743-1816), poeta iluminista, sucessor de Lomonóssov, representante do classicismo russo.

[II] N. T.: Aleksandr Griboiédov (1795-1829), dramaturgo, poeta e diplomata russo, autor da peça em versos "Górie ot umá" ("A desgraça por ser inteligente"), de 1824, que combinava os elementos de classicismo, romantismo e realismo.

uma série de outras tradições, como, por exemplo, a pura tradição do romance de aventuras de Bulgárin.

Após Púchkin, não houve continuação da sua tradição, ou seja, aconteceu um fenômeno do mesmo tipo, segundo o qual os gênios não costumam ter filhos geniais ou extremamente talentosos.

Porém, nesse mesmo período, na camada de baixo, aparecem as novas formas no lugar das antigas, que não são mais perceptíveis do que as formas gramaticais do discurso e que, dos elementos da orientação artística, se transformaram em um fenômeno auxiliar e imperceptível. A linha menor toma o lugar da maior e o autor dos vaudevilles Belopiátkin torna-se Nekrássov (trabalho de Óssip Brik); o herdeiro direto do século XVIII, Tolstói, cria um novo romance (Borís Eikhenbáum); Blok canoniza os temas e os ritmos do "romance cigano"; enquanto Tchékhov introduz o *Budílnik*[III] na literatura russa. Dostoiévski eleva à norma literária os procedimentos do romance de folhetim. Cada nova escola literária é uma revolução, é uma espécie de surgimento de uma nova classe.

Mas, obviamente, é apenas uma analogia. A "linha" vencida não é eliminada, como também não deixa de existir. Ela apenas sai do auge, desce para ficar na espera e depois pode ressuscitar, sendo um eterno pretendente ao trono. Além disso, na realidade, o assunto se complica mais pelo fato de que a nova hegemonia normalmente não reconstrói puramente a forma antiga, mas é agravada pela presença dos traços das outras escolas menores, como também dos traços herdados da sua linha antecessora no trono, mesmo que em um papel auxiliar.[2]

A PREMISSA PSICOFISIOLÓGICA DO DESENVOLVIMENTO HISTÓRICO-LITERÁRIO

Quais são as premissas dessa concepção?

A principal é a lei da "automatização-perceptibilidade".

Suponhamos que essa lei psicofisiológica (ela não pode ser definida de outro modo), assim como a entendem os formalistas, exista realmente. Suponhamos até que ela seja útil para a explicação dos fenômenos literários. Entretanto, essa lei não possui nenhum fundamento e nem explica aquela sucessão das escolas literárias apresentada por Chklóvski.

De fato, já sabemos que essa lei pode ser aplicada apenas nos limites da vida de um organismo individual. Consequentemente, a passagem da forma antiga para a nova, da automatização para a perceptibilidade, deve ser realizada nos limites de uma

---

[III] N. T.: Revista cômica publicada nos anos 1890 na qual Tchékhov começou a publicar seus primeiros contos irônicos.

única geração e precisamente para ela, ou seja, a forma antiga deve ser automatizada para o pai, como também deve se tornar perceptível ao máximo e, por conseguinte, a forma nova que a substitui também deve possuir justificativa artística para ele.

Porém, nesse caso, a lei da "automatização-perceptibilidade" pode fundamentar e explicar apenas a simultaneidade histórica da forma velha e nova, ou seja, a coexistência da linha maior com a menor, mas, de forma alguma, sua sucessão.

Para essa sucessão é necessário que a geração seguinte – a geração dos filhos – se junte à linha menor e perceba as suas formas de maneira mais aguçada do que a geração dos pais. Mas, para isso, de acordo com a lei de "automatização-perceptibilidade", não existem quaisquer fundamentos. A geração dos filhos se vê na situação do asno de Buridan[IV] entre a linha menor e a maior. As premissas psicológicas da perceptibilidade de ambas as linhas são exatamente as mesmas e apenas um impulso ocasional pode fazer com que o asno de Buridan se movimente, direcionando-o para um ou para outro lado. Dessa forma, é com igual probabilidade que pode se dar tanto a canonização da linha menor quanto a prosperidade subsequente da linha maior canonizada.

Poderia, ainda, ser feita a seguinte suposição. A linha antiga está mais automatizada para a geração dos filhos, porque eles são educados nela, e ela representa para eles uma espécie de coletânea escolar, uma forma preexistente.

Entretanto, essa suposição é totalmente errada.

Nas coletâneas do ensino escolar, coexistem os assim chamados "modelos clássicos". A literatura da escola, na maioria dos casos, é um mundo natural específico que não coincide com o mundo de nenhuma das correntes artísticas existentes na história da literatura de um povo. As crianças nunca são educadas naquela literatura que os seus pais vivenciam ativamente. A escola, na grande maioria dos casos, isola-se da literatura moderna.

Já a literatura moderna, para aqueles alunos da escola, é a literatura dos seus pais. A "literatura preexistente" é a literatura que participa da educação, da formação e do crescimento de um indivíduo; uma categoria específica e muito importante que se diferencia drasticamente de categorias como "corrente artística", "escola artística" e o "gosto artístico". A "literatura preexistente" coincide, em parte, com a categoria da "literatura clássica" (quando essa palavra não é tomada no sentido de corrente literária). Na nossa literatura preexistente, há o convívio de Púchkin e Nekrássov, da prosa de Púchkin com a de Turguiênev, de Turguiênev com Tolstói, e assim por diante.

[IV] N. T.: Buridan (Jean Buridan, 1300-1358, filósofo francês) não foi o criador do paradoxo conhecido como o "asno de Buridan". Na obra *De Caelo*, de Aristóteles, o autor pergunta como um cão diante de duas refeições poderia racionalmente escolher entre elas.

Enquanto determinada realidade artística, a corrente ou a escola artística passam a ser percebidas relativamente tarde por um indivíduo já quase formado. Ele, então, encontra tanto a linha maior quanto a linha menor de forma igual, e a lei de "automatização-perceptibilidade" não cria absolutamente premissa alguma para que ele possa preferir uma ou outra linha. As verdadeiras premissas dessa escolha, é claro, são totalmente diferentes.

Dessa forma, do ponto de vista de sua premissa, os formalistas justamente não conseguem explicar a substituição histórica de uma corrente pela outra.

Isso é muito compreensível. Nenhuma lei psicofisiológica pode ser colocada como base das explicações e interpretações históricas. Ela não será capaz nem de explicar nem de interpretar a história.

O esquema da evolução literária

Mas nos raciocínios de Chklóvski existe mais uma suposição extremamente típica do formalismo.

Na maioria dos casos, a linha menor não é algo absolutamente novo, mas a antecessora da linha canonizada, ou seja, a linha maior do período anterior. Assim, na época de Púchkin, continuava a existir a tradição de Derjávin nos versos de Küchelbecker.[V] Dessa forma, o sucessor direto do século XVIII, Tolstói, cria o novo romance.

É verdade que os formalistas admitem a existência e a canonização posterior dessas linhas menores que são novas e criadas pela primeira vez, embora o esquema formalista não exija nada disso. Do ponto de vista desse esquema, a novidade é ocasional e inexplicável. Ela não é causada pelas exigências do desenvolvimento imanente da literatura.

É muito característica a seguinte afirmação de Eikhenbáum:

> A criação de novas formas artísticas não é um ato de reprodução, mas de revelação, porque essas formas existem de maneira latente dentro das formas dos períodos anteriores. Liérmontov[VI] precisava descobrir o estilo poético que propiciaria uma fuga do beco sem saída em que se encontrava a poesia depois dos anos 1920 e que, em potencial, já estava presente na obra de alguns poetas da época de Púchkin.[3]

[V] N. T.: Wilhelm Kárlovitch Küchelbecker (1797-1846), poeta e escritor russo de origem alemã, amigo de Aleksándr Púchkin.

[VI] N. T.: Mikhail Iúrievitch Liérmontov (1814-1841), poeta, prosador, dramaturgo, pintor e oficial do exército russo, sucessor literário de Aleksándr Púchkin, autor do romance realista e psicológico *O herói do nosso tempo* (1840).

Realmente, a lei formalista de desenvolvimento imanente da literatura de forma alguma exige a invenção das novas formas.

O esquema formalista precisa apenas de duas correntes artísticas contrastantes entre si, como, por exemplo, as tradições de Derjávin e de Púchkin – suponhamos que elas se encontrem em relação de contraste exigida por essa teoria. A tradição de Púchkin substitui a de Derjávin. Assim, a tradição de Derjávin transforma-se na linha menor. Dentro de certo período de tempo, a tradição de Derjávin substitui a de Púchkin, que então passa a ocupar a posição da linha menor. Esse processo pode continuar sem fim. Não há nenhuma necessidade de formas novas. Se elas aparecem, isso ocorre por razões totalmente eventuais do ponto de vista do próprio desenvolvimento literário.

Por mais absurdo que pareça, os formalistas insistem em empregar esse *perpetuum mobile* formado por duas correntes de preferência em sua forma pura, resistindo a admitir o surgimento de novas formas, embora, é claro, eles não consigam evitá-las, principalmente pela necessidade de combinar mais de duas correntes.

Ademais, do ponto de vista do esquema formalista, a ordem sequencial dos elementos do esquema é totalmente aleatória.

É claro, se a primeira tradição canonizada foi a de Derjávin, a tradição de Púchkin precisa segui-la. Mas, do ponto de vista do próprio esquema, poderia acontecer o contrário: primeiro a tradição de Púchkin depois a de Derjávin. De acordo com o esquema, o fato de que a corrente de Derjávin pertencia ao século XVIII, enquanto a corrente de Púchkin era datada do século XIX, é um fenômeno totalmente aleatório.

Para explicar a necessidade dessa relação com a época é preciso sair dos limites da série puramente literária. Na série literária, há possibilidade de trocar os elementos de lugar: não importa qual seja a sua combinação, os elementos sempre entrarão em contraste entre si.

Repetimos: todo esse esquema pressupõe a existência de um único indivíduo para o qual a tradição de Derjávin é substituída pela de Púchkin. Se ele morrer, a tradição de Púchkin pode ser repetida novamente, mas isso seria indiferente para seu filho. É claro, esse indivíduo pressuposto pode existir em número infinito, já que podem existir muitos contemporâneos que são representantes da mesma geração. Porém, os contemporâneos não constituem a humanidade histórica.

Nós, de forma alguma, radicalizamos o esquema formalista da evolução literária; apenas lhe damos a clareza lógica. Nos trabalhos dos próprios formalistas, o esquema é preenchido pelo material histórico, ajustado a ele de modo que, para um olhar superficial, dissimula um pouco seu caráter absurdo.

Qualquer esquema, por mais errado que seja, permite sempre analisar e ordenar o material histórico interessante por si só. Mas, quando o esquema é incorreto, a ordem do material não corresponderá à realidade e poderá criar apenas uma imagem falsa dela.

Além disso, será escolhido o material insignificante e, mesmo se ele for significante, isso contrariará o esquema e ocorrerá por causa das circunstâncias eventuais.

Entretanto, os formalistas não se preocupam em ser consequentes e, com muita clareza, formulam o seu esquema como, por exemplo, nas afirmações de Chklóvski apresentadas anteriormente.[4]

A AUSÊNCIA DA COMPREENSÃO EFETIVA DA EVOLUÇÃO NA DOUTRINA FORMALISTA

Já havíamos falado que o termo evolução não se aplica à teoria formalista do desenvolvimento literário.

De fato, será possível considerar esse esquema de alternância das correntes como evolução literária imanente? É claro que não. Na forma precedente, não há nenhuma potencialidade, alusão alguma ou sinais da forma posterior.

Pode existir uma grande quantidade de formas contrastantes que satisfazem a lei de "automatização-perceptibilidade". Por isso, uma forma anterior não pressupõe, de maneira alguma, a posterior. Justamente por isso se torna possível que a forma contrastante posterior seja uma forma que já antecedeu a primeira no desenvolvimento histórico.

Se a tradição de Derjávin tivesse predeterminado a de Púchkin, ela não teria como surgir novamente depois da de Púchkin e, ao contrário, a tradição de Púchkin não pode predeterminar a de Derjávin que aconteceu antes dela. Desse modo, de acordo com a concepção formalista, não há nenhuma relação de caráter evolutivo entre as formas que substituem uma a outra na história da literatura, por mais amplo que seja nosso conceito das palavras "evolução" e "desenvolvimento".

No artigo "Sobre o fato literário", tão importante para a compreensão do formalismo moderno, Tyniánov faz uma afirmação extremamente precisa:

> Ao construir uma definição "firme" e "ontológica" da literatura como "essência", os historiadores da literatura deveriam também analisar os fenômenos da alternância histórica como uma sucessão pacífica, de desenvolvimento calmo e planejado dessa "essência". Um quadro harmonioso foi obtido: "Lomonóssov gerou Derjávin, Derjávin gerou Jukóvski,[VII] Jukóvski gerou Púchkin, Púchkin gerou Liérmontov". Os comentários bem claros de Púchkin sobre seus supostos antepassados (Derjávin: "é um excêntrico que não conhecia a gramática russa", Lomonóssov: "foi uma

---

[VII] N. T.: Jukóvski Vassíli Andreiévitch (1783-1852), poeta e tradutor, um dos fundadores do romantismo russo. Amigo e professor de Aleksándr Púchkin.

influência nociva para a literatura") passavam despercebidos. Não foi considerado o fato de que Derjávin somente sucedeu Lomonóssov ao substituir a sua ode; que Púchkin sucedeu a grande forma do século XVIII ao transformar em forma grande as minúcias dos seguidores de Karanzin; que todos eles só ao substituírem os estilos e gêneros anteriores podiam ser herdeiros dos seus antepassados. Passava despercebido o fato de que cada novo fenômeno de alternância é extremamente complexo por sua composição e que é possível falar de sucessão apenas em relação aos fenômenos de escolas e epígonos, e não em relação aos fenômenos da evolução literária, cujos princípios são combate e sucessão.[5]

O embate e a sucessão não são, de forma alguma, os princípios da evolução.

É verdade que o embate é possível nos limites da evolução, no entanto ela, por si só, não constitui a evolução. Fenômenos paralelos que não possuem ligação evolutiva entre si podem enfrentar-se.

Já a respeito da sucessão, a questão é justamente sua natureza: se é evolutiva ou de outro caráter, por exemplo, mecanicamente causal, ou se implica uma alternância ocasional no tempo de dois fenômenos que não possuem nenhuma relação entre si, ou, finalmente, se é uma sucessão de fenômenos ligados entre si apenas de um modo estranho e eventual. Assim, por exemplo, na consciência do ser humano, por meio de algumas associações íntimas, dois fenômenos que não têm nada em comum entre si podem relacionar-se.

Então, a evolução não pode ser fundamentada nem pela alternância nem pelo embate. Mostrar que dois fenômenos entram em conflito ou sucedem um ao outro de modo algum significa mostrar que eles possuem uma ligação evolutiva. Para revelar a ligação evolutiva é necessário mostrar algo totalmente diferente: é preciso evidenciar que dois fenômenos são ligados entre si de forma essencial e um deles, o anterior, determina de modo essencial e necessário o outro, posterior.

É justamente isso que Tyniánov não mostra. Pelo contrário, ele tende a provar que na literatura não há nenhuma evolução, já que prevalece outro tipo de alternância totalmente diferente. Depois, acriticamente e contrariando qualquer lógica, ele chama essa sucessão de evolução.

Em seguida, é impossível compreender por que Tyniánov supõe que a sucessão sempre deva ser pacífica. É possível que ela não seja pacífica de modo algum e, ainda assim, seja uma sucessão. Mais do que isso, de certo modo, qualquer sucessão é não pacífica. A conexão dialética também pode ser chamada sucessão (quando aplicada a determinados fenômenos), porém, ela, de modo algum, é uma conexão pacífica. A negação dialética nasce e amadurece no seio daquilo que é negado. Assim, o socialismo amadurece no seio do capitalismo. O próprio fenômeno necessariamente prepara a sua negação, gerando-a dentro de si mesmo. Já quando a negação aparece de fora, ela não é dialética.

Tyniánov não mostrou nem pretendia mostrar que a substituição da ode de Lomonóssov, realizada por Derjávin, foi preparada dentro da própria ode de Lomonóssov; que ela, pela sua necessidade interna, preparou esse deslocamento; que nela mesma se acumularam aquelas contradições que necessariamente a explodiriam e criariam em seu lugar uma formação qualitativamente nova: a ode de Derjávin.

É claro que nós não afirmamos aqui que essa sucessão dialética efetivamente existia entre a ode de Lomonóssov e de Derjávin; apenas deixamos essa questão em aberto. Porém, se Tyniánov tivesse mostrado isso, ele teria direito de falar da evolução, da evolução justamente dialética. Entretanto, Tyniánov e outros formalistas não só não fazem isso, como também nem querem e nem podem fazê-lo.

Tal compreensão é irreconciliável com a base da sua concepção. Pois, então, não teria como falar sobre a reversibilidade da série histórica. Além disso, seria necessário mostrar, a partir da própria forma literária, a necessidade de sua substituição. Mas isso estava "acima das forças" dos formalistas.

A LEI DE "AUTOMATIZAÇÃO-PERCEPTIBILIDADE" COMO BASE DO FORMALISMO

A evolução literária tal como os formalistas a entendem não é, de forma alguma, imanente e literária.

Isso porque a passagem de uma forma para outra é motivada, de acordo com sua teoria, não pela natureza específica da literatura, mas pela lei psíquica da "automatização-perceptibilidade", pela lei do caráter mais geral, a qual em nada está ligada com a natureza específica da literatura.

Derjávin substitui a ode de Lomonóssov não porque esse deslocamento tenha sido necessário em razão do desenvolvimento posterior da própria essência da ode; não, o deslocamento aconteceu porque a ode elevada já estava automatizada para Derjávin e seus contemporâneos. O seu rebaixamento foi resultado dessa automatização psicológica.

> Na análise da evolução literária [diz Tyniánov] nós encontramos as seguintes etapas: 1) em relação ao princípio automatizado da construção, surge dialeticamente o princípio construtivo contrário; 2) ocorre a sua aplicação: o princípio construtivo procura pela aplicação mais fácil; 3) ele se expande para o maior número possível de fenômenos; 4) ele torna-se automatizado e causa os princípios contrários da construção.[6]

Infelizmente, Tyniánov introduz, nesse raciocínio, a palavra "dialético", que está fora de contexto. Todas as etapas da evolução nomeadas por Tyniánov não são nem as etapas da evolução em geral, nem etapas da evolução literária.

De fato, de acordo com Tyniánov, o princípio construtivo contrário "surge em relação ao princípio da construção automatizada". Consequentemente, é a "automatização" dessa construção artística que gera sua negação. Porém, isso significa necessariamente que essa negação não toque, de forma alguma, a essência interior dessa construção e nem seja gerada por essa essência. Pois a "automatização", assim como a "perceptibilidade", não faz parte da construção literária como um dos seus aspectos.

Precisamos incluir na literatura a percepção artística adequada a ela: pois sem isso a literatura seria transformada em um objeto da natureza. Porém, essa sua percepção incluída na construção artística é, da mesma forma, individual e conceitual como a própria construção e corresponde plenamente à sua peculiaridade. A percepção da ode de Lomonóssov é qualitativamente diferente quando comparada à ode de Derjávin.

A percepção domina a peculiaridade interna e imanente da estrutura artística, aquele valor que se realiza com a ajuda dela.

Porém, é absolutamente impossível dizer isso quanto à automatização e à perceptibilidade. A automatização e a perceptibilidade são exatamente as mesmas, não importando se elas se referirem à ode de Lomonóssov ou à ode de Derjávin. Qual delas será automatizada e qual será percebida depende totalmente de quem e quando irá percebê-las. A automatização e a perceptibilidade podem ser, da mesma forma, adequadas a qualquer obra ou, mais precisamente, elas não tocam sua peculiaridade interna, caracterizando apenas algo que está absolutamente fora da obra: o estado eventual e subjetivo daquele que percebe.

Se uma mesma obra hoje puder ser percebida hoje e amanhã vier a ser automatizada, ou simultaneamente for automatizada para uns e perceptível para outros, então, a perceptibilidade e a automatização de modo algum podem ser vistas como características internas dessa obra, assim como não podem ser traços seus a surdez dos ouvintes, sua sonolência ou, pelo contrário, sua extrema agitação.

Tudo seria diferente se os formalistas relacionassem a perceptibilidade e a automatização com as condições ideológicas gerais e socioeconômicas da época. Entretanto, mesmo nesse caso, a perceptibilidade e a automatização, por si só, seriam apenas os fenômenos secundários. O trabalho do historiador seria reduzido a mostrar a não correspondência efetiva de uma construção às condições concretas do conteúdo da época, ou, ao contrário, ele teria que mostrar a atualidade histórica e efetiva dessa obra na totalidade do horizonte histórico. Consequentemente, mesmo nessa condição a perceptibilidade e a automatização permaneceriam conceitos formais e vazios.

Porém, em todo caso, elas seriam transferidas da categoria psicofisiológica para a histórica. Tal compreensão, no entanto, é totalmente alheia à doutrina formalista. Além disso, a automatização e a perceptibilidade dizem respeito não somente às obras literárias como a quaisquer objetos e fenômenos. A perceptibilidade é *conditio sine qua non* de qualquer compreensão racional, não apenas de algum fenômeno ideológico, como também da natureza. Mas, justamente por ser *conditio sine qua non,* a perceptibilidade não toca, em absoluto, o conteúdo daquilo que será compreendido. Tais condições gerais elementares poderiam, de uma vez por todas, ser colocadas fora dos parênteses.

Então, nem a automatização e nem a perceptibilidade podem ser consideradas traços da construção artística enquanto tal, assim como suas características imanentes. Portanto, a primeira etapa da evolução de Tyniánov não tem nada a ver com a formação da literatura. Aqui, uma construção apenas substitui a outra no plano da consciência não histórica, perceptiva e subjetiva. Nesse plano, as construções se tocam, porém, é claro que seria absolutamente impossível concluir desse contato não histórico e ocasional a evolução efetiva que é própria da literatura.

Do ponto de vista da singularidade da própria literatura, é igualmente não histórica e ocasional a segunda etapa da evolução de Tyniánov, com base na qual o princípio construtivo procura uma aplicação mais fácil. O conceito de "mais fácil" é tão relativo e tão psicotécnico como o de perceptibilidade.

A terceira etapa refere-se à expansão do fenômeno já criado e pronto nos limites do tempo presente. Do mesmo modo, ela não tem nada a ver com a história e a evolução.

A quarta etapa faz com que voltemos ao início de toda a "evolução". É claro que, nessa etapa, de pleno acordo com as exigências do esquema evolutivo de Tyniánov, pode retornar o elo anterior da evolução, ou seja, essa evolução pode ficar apenas com dois elos.

É totalmente impossível entender baseado nesse esquema evolutivo de Tyniánov a necessidade ou, ao menos, a probabilidade de surgimento de um terceiro elo totalmente novo. Se na literatura já estão presentes duas correntes mutuamente contrastantes, então não podem surgir impulsos artísticos de dentro da própria literatura, assim como os formalistas a entendem, para a criação de uma terceira corrente. Apenas uma intromissão alheia, da realidade extraliterária, é capaz de causar tal surgimento.

É surpreendente que os próprios formalistas não percebam, de modo algum, a base psicológica elementar e grosseira de todas as suas construções. Eles nem tentam mascarar essa base: introduzem em suas fórmulas os termos "perceptibilidade' e "automatização", a cada passo. Uma sensibilidade metodológica elementar deveria chamar sua atenção para o caráter psicofisiológico dos próprios termos e daquele sentido que é atribuído a eles.

São ainda mais estranhas certas afirmações dos formalistas, como a de Eikhenbáum. Ao criticar os marxistas e, em particular Trotsky, ele diz:

> Pois, às vezes, fica problemático qualificar um dado fenômeno da cultura: saber se corresponde ou não às exigências sociopolíticas do momento. Assim, não somente na arte como também na ciência, não está clara nem resolvida a questão que o próprio Trotsky coloca de que a teoria da relatividade de Einstein pode ou não ser compatível com o materialismo, assim como a questão semelhante acerca da teoria psicanalítica de Freud. Se assim for, permanece a pergunta: é fecundo analisar os fatos da arte ainda mais complexos (pois além da literatura existe ainda a música, a pintura, a arquitetura e o balé) na sua relação com o social do ponto de vista de sua correspondência aos esquemas da teoria socioeconômica? Será que nesse caso não desaparece todo o concreto e específico? Será que no lugar da evolução efetiva teremos uma simples gênese psicológica que não explica nada?[7]

Mas o que oferece o esquema formalista da evolução a não ser a simples gênese psicológica da nova forma a partir das condições psicofísicas da percepção?

O marxismo opera o tempo todo com categorias históricas. Para elas, não há lugar na doutrina formalista. As observações críticas de Eikhenbáum direcionadas contra o marxismo e o freudismo são justas apenas em relação ao freudismo. Porém, são ainda mais justas em relação ao método formal.

É necessário dizer que as premissas psicologizantes do formalismo estão nas bases mais profundas de sua teoria. Sua revisão e negação deve levar à ruína total de toda a construção formalista.

O MATERIAL IDEOLÓGICO NA HISTÓRIA DA LITERATURA

O esquema formalista de desenvolvimento literário, quando aplicado ao material ideológico introduzido na construção artística, leva a resultados não menos paradoxais: a novidade desse material ideológico não só não é necessária como também é nociva para o desenvolvimento imanente da literatura.

De fato, a novidade do material pode enfraquecer a perceptibilidade da contraposição de uma dada corrente literária em relação à anterior. Ela ligará a obra com a época, com a realidade extraliterária, e atrairá a atenção para essa realidade.

Por isso, os formalistas em seus trabalhos histórico-literários empenham-se em eliminar qualquer caráter diretamente ideológico do material. Pois se o material em si é atual na contemporaneidade que o circunda, é difícil explicar sua introdução na obra enquanto contraposição à corrente anterior e deixar, ao mesmo tempo, ao menos uma sombra de verossimilhança. A seguinte afirmação de Eikhenbáum em seu livro *Molodói Tolstói* ("O jovem Tolstói") mostra até que ponto pode, às vezes, chegar essa tendência formalista de não considerar a significação direta e ideológica do material. Ao apresentar o programa de vida na aldeia composto por L. N. Tolstói em seu diário de juventude em 1847, Eikhenbáum chega a uma conclusão totalmente inesperada:

> É obvio [!] que não se trata de um programa real e sério de estudos efetivos, e sim de um programa como um procedimento, como um fim em si.[8]
> Apresentamos os primeiros itens desse "programa-procedimento":
> Qual será o objetivo da minha vida na aldeia no decorrer dos próximos dois anos? 1) Aprender todo o curso das ciências jurídicas necessárias para o exame final na universidade; 2) Estudar a medicina prática e a parte teórica; 3) Estudar as línguas: francês, russo, alemão, inglês, italiano e latim.[9]

Com o mesmo direito, podemos chamar de procedimento-calendário a agenda de qualquer pessoa, porque às vezes uma pessoa pode viver sem obedecer à agenda. Mais do que isso, devemos considerar a fuga de Tolstói como um procedimento naturalmente ligado à sua maneira artística.

O artigo de Eikhenbáum sobre Nekrássov também coloca como seu principal objetivo a exclusão da significação socioideológica dos temas desse autor. Assim, a abordagem de Nekrássov dos temas populares é explicada da seguinte forma:

> É totalmente natural que, com toda a sua visão polêmica dos gêneros e das formas poéticas canonizados na literatura, Nekrássov tivesse que se voltar para o folclore. É uma fonte imutável de renovação das formas artísticas, quando acontecem rupturas bruscas na arte ou quando há luta contra os cânones. Da mesma forma, em nossos dias, Maiakóvski utiliza o repente.[10]

Os formalistas não admitem a renovação fundamental do material em si.

O CARÁTER LÓGICO E ANALÍTICO DA PERCEPÇÃO ARTÍSTICA NA CONCEPÇÃO DOS FORMALISTAS

É necessário atentar para mais um traço da doutrina formalista quanto à percepção artística que se revela com precisão especial em seus trabalhos histórico-literários.

Os formalistas reduzem tanto a percepção contemplativa quanto a criativa a atos de comparação, confrontação, distinção e contraposição, ou seja, a atos puramente lógicos e analíticos. Esses atos formam tanto a percepção adequada do leitor quanto a intenção artística do próprio criador. Graças a isso, a percepção artística é extremamente racionalizada e praticamente indistinguível da análise histórico-literária "segundo o método formal".

Obviamente, nem é preciso falar que essa compreensão da percepção não corresponde, de forma alguma, à realidade.

Os formalistas combinam esse caráter lógico e analítico com a teoria da "automatização-perceptibilidade". Temos a impressão de que, tanto na automatização quanto na perceptibilidade dos seus procedimentos, os leitores e o autor são obrigados a convencer a si próprios por meio das análises formalistas e das divagações históricas.

A perceptibilidade é privada de qualquer caráter imediato e torna-se uma espécie de perceptibilidade justificada e intencional.

A AUSÊNCIA DA CATEGORIA DO "TEMPO HISTÓRICO" NA HISTÓRIA FORMALISTA DA LITERATURA

Toda a teoria da evolução literária dos formalistas é privada de um aspecto essencial: a categoria do tempo histórico, erro que é consequência inevitável de todos os aspectos da sua doutrina por nós analisados.

Na verdade, os formalistas conhecem apenas uma espécie de "presente permanente" e de "modernidade permanente".

Isso é muito compreensível. A lei da "automatização-perceptibilidade" é aplicável apenas a uma vida, a uma geração. Tudo o que se realiza na história da literatura, na visão formalista, acontece em uma modernidade eterna. É característico que eles conheçam a sucessão literária apenas como a dos epígonos. Tudo deve caber nos moldes da modernidade. Se a época seguinte continuar positivamente a tarefa da anterior sem a destruir nem substituir, então já é uma época infrutífera de epígonos.

A questão é: como proceder com aquelas tarefas que por princípio podem ser resolvidas apenas no decorrer de uma série extensa de gerações ou de alternância de várias épocas? Pois essas tarefas são verdadeiramente históricas. Em todas as áreas da criação ideológica e da vida social podemos encontrá-las e elas são das mais importantes e essenciais.

Além disso, podem ser apontadas organizações como, por exemplo, os partidos que, de forma disciplinada e por meio de uma rigorosa sucessão, solucionam as tarefas que, por princípio, só podem ser resolvidas no decorrer de séculos. O que seria se esses partidos evoluíssem de acordo com a lei da alternância dialética, assim como os formalistas a entendem? O que seria da ciência se tudo o que é novo fosse construído apenas como oposição ao antigo?

É claro que aqui também podem ocorrer as revoluções, porém, como toda revolução, terão um programa puramente positivo. Do ponto de vista formalista, cada cientista deve ser chamado de epígono, com a exceção dos sensacionalistas e propagandistas.

Em nenhum campo da criação e da vida poderíamos encontrar sequer uma alusão à possibilidade de aplicação do esquema formalista da evolução. Esse fato já seria suficiente para tornar a aplicabilidade desse esquema na história da literatura pelo menos duvidosa.

Tendemos a considerar que o principal *pathos* da história formalista da literatura tem como sua fonte o futurismo com seu extremo modernismo e negação radical de todo o passado, com a completa falta de conteúdo interno. Dá a impressão de que os aniquilamentos teatrais do passado feitos pelos futuristas tornaram-se, para os formalistas, um esquema inconsciente e uma protoimagem para a compreensão de todas as alternâncias na história da literatura.

A HISTÓRIA COMO ILUSTRAÇÃO DA TEORIA

Agora podemos sintetizar os resultados.

A concepção dos formalistas os privou de qualquer aproximação da história como tal. Para eles, a história era apenas um depósito do enorme material usado para ilustrar suas afirmações teóricas. O objetivo real dos formalistas ao tratar a história não era verificar a poética por meio dos fatos históricos, mas selecionar da história o material que poderia provar e ilustrar a poética. A teoria não tinha, para eles, que refletir a realidade histórica, mas apenas pelos olhos de uma teoria, qualquer que fosse, era possível analisar na história qualquer "material".

Eis uma declaração muito clara de Eikhenbáum no artigo "Literatura u literatúrnyi byt" ("A literatura e o cotidiano literário"):

> Não vemos todos os fatos de uma vez só, como também nem sempre vemos e nem sempre precisamos revelar as mesmas correlações. Porém, tudo o que sabemos e o que podemos saber é ligado à nossa concepção por meio de um ou outro signo semântico e transforma-se de algo ocasional em um fato com determinada significação. O enorme material do passado, que se encontra nos documentos e diferentes memórias, apenas em parte chega às páginas da história (e nem sempre se trata do mesmo material), pois a teoria dá o direito e a possibilidade de introduzi-lo no sistema sob um ou outro signo semântico. Fora da teoria não há também o sistema histórico, já que não existe princípio para a seleção e compreensão dos fatos.[11]

Aqui é defendido o evidente relativismo do conhecimento histórico: é impossível revelar a lei na própria realidade da história; apenas uma teoria introduz a ordem e a compreensão no caos da realidade histórica. No entanto, disso procede que qualquer teoria é boa, porque, com sua ajuda, é possível tirar da história uma quantidade suficiente de fatos. Essa é a direção do raciocínio de Eikhenbáum.

É claro que o raciocínio é vicioso. Não devemos introduzir o "signo semântico" na realidade histórica. Pelo contrário, nossas próprias ideias e atos somente adquirem um sentido quando obedecem aos signos semânticos da própria realidade histórica. Aquele sentido que existe de forma objetiva na história é o único que ela pode ter. Revelá-lo é a tarefa da história e do historiador.

O materialismo revelou justamente esse sentido objetivo do processo histórico. Os estudos literários, em todas as suas áreas, devem ocupar-se com o seu detalhamento, quando aplicado à realidade histórica da literatura. É verdade que todas as definições e as teorias da poética são primogênitas, porém, todas elas são apenas preliminares. Elas recebem sua justificação e sua concretização final no material da história. Usar a história como ilustração da teoria significa fixar os erros com a ajuda do material histórico e enterrar sob esse material as premissas falsas, para que elas sejam difíceis de encontrar.

No mesmo artigo, Eikhenbáum reconhece sinceramente esse fato:

> Ao superar esse sistema, os pesquisadores dos últimos anos recusaram o tradicional material histórico-literário (inclusive o material biográfico) e concentraram sua atenção nos problemas gerais da evolução literária. Um fato literário servia principalmente como ilustração às afirmações teóricas gerais.[12]

Supomos que tal tratamento da história tenha dificultado em muito, para os formalistas, o reconhecimento oportuno dos seus erros e a revisão das bases da sua doutrina inicial. É como se eles tivessem afundado sua teoria ao sobrecarregá-la com uma quantidade excessiva de fatos históricos selecionados. Os fatos eram escolhidos facilmente e eram novos, já que a teoria também era nova e o material histórico era inesgotável. Foi isso que seduziu os formalistas. A história, ao invés de torná-los sóbrios, fez com que se tornassem mais obstinados em suas convicções iniciais.

O FORMALISMO E A CRÍTICA LITERÁRIA

Faremos algumas observações sobre o papel do método formal na crítica literária.

Durante o primeiro período do desenvolvimento do formalismo, a crítica literária teve uma enorme importância. Naquele tempo, o trabalho de pesquisa para os formalistas fundia-se completamente com a crítica literária corrente que às vezes até abordava as questões atuais. Posteriormente, a aspiração dos formalistas à participação direta na vida literária tornou-se muito grande.

Engelgardt afirma com toda razão:

> Para muitos dos seus adeptos (da escola formal), a participação ativa na atualidade literária sempre esteve em primeiro plano e, ao elaborar os procedimentos de pesquisa objetiva e abstrata dos assim chamados elementos formais da poesia, eles parcialmente e inconscientemente os transferiram para a área da crítica.[13]

Os formalistas transformaram o seu gosto pelo futurismo em fórmulas científicas e, desse modo, introduziram a crítica na ciência e a ciência ruim na crítica.

Porém, o momento mais importante nos artigos críticos dos formalistas é sua declarada preferência pelas correntes.

Na opinião deles, a crítica deveria ser o órgão do escritor, uma expressão de determinada tendência artística, e não o órgão do leitor. Com isso, a crítica perde suas funções e o seu principal papel de ser mediadora entre, por um lado, as exigências sociais e ideológicas gerais da época e, por outro, a literatura.

Ao invés de formular as "tarefas sociais" em uma linguagem compreensível e clara para um artista e avaliar, de modo crítico, as tarefas já realizadas, os formalistas, como críticos, tomaram uma posição ambígua e absurda entre a ciência e a corrente literária militante. Por força disso, eles, por um lado, ensinavam a linguística e, por outro, impunham o programa futurista, reforçando uma coisa com a outra.

É claro que essa situação é profundamente anormal e não continuará por muito tempo. Pelo visto, no presente momento, ela está sendo superada. Aos poucos, os formalistas passam a ocupar uma posição entre o leitor e a literatura, embora eles ainda se sintam atraídos pelo seu lugar antigo: entre os estudos da literatura e o futurismo. Justamente daí procede a LEF.[VIII] É inútil salientar que os formalistas não dominam as premissas sociológicas válidas para a crítica literária.

[VIII] N. T.: LEF (*Liévyi Front Iskússtv*), Frente Esquerda das Artes: associação dos artistas e escritores soviéticos que existiu entre 1922-1928 e cujo núcleo foi composto por ex-futuristas.

Notas

[1] Opoiaz, 1921.
[2] *Teóriia prosy* ("Teoria da prosa"), p. 163.
[3] *Liérmontov*, p. 12.
[4] Citamos adiante as mais novas formulações de Tyniánov.
[5] *LEF*, 2/6, 1924, p. 104.
[6] "O literatúrnom fakte" ("Sobre o fato literário"), p. 108.
[7] *Literatura*, p. 285.
[8] *Molodói Tolstói* ("O jovem Tolstói"), p. 19.
[9] *Dnevník mólodosti L. N. Tolstógo* ("O diário da juventude de L. N. Tolstói"), v. 1, p. 31.
[10] *Literatura*, p 106.
[11] *Na literatúrnom postú* ("Na guarda literária"), 1927, n. 9, p. 47.
[12] Idem, p. 49.
[13] *Formálnyi miétod v istórii literatúry* ("O método formal na história da literatura"), p. 116

Conclusão

No final deste livro, seria conveniente colocar a seguinte questão: qual é o significado histórico do método formal?

Atualmente, a tarefa histórica em relação ao formalismo está clara, ela consiste em uma crítica impiedosa a partir dos não formalistas, bem como em uma revisão audaz, decidida, de todos os fundamentos básicos do formalismo por parte dos próprios formalistas.

Porém, qual é o significado de suas teorias no passado?

Nossa resposta a essa pergunta será totalmente diferente. Em geral, o formalismo teve um papel muito fecundo. Ele soube destacar os problemas mais essenciais da ciência literária e os salientou de forma tão aguda que agora eles já não podem ser ignorados nem contornados. Mesmo que o formalismo não os tenha solucionado, os próprios erros, a audácia e as consequências dessas falhas chamam ainda mais a atenção para os problemas colocados.

Por isso, seria totalmente errado ignorar o formalismo ou criticá-lo fora do seu próprio terreno. Ambas as coisas resultam apenas em uma solução provisória. Foi esse o resultado ao qual chegou a ciência acadêmica que de início ignorou totalmente o formalismo e que agora procura meios de menosprezá-lo em um semirreconhecimento. Alguns marxistas que anteriormente atacavam os formalistas pelas costas, ao invés de enfrentá-los face a face, chegaram à mesma solução provisória.

Supomos que a ciência marxista também deva agradecer aos formalistas, porque sua teoria pode transformar-se em objeto de uma crítica séria, no decorrer da qual são capazes de ser compreendidas e fortificadas as bases dos estudos literários marxistas.

Qualquer ciência jovem – e os estudos literários marxistas são muito jovens – deve apreciar muito mais um bom inimigo do que um mau aliado.

Pável Nikoláievitch Medviédev: nota biográfica

Iuri Pávlovitch Medviédev

Pável Nikoláievitch Medviédev [4.1.1892 (22.12.1891),[1] Petersburgo – 17.7.1938], teórico e historiador da literatura, crítico literário, professor da Universidade de Leningrado. Viveu pouco para um cientista-filólogo, porém teve uma existência extremamente rica e repleta de acontecimentos que seriam suficientes para algumas vidas. Ele foi integrante ativo de três fenômenos eminentes da cultura russa: "A renascença cultural de Vítebsk", o teatro itinerante de Petersburgo P. P. Gaidebúrova e N. F. Skárskaia e o círculo científico-filosófico de Bakhtin. Nos tempos soviéticos, esses fenômenos culturais não foram objeto de reflexão. Atualmente, é possível ler sobre eles em publicações nacionais e estrangeiras.[1]

Após o término do colegial clássico em 1909, P. N. Medviédev ingressou na faculdade de Direito da Universidade de São Petersburgo ao mesmo tempo em que frequentou cursos avulsos da faculdade de História e Filologia. Começou a publicar em 1911 nas revistas petersburguesas *Nóvaia stúdiia* ("Novo Estúdio") e *Prótiv tetchéniia* ("Contracorrente"), além do jornal *Bessarábskaia jizn* ("Vida em Moldávia") na cidade de Kichiniov (atual Moldávia), para onde sua família mudou-se de Petersburgo. Em 1912, propôs, ao editor do jornal petersburguês *Contemporâneo* (*Sovreміénnik*) três artigos: sobre os poetas Briússov, Blok e um tratado *K filossófii rússkoi literatúry* ("Por uma filosofia da literatura russa"). Nessa proposta já é visível o vetor de interesses e

---

[1] N. T.: As duas datas estão ligadas ao fato de que a Europa católica mudou do calendário juliano para o gregoriano (seguido pelo planeta atualmente) já no século XVI, mas a Rússia mudou somente depois da revolução em 1918 (a Igreja Ortodoxa Russa segue o calendário juliano até hoje). Na literatura científica antes de 1918, empregam-se as duas datas, no "velho estilo" e no "novo estilo".

temas de seus trabalhos futuros. Ao terminar o curso de Direito em 1914, ele realiza algumas defesas bem-sucedidas no tribunal e, concomitantemente, faz conferências sobre literatura e publica artigos sobre estudos literários. As Letras revelaram-se sua vocação.

A partir de 1915, Medviédev luta no *front* da Primeira Guerra Mundial; ele é o autor de um ciclo de reportagens de guerra do exército combatente ("Pod krovávoi grozói" – "Sob uma tempestade sangrenta" e de artigos sobre temas literário-filosóficos: "Ob izutchiénii Púchkina" ("Sobre o estudo de Púchkin"), sobre Berdiáiev, "O Gógole" ("Sobre Gógol"), "O dnedvikié lvá Tosltógo" ("Sobre o diário de Lev Tolstói"), "Andriéi Biélyi". Esses artigos, redigidos durante o serviço no exército, têm relação direta com seus trabalhos científicos futuros e com o diálogo no círculo de parceiros de estudo.

Em 1917 ainda no exército, Medviédev filiou-se ao partido dos *essé* (socialista-revolucionário), mas, em 1918, por discordar da orientação política do partido, sai, manifestando-se a respeito na imprensa.

Em 1917 Medviédev, um advogado jovem e literato, dotado de um temperamento social fora do padrão, foi eleito para a Câmara de Vereadores da cidade (Duma) e tornou-se o último prefeito na história da cidade de Vítebsk.

Após a reviravolta de Outubro, continua a participar ativamente na construção cultural pós-guerra, empenhando-se na formação do meio profissional humanístico-intelectual em Vítebsk. Ele organiza a Universidade Popular (Proletária) de Vítebsk, onde dá aulas de literatura e sociedade russa do século XIX, e é eleito seu reitor; publica *Zapíski proletárskogo universitiéta* ("Notas da universidade proletária"); cria "A sociedade da estética livre" (*Óbschestvo svobódnoi estétiki*) e um seminário de sociologia na universidade; lança a revista municipal *Iskússtvo* ("Arte"); dirige espetáculos no teatro municipal como diretor; por sua iniciativa começa a trabalhar o *Literatúrnaia stúdiia* ("O estúdio da literatura"). Essas e muitas outras iniciativas de Medviédev, juntamente e simultaneamente com as atividades sociais e artísticas notáveis dos pintores Marc Chagal, Mstislav Dobujínski, Kazímir Maliévitch, do maestro Hikolai Malkó, com o círculo científico-filosófico bakhtiniano, como também a atividade de outros representantes da *intelliguêntsia*, contribuíram para o surgimento de um fenômeno cultural que entrou para a história da Rússia com o nome de "Renascença de Vítebsk".

Os esforços para a criação na cidade do Instituto de Artes e de Ciências Humanas foram uma empreitada importante nesse período. Por iniciativa de P. N. Medviédev, escolhido como presidente do comitê de organização do novo instituto, e do professor de filosofia S. O. Gruzenberg, o projeto de criação do Instituto e seu programa em 1919 foram enviados para o Comissariado Popular da Educação. Apesar do apoio do comissário (ministro) da Educação A. V. Lunatchárski, o Instituto não foi aberto por motivos variados (principalmente financeiros), mas a ideia concretizou-se no peculiar "Instituto Doméstico", obra dos integrantes de uma "coletividade de pensadores", reunidos em Vítebsk por P. N. Medviédev, atualmente conhecida como "Círculo de Bakhtin".

No final dos anos 1920, iniciou-se uma aproximação estreita entre Medviédev e Bakthin, que havia se mudado para Vítebsk, dando início ao diálogo científico, à amizade vitalícia e à obra da união de correligionários, que Bakhtin chamou de seu "círculo" nas *M. M. Bakhtin: bessiédy s V. D. Duvákinym* ("Conversas com V. D. Duvákim"). Ele apontou a cidade de Vítebsk como o lugar do surgimento desse "círculo". Os principais integrantes (M. Bakhtin, M. Kagan, L. Pumpiânskii) do inumerável círculo filosófico neveliano foram reiteradamente convidados por Medviédev para fazer conferências na Universidade Proletária. No final de 1920, com a exceção de Medviédev, permaneceram em Vítebsk somente M. Bakhtin e V. Volóchinov (M. Kagan partiu para Orió1 e depois para Moscou; L. Pumpiánskii e I. Sollertínskii, para Petrogrado). A "coletividade de pensadores" de Vítebsk em algumas pesquisas é nomeada "Círculo B.-M.-V." (Bakhtin – Medviédev – Volóchinov),[2] com base nos nomes dos três amigos muito próximos, que se tornam autores de três monografias conhecidas. "Trabalhávamos em contato criativo muito estreito – escreveu Bakhtin a Kójinov. É preciso assinalar, sobretudo, que contato criativo pessoal e trabalho coletivo não tiram a autonomia e a originalidade de cada um desses livros",[3] afirmou Bakhtin nessa mesma carta.

A essência ontológica de "relação", que Medviédev tomou consciência cedo (inclusive no "diálogo" com a obra e a ideia moral de Liev Tolstói[4]), foi compreendida por ele como imperativo social e estético. No plano científico, isso se realizou na tendência para criar e fundamentar uma teoria nova da obra artística verbal. No final dos anos 1910, ele escreve *Metodoloquítcheskie predpossýlki istórii literatúry* ("Premissas metodológicas da história da literatura"), *Ótcherki po teórii i psikhológuii tvórtchestva* ("Ensaios sobre uma teoria e uma psicologia da criação"), *Rússkaia literatúra XX viéka* ("Literatura russa do século XX") – manuscritos,[5] que estão na base de suas monografias futuras. Esses manuscritos foram produzidos paralelamente à docência de palestras com os mesmos nomes, a partir dos anos 1920 no Instituto de Educação Popular, onde Medviédev passou a dirigir um seminário sobre Dostoiévski.

Como é visível nas correspondências entre Bakhtin e Kagan, em Vítebsk Bakhtin volta-se acima de tudo para os estudos da poética, deixando em segundo plano os trabalhos puramente filosóficos. "Nos últimos tempos trabalho quase exclusivamente na estética da criação verbal" (20 de fevereiro de 1921); "trabalho muito, especialmente em estética e em psicologia" (março de 1921); "agora estou escrevendo um trabalho sobre Dostoiévski, que pretendo finalizar em breve; o trabalho 'O sujeito da moralidade e o sujeito do direito', deixei de lado..." (18 de janeiro de 1922).[6] Essa mudança de orientação dos interesses criativos de Bakhtin aconteceu principalmente sob a influência de P. N. Medviédev, que se ocupava desses problemas de forma profissional.[7] Não é por acaso que, ao lembrar-se daquela época, Bakhtin chamou Medviédev de "teórico da literatura"[8] e considerava que seu Círculo não surgiu em Niével, mas em Vítebsk, onde ocorreu o feliz encontro deles. Em Vítebsk, Bakhtin escreveu seus conhecidos tratados. Juntamente com os já chamados manuscritos de P. N. Medviédev, esses trabalhos estão na base "da concepção geral da linguagem e da criação artística verbal" (declaração de M. M. Bakhtin), que se encontram encarnadas detalhadamente nas monografias dos companheiros.[9]

Os primeiros textos de P. N. Medviédev, assim chamados "pré-bakhtinianos", reeditados, por enquanto, apenas parcialmente,[10] testemunham com autenticidade que todo o conjunto de conceitos expressivos e conhecidos que compõem a "concepção geral da linguagem e da criação artística verbal" – tais como a ontologia da "comunicação", substituição dos conceitos religiosos pelos "leigos", a relação crítica com a "estética material", a abordagem da teoria do signo, os "métodos do pensamento prosaico", o "enunciado", e outros – foi analisado e empregado por Medviédev muito tempo antes de ter conhecido M. M. Bakhtin e independentemente dele, mas no diálogo encontraram correspondências com as ideias bakhtinianas.

"A voz pode cantar somente em um clima cálido, em um clima de possível apoio do coro, de uma não-solidão sonora de princípio."[11] Essas palavras de Bakhtin refletiram o princípio e o estilo dos trabalhos da "coletividade de pensadores" amigos, que surgiu em Vítebsk e continuou seu trabalho em Petrogrado.

M. V. Iúdina escreveu de forma admirável sobre a atmosfera reinante no "Círculo de Bakhtin":

> Nossa juventude – muitas pessoas da arte, da ciência, da vida prática – era inspirada na abnegação ou, se preferir, no romantismo; e no idealismo convicto e natural dos acontecimentos e das pessoas, e de nossos colegas; no centro de todos estava a busca da verdade... – cada um a seu modo podia repetir as palavras magníficas de Blok: "Eu escutei o barulho das páginas da história sendo viradas". [12]

"A filosofia da responsabilidade" era para eles uma filosofia de vida.

Em 1922, Medviédev voltou para Petrogrado. Nesse mesmo ano, saiu seu primeiro livro *Pámiati Bloka* ("Em memória de Blok"). Em 1922, Medviédev é convidado para o teatro Itinerante de P. P. Gaidebúrov e N. F. Skárskaia, torna-se integrante ativo do "conjunto de individualidades" dessa coletividade artística única, dirige parte do repertório, redige e formula a revista ZPT – *Zapíski Peredvijnógo Teátra* ("Notas do Teatro

Itinerante de P. P. Gaidebúrov e de N. F. Skárskaia") que não é somente teatral, mas literário-artística, firmando a continuidade da cultura petersburguesa.

A aproximação de Medviédev com a trupe desse teatro, que é um dos fenômenos mais originais da cultura petersburguesa (nas palavras de Medviédev, "fenômeno único na contemporaneidade cultural artística"), ocorreu em Vítebsk, onde o teatro esteve em turnê no ano de 1919. Foi nesse momento que começou a colaboração de Medviédev com o teatro e sua revista, onde ele passou a dirigir a seção *Literatúrnyi Dnevnik* ("Diário Literário") e, a partir de 1922, tornou-se seu redator-chefe.

Pela temática (em particular, discussão de problemas da poética), pela escolha dos autores e do corpo editorial do jornal como um todo, pelo caráter da bibliografia publicada em cada número, assim como pelas diversas publicações pessoais de P. N. Medviédev, esse órgão de imprensa lembra um departamento professoral, dedicado à teoria e à psicologia da criação artística (não somente teatral). "Aqui está evidente um número não pequeno de ligações prováveis entre a obra científica de M. M. Bakhtin e um fenômeno em muitos aspectos extraordinário da cultura artística russa do primeiro quarto do século XX... Problemas, ideias, conceitos e termos do próprio Bakhtin aparecem como se estivessem 'em sua casa' nas páginas de *ZPT* ("Notas do Teatro Itinerante de P. P. Gaidebúrov e de N. F. Skárskaia"), edições injustificadamente esquecidas, que existiram de 1914 a 1924 (69 edições) e ainda aguardam seu historiador (como, aliás, o próprio teatro, cujo nome por direito deveria entrar no mesmo grupo dos teatros de Stanislávskii e de Meyerkhold)", escreve o atual pesquisador e professor moscovita V. I. Tiupá.[13]

Para a trupe do teatro Itinerante, P. N. Medviédev ministra um curso de psicologia da criação,[14] um ciclo de conferências sobre Dostoiévski[15] e, juntamente com P. P. Gaidebúrov, faz palestras sobre o teatro itinerante em diferentes organizações[16] culturais e científicas e abre alguns espetáculos com o discurso introdutório.

Na *ZPT* ("Notas do Teatro Itinerante") Medviédev publica poemas dos integrantes do "Círculo" – K. Váguinov, B. Zubákin, V. Volóchinov, N. Kliúiev. M. Tubiánskii faz palestras sobre R. Tagor no teatro. Todos eles tornam-se integrantes de conversas de M. M. Bakhtin, que retorna a Leningrado em 1924. No verão de 1924, a revista *ZPT* foi fechada pela censura.

Em 1923, Medviédev foi eleito para a direção da seção de Petrogrado da união dos escritores soviéticos, entra para a união criativa de escritores "*Sodrújestvo*" ("União"), torna-se seu principal crítico e publica um almanaque de trabalhos de seus integrantes. Em 1925 ele é eleito colaborador científico do Instituto da Literatura Russa (Casa de Púchkin), onde continua o trabalho do livro sobre a história criativa do drama e do poema de Aleksándr Blok, prepara para publicação seu *Dnevnik* ("Diário") e *Zapisnýe knijki* ("Cadernos de notas"). O lançamento desses livros em 1928-1930 torna-se um acontecimento importante da vida cultural do país, e Medviédev é reconhecido como o fundador da abordagem científica da obra de Aleksandr Blok, o poeta mais famoso do "século de prata" da literatura russa. Com suas publicações constantes sobre a herança de Blok, Medviédev desenvolveu, no círculo científico e simplesmente de leitor, o clima e os nomes do "século de prata", que pareciam ter sido definitivamente eliminados da vida contemporânea e da literatura soviética.

Em 1928-1930, Medviédev colabora no departamento literário da sucursal de Leningrado da editora Gossizdat (Pribói), onde prepara para publicação um romance em poesia de Borís Pasternák,[17] incentiva a escrita das memórias por Andriéi Biélyi *Na rubiéje dvukh stoliétii* ("No limiar de dois séculos"),[18] edita *Probliémy tvórtchestva Dostoiévskogo* ("Problemas da obra de Dostoiévski"), livro de Bakhtin que já está preso e sob inquérito, contribuindo ativamente para a anulação, que o ameaçava, de prisão no campo de concentração de Soloviétski.

P. N. Medviédev tornou-se o fundador de uma teoria da literatura, à qual (em oposição ao método formal) foi dedicada sua monografia *Formálnyi miétod v literaturoviédenii. Kritítcheskoe vvediénie v sotsiologuítcheskuiu poétiku* ("O método formal nos estudos literários: introdução crítica a uma poética sociológica"), 1928. Com esse livro, o Instituto da História Comparada das Literaturas e das Línguas do Ocidente e do Oriente (ILIAZV), onde Medviédev trabalhava sem ser seu funcionário, começou uma série de novos trabalhos em poética – *Vopróssy metodólguii i teórii iazyká i literatúry* ("Questões de metodologia e teoria da linguagem e da literatura"), três publicações que vieram à luz com sucesso. Os editores científicos da ILIAZV encarregaram P. N. Medviédev em parceria com V. F. Chichmarióv, discípulo do acadêmico A. N. Vesselóvski, de organizar e dirigir no Instituto uma nova divisão acadêmica: a divisão de poética sociológica. Em 1929 Medviédev foi iniciador e integrante do tema coletivo da divisão de poética sociológica em "Epos Sociológico", do qual fizeram parte L. Bogáevskii, O. Freidenberg, V. Chichmarióv, N. Derjávin e Frank-Kameniétskii,[19] do tema coletivo "Sociologia dos Gêneros"[20] em parceria com V. F. Chichmarióv, e de uma série de outros.

Ao tornar-se um dos mais importantes programas do instituto, a poética sociológica revelou-se uma etapa fecunda dos estudos literários científicos, mas logo em seguida foi criticada e interrompida pelos marxistas ortodoxos.

Entretanto, os trabalhos de Medviédev conseguiram lançar os fundamentos de uma "ciência das ideologias", de uma poética sociológica, de uma teoria do gênero e da futura semiótica. Medviédev continuou a elaboração de uma teoria da criação artística verbal nos manuscritos "Poética sociológica, t. 1. Temática". Porém, logo foi acusado de "kantianismo, formalismo e outros tipos de obscurantismo negro",[21] estigmatizado como "liquidador da arte proletária".[22] Essas acusações o ameaçavam com uma inevitável prisão. Os planos criativos chegaram a mudar. Uma nova edição de *Formálnyi miétod. Formalizm i formalisty* ("O método formal: formalismo e formalistas"), 1934[23] – distingue-se do livro anterior de 1928.

Começando com o artigo-resenha ao livro de Paul Signac,[24] em que Medviédev (ainda antes do surgimento da sociedade do formalismo russo – Opoiaz) faz uma avaliação da "estética material", ele continua a polêmica com os representantes da escola formal russa, tornando-se seu principal oponente.

Os livros de P. N. Medviédev trouxeram-lhe fama não somente como teórico da literatura, mas a reputação de "destruidor do método formal".[25] O livro de Medviédev obrigou V. Chklóvski a duvidar da veracidade de sua teoria, como fica evidente em seu artigo "Pámiatnik naútchnoi ochíbke" ("Memória do erro científico") no *Literatúrnaia gaziéta* ("Jornal Literário"), 1930, e nas correspondências de 1929 com Tyniánov, o qual confortou seu amigo de todas as formas possíveis.[26]

Nos anos 1930, Medviédev voltou-se inteiramente para o trabalho docente, que ele amava e transformou na principal ocupação de sua vida. Diversos futuros filólogos estudaram com ele. Nas palestras sobre história da literatura, Medviédev reanimava o passado que aparecia em sua diversidade, enquanto que a poética sociológica tornava-se uma disciplina científica. Estudantes seguiam Medviédev de um auditório de estudos a outro: na Universidade, no Instituto de Hertsen, na Academia de estudos da arte, no auditório da sociedade de Púchkin. Às vezes acompanhavam-no a pé, empenhando-se em continuar a conversa.[27]

Em 1936 Medviédev foi convidado para fazer conferências no Instituto pedagógico (mais tarde universidade) em Saransk, onde os professores o elegeram curador (diretor) dessa instituição de ensino superior. Nessa época, ele arrumou trabalho no instituto de Saransk para o condenado político M. M. Bakhtin.

Na base de seus cursos, Medviédev preparou para publicação o primeiro manual para instituições de ensino superior em literatura russa do final do século XIX ao início do século XX[28] juntamente com uma antologia, mas a impressão tipográfica desses livros foi destruída logo após sua prisão.

O estudioso de teatro e escritor A. Krasnóv-Levítin, que estudou com Medviédev, exilado da União Soviética por atividades em defesa dos direitos humanos, escreve em seu famoso livro *Likhíe gody* ("Anos de aperto"): "Foi preso o mais popular de nossos docentes, o professor Medviédev, famoso conferencista e conhecido por Leningrado inteira. Por quê? Para quê? Ninguém sabe...".[29]

Em 1938 Pável Nikoláievitch Medviédev foi preso e fuzilado em lugar desconhecido por participação em uma "organização antissoviética" mítica.

O arquivo do estudioso foi confiscado. Seus livros foram retirados das bibliotecas. O livro *Formálnyi miétod* ("O método formal") foi liberado do "depósito especial" somente em 1987, mas no início dos anos 1960 ele já foi publicado como microfilme em uma universidade nos Estados Unidos.[30] Trabalhos não publicados de Medviédev foram confiscados e destruídos.

Colegas professores na universidade e literatos manifestaram-se contra sua prisão por meio de cartas a NKVD (futura KGB). O famoso escritor russo Mikhail Zóschenko escreveu sobre Pável Nikoláievitch Medviédev: "Todas as vezes em que me encontrei e conversei com ele, convenci-me que era uma pessoa de uma bondade excepcional, uma pessoa inteligente, honesta e que amava ardentemente... a literatura." Seu ex-companheiro de cela, o poeta Nikolai Zabolótskii, lembra-se do comportamento corajoso de Pável Nikokáievitch na prisão: "P. N. Medviédev não somente não cedeu ao desânimo, mas tentava na medida do possível animar os outros presos, que superlotavam a cela."

P. N. Medviédev permaneceu fiel a si até o fim.

Notas

[1] *Chátskikh A. Vitebsk: Jizn iskússtva*. 1917-1922, Moskvá, 2001; *The Bakhtin Circle in the Master's absence*, Craig Brandist, David Shepherd e Galin Tikhanov (ed.), Manchester/New York: Manchester University Press, 2004; I. P. Medviédev e D. A. Medviédeva, "Trudý i dni Kruga M. M. Bakhtiná", em *Zvezdá*, 2008, n. 7, p. 192-210.

[2] Vauthier Benedicte, "Lire Medvedev pour mieux comprendre Bakhtin", em *Langage et pensée: Union Soviétique années 1920-1930*, Université de Lausanne, Suíça, 2008, Cahier n. 24, p. 82.

[3] "Pismo M.M. Bakhtina" ("Carta de M. M. Bakhtin"), em *Literatúrnaia utchióba*, Moscou, 1992, livro 5-6, p. 145.

[4] P. N. Medviédev, "Tolstoi's Diary", em *The Bakhtin Circle in the Master's Absence*, Manchester, University Press, 2004, p.188-92. P. N. Medviédev. "O dnevnikié Lva Tolstógo" e "O Tolstóm", em Zvezdá, 2010, n. 11.

[5] Ken Hirschkop, *Mikhail Bakhtin: An Aesthetic for Democracy*, Oxford, Oxford University Press, 1999, p. 146.

[6] As cartas foram publicadas em: *Pámiat: Istorítcheski sbórnik* ("Memória: coletânea histórica"), 4. ed., Paris, IMKA, 1981, p. 257-64; *Dialog, Karnaval. Khronotop*, 1992, n. 1. p. 66-72.

[7] Ver os programas das conferências de P. N. Medviédev: *Proceedings of the XII International Bakhtin Conference*, Jyvaskyla, Finlândia, 18-22 July, 2005, p. 19-22; p. 31-3; e *Zvezdá*, 2006, n. 7.

[8] M. M. Bakhtin, *Bessiédy s V. D. Duvákinym*, Moskvá, 2002, p. 222. [N. T.: Tradução para o português: V. D. Duvakin, *Mikhail Bakhtin em diálogo: conversas com Duvakin*, trad. do italiano D. M. Mondardo, São Carlos, Pedro e João, 2008.]

[9] P. N. Medviédev, *Formálnyi miétod v literaturoviédenii: Kritítcheskoe vvediénie v sotsiologuítcheskuiu poétiku*, Leningrado, Pribói, 1928; V. N. Volóchinov, *Marksizm i filossófia iazyká*, Leningrado, Pribói, 1929; M. M. Bakhtin, *Probliémy tvórtchestva Dostoiévskogo*, Leningrado, Pribói, 1929. [N. T.: As traduções para o português dessas obras são, além deste livro, respectivamente M. M. Bakhtin/Volochínov, *Marxismo e filosofia da linguagem*, 6. ed., São Paulo, Hucitec, 1992; Mikhail Bakhtin, *Problemas da poética de Dostoiévski*, trad. Paulo Bezerra, 2. ed., Rio de Janeiro, Forense Universitária, 1997.]

[10] A resolução de uma conferência anuncia: "III Conferência Internacional de Estudos Bakhtinianos", que ocorreu de 23 a 25 de junho de 1998 em Vítebsk, foi dedicada à memória do companheiro e amigo próximo de M. M. Bakhtin – o mundialmente conhecido teórico da literatura, professor P. N. Medviédev (1892-1938), ligado aos

sessenta anos de sua morte... Os participantes da conferência pensam que a ausência nos usos científicos e literários da obra reunida de P. N. Medviédev, não reeditada por motivos ideológicos ou não publicada antes, e até a ausência de sua biografia acadêmica, com base em novos (antes inacessíveis devido à prisão e fuzilamento em 1938) fatos, influencia negativamente as possibilidades de um estudo do conjunto da herança de M. M. Bakhtin, isto é, de seu círculo científico.

As edições piratas, empreendidas na série *Bakhtin pod máskoi* ("Bakhtin sob máscara"), por sua má qualidade, como é reiteradamente assinalado na impressa, não são capazes de preencher uma lacuna real e, além do mais, merecem uma reprovação moral e científica.

Resolução assinada: T. G. Schitsóva (Minsk), A. A. Korablióv (Donetsk), B. Jilko (Polônia, Glansk), V. M. Alpátov (Moscou), B. F. Egórov (São Petersburgo), T. Kovríguina (BGU), X. Sasaki (Japão), a. I. Gládkii (BGU, Minsk), N. A. Pankov (Vítebsk-Moscou).

[11] M. M. Bakhtin, *Avtor i gueroi v estetítcheskoi deiátelnosti* ("O autor e o herói na atividade estética"), *Sobránie sotchiniénii* ("Obras reunidas", tomo 1), Moscou: Rússkie Slovarí/Iazykí Slaviánskoi Kultúry, 2003, p. 231.

[12] Arquivo de M. V. Iúdina, seção de manuscritos GBL, fundo 527.

[13] V. I. Tiupá, *V póiskakh bakhtínskogo kontiéksta* ("À procura do contexto bakhtiniano"), *Discurs*, 1997, n. 3-4, p. 189-208.

[14] ZPT – *Zapíski Peredvíjnogo Teatra P. P. Gaidebúrova e N. F. Skárskaia* ("Notas do Teatro Itinerante de P. P. Gaidebúrova e N. F. Skárskaia"), n. 67, p. 7.

[15] Idem, n. 42, p. 4.

[16] Idem, n. 61, p. 8.

[17] B. Pasternak, "Pisma k P.M. Medviédevy" ("Cartas para P. N. Medviédev: obras reunidas"), tomo 5, Cartas, Moscou, 1992.

[18] A. Biélyi, "Pisma k P.M. Medviédevy" ("Cartas a P. N. Medviédev", Prefácio, publicação e notas de A. V. Lavrov, em *Vzgliád, Krítika. Poliémika. Publikátsii* ("Olhar, Crítica. Polêmica. Publicação"). Moscou, Soviétskii Pissáteli, 1988, p. 430.

[19] Arquivo RAN (Academia Russa de Ciências), filial SPB, fundo 302, op. 1, pasta 270, l. 10.

[20] Idem, l. 8.

[21] V. Ermílov, "Za boevúiu tvórstcheskuiu perestróiku" ("Por uma combatente reconstrução criativa"), *Na literatúrnom postú* ("No Posto Literário"), 1932, n. 4.

[22] A. Fadiéev, "Ob odnóm spóre vsemírno-istorítcheskogo znatchiénia". Zakliutchítelnoe slovo na proizvódstvennom soveschánii krítikov RAPP 29 iavariá 1932 ("Sobre uma discussão de peso histórico mundial". Palavra de encerramento para a conferência de trabalho dos críticos RAPP de 29 de janeiro de 1932). Também em *Na literatúrnom postú* ("No Posto Literário"), 1932, n. 5. p. 5.

[23] Reedição: Hildesheim, New York, G. Olms, 1973.

[24] P. Medviédev, "K teoretítcheskomu obosnovániu neoimpressionízma. Kniga Polia Siniánka" ("Por um fundamento teórico do neoimpressionismo: os livros de Paul Signac"), *SPB Novo Estúdio*, 1912, n. 9, p. 14-5. Esse artigo, junto com outros trabalhos de Medviédev de 1912, abrem o primeiro volume da bibliografia de M. M. Bakhtin e do Círculo bakhtiniano: Carol Adlam e David Shepherd, *The Annotated Bakhtin Bibliography*, London, Maney Publishing for the Modern Humanities Research Association, 2000, p. 3.

[25] E. Gollerbakh, *Górod muz* ("A cidade das musas"), Leningrado, 1930, p. 11-2.

[26] ("Carta de I. N. Tyniánov a V. B. Chklóvski de 1929"), *Soglássie*, Moscou, 1995, n. 30, p. 201.

[27] Medviédev, I. P. e D. A. Medviédeva, "Pável Medviédev, Mikhail Bakhtin, Liudvíg Flek i druguíe" ("Pável Medviédev, Mikhail Bakhtin, Liudvíg Flek e outros"), em *M. M. Bakhtin v contiékste mirovói kultúry* ("M. M. Bakhtin no contexto da cultural mundial"), publicação especial, Moskvá, Iazykí Slaviánskoi Kultúry, 2003, p. 200-33.

[28] P. N. Medviédev, *Metodítcheskaia razrabótka po kursu istórii rússkoi literatúry* ("Apostila metodológica para curso de história da literatura russa"), Leningrado, 1933.

[29] A. E. Krasnóv-Levítin, *Likhíe Gody, 1925-1941: Vospominániia* ("Anos de aperto, 1925-1941: lembranças"), Paris, YMCA Press, 1977, p. 380.

[30] P. N. Medviédev, *Formálnyi miétod v literaturoviédenii: kritítcheskoe vvediénie v sotsiologítcheskuiu poétiku* ("O método formal nos estudos literários: introdução crítica a uma poética sociológica"), Michigan, Ann Arbor/Michigan University Microfilms, 1964 [1928].

Bibliografia de Pável Nikoláievitch Medviédev

Iuri Pávlovitch Medviédev

1. (resenha) G. Lanson. (Miétod v istórii literatúry). O método na história da literatura. *(Prótiv tetchiénia)*. *Contracorrente*. Petersburgo, 1911, N. 7, p. 3. Reprint: *(Voprossy literatúry)* Questões da literatura. 2009, N. 6, p. 194-203; *(Khronotop i okriéstnosti)*. *O cronotopo e os arredores*. Ufa, Vagant, 2011, p.196-197.

2. (resenha) Fr. Nietzsche "Autobiografia. Esse homo". *(Prótiv tetchiénia) Contracorrente*. 1911, N. 7, p. 4. Reprint: *(Voprossy literatúry) Questões da literatura*. 2009, N. 6, p. 194-203; *(Khronotop i okriéstnosti) O cronotopo e os arredores*. Ufa, Vagant, 2011, p.197.

3. (Literatúrnyi dniévnik. I. Godína skórbi). O diário literário. I. O ano de dor. *(Prótiv tetchiénia) Contracorrente*, 1911, N. 8, p. 3.

4. (Literatúrnyi dniévnik. II. Prázdnik naródnogo dostóinstva). O diário literário. II. A festa da dignidade popular. *Contracorrente*, 1911, N. 8, p. 3.

5. (Literatúrnyi dniévnik. III. N. A. Dobroliúbov i ego estética). O diário literário. III. N. A. Dobroliúbov e a sua estética. *Contracorrente*, 1911, N. 10, p. 3.

6. (Literatúrnyi dniévnik. V. Gólos "ottúda"). O diário literário. V. A voz de "lá". *Contracorrente*, 1911, N. 16, p. 4.

7. (O Nádsone. Dialog). Sobre Nadson. Diálogo . *Contracorrente*, 1912, N. 20, p. 2.

8. (Literatúrnyi dniévnik. VI. Blíki próchlogo góda). O diário literário. VI. Os reflexos do ano passado. *Contracorrente*, 1912, N. 21, p. 3.

9. (Literatúrnyi dniévnik. VII. Ivanov-Razúmnik – "Tvórtchestvo i krítika"). O diário literário. VII. Ivanov-Razúmnik – "Arte e crítica". *Contracorrente*, 1912, N. 23, p. 3.

10. (Stranítchka iz jízni Púchkina v Kichinióve). Página da vida de Púchkin em Kishinev. *Contracorrente*, 1912, N. 24, p. 2.

11. (Literatúrnyi dniévnik. VIII. Al. Blok. "Notchnýie tchassy"). O diário literário. VIII. Al. Blok. Horas da noite. *Contracorrente*, 1912, N. 24, p. 3.

12. (Literatúrnyi dniévnik. IX. Khorovod namiókov). O diário literário. IX. A roda das alusões. K. D. Balmont "O resplendor das auroras". (K. D. Balmont "Zárevo zor"). *Contracorrente*, 1912, N. 25, p. 3.

13. (Literatúrnyi dniévnik. X. Vossmáia "Zemliá"). O diário literário. X. Oitava "Terra". *Contracorrente*, 1912, N. 27-28, p. 4.
14. I. F. Ánnenski. *Contracorrente*, 1912, N. 8, p. 10.
15. (Arabiéski. I. M. Kuzmin. "Osiénnie ozióra"). Arabescos. I. M. Kuzmín. "Os lagos do outono". *(Nóvaia stúdia)*. O novo estúdio. Petersburgo, 1912, N. 9, p. 10.
16. (resenha) (Literatúrnyi dniévnik. "K teoretítcheskomu obosnovániu neo-impressionísma"). O diário literário. "Sobre a justificativa teórica do neoimpressionismo". *(Nóvaia stúdia)*. *O novo estúdio*. 1912, N. 9, p. 14–15. Reprint: *(Vopróssy literatúry) Questões da literatura*. 2009, N. 6, p. 194-203; *(Khronotop i okriéstnosti). O cronotopo e os arredores*. Ufa: Vagant, 2011, p.193-196.
17. (7-oe noiabria – dien skórbi [O Lve Tolstom]). 7 de novembro: dia da dor [Sobre Liév Tolstói]. *(Nóvaia stúdia). Novo estúdio*, 1912, N. 10, p. 9-10. Reprint: *Zvezdá*. 2010, N. 11, p. 106-111.
18. (Pámiati Innokiéntia Ánnenskogo). Em memória de Innokiénti Ánnenski. *Novo estúdio*, 1912, N. 13, p. 2-4.
19. (Arabiéski. II.) Arabescos. II. Viatch. Ivánov. «Cor ardens», parte II. *Novo estúdio*, 1912, N. 13, p. 4-5.
20. (Arabiéski. III. "Chipóvnik"). Arabescos. III. "Rosa silvestre", livro XVIII. *Novo estúdio*, 1912 [1913], N. 1, p. 68-69.
21. (Rússkaia literatura v 1913 godú). A literatura russa em 1913. *Vida em Moldávia*. Kichinev, 1914, N. 4.
22. (Literatúrnyi dniévnik. Jurnály za dekabr). O diário literário. As revistas de dezembro. *Vida em Moldávia*. Kichinev, 1914, N. 10.
23. N. K. Mikháilovski. *Vida em Moldávia*, Kichinev, 1914, N. 22.
24. (Literatúrnyi dniévnik. Jurnály za ianvar). O diário literário. As revistas de janeiro. *Vida em Moldávia*, Kichinev, 1914, N. 40.
25. (Na liéktsii F. Sologúba). Na palestra de F. Sologub. *Vida em Moldávia*, Kichinev, 1914, N. 46, 23 de fevereiro.
26. (Pod krovávoi grozói. Písma P. N. Medviédeva. [Tsikl statéi iz diéstvuiuchei ármii]). Sob a tempestade de sangue. Cartas de P. N. Medviédev. I-XXV. [Ciclo de artigos do exército em operação].*Vida em Moldávia*, Kichinev, 1916-1917. N. 46 (1916) — N. 25 (1917).
27. (Griékh mira). O pecado do mundo. *Vida em Moldávia*, Kichinev, 1917, N. 21.
28. (O "Dnievnikié" Lva Tolstógo). Sobre o "Diário" de Liév Tolstói. *Vida em Moldávia*, Kichinev, 1916, N. 87, p. 2. Reprint: *The Bakhtin Circle in the Master's absence*. Manchester University Press. Manchester and New York, 2004. p. 188-192; *Zvezdá*, N. 11, 2010. p. 106-111.
29. (Neístovyi Apolonn. [Ob Apollone Grigórieve]). Apolo furioso. Sobre Apollon Grigóriev. *Vida em Moldávia*, Kichinev, 1916, N. 88, p. 2.
30. (O tom, tchto viétchno jjiot kak poschiótchina). Sobre aquilo que queima eternamente como uma bofetada. *Vida em Moldávia*, Kichinev, 1916, N. 90, p. 2.
31. (Viétchnoie v Shakespeare). O eterno em Shakespeare. *Vida em Moldávia*, Kichinev, 1916, N. 94, p. 2.
32. (O krítike i okhúlke). Sobre o crítico e o blasfemo. *Vida em Moldávia*, Kichinev, 1916, N. 140, p. 2.
33. (Molodáia pórosl). A jovem geração. *Iskusstvo*, Petrogrado, 1916. N. 1-2 (6-7), p. 5-6.
34. Liérmontov. *Vida em Moldávia*, Kichinev, 1916, N. 175, p. 2.

35. (Nóvoie v literature). O novo na literatura. *Vida em Moldávia*, Kichinev, 1917, N. 12, p. 2 — N. 13, p. 2.

36. (Ob izutchiénii Púchkina). Sobre os estudos de Púchkin (1837 — 29–1 — 1917). *Vida em Moldávia*, Kichinev, 1917, N. 27, p. 2.

37. Rússki Brand. [O knige N. Berdiáeva "Smysl tvórtchestva"]. Brand russo. [Sobre o livro de N. Berdiáiev " O sentida da arte"]. *Vida em Moldávia*, Kichinev, 1917, N. 29, p. 2. Reprint: *DKKh*. 2003, N. 1-2 (39-40), p. 193-199.

38. (O Gógole). Sobre Gógol (1852 — 21–11 — 1917). *Vida em Moldávia*, Kichinev, 1917, N. 50, p. 2.

39. (Andrei Biély. K výkhodu piérvogo sobránia ego sotchiniénii). Andréi Biély. A respeito da publicação da primeira coletânea de suas obras. *Vida em Moldávia*, Kichinev, 1917, N. 60, p. 2

40. (25 oktiabriá – 25 apriélia). 25 de outubro – 25 de abril. *Nossa vida. (Nachajizn)*. Vítebsk, 1918. N. 34, 25 (12) de abril, p. 2.

41. (Pogrómnyi peregar). O odor de massacre. *Nossa vida*, Vítebsk, 1918. N. 40. 3 de maio, p. 2.

42. (resenha) ("Slovo o kultúre". Sbórnik kritítcheskikh i filosófskikh statei). "Discurso sobre a cultura". *Coletânea de artigos críticos e filosóficos*. Edição de Gordon-Konstantínova. Moscou, 1918 *(Chkola i revoliútsia) Escola e revolução*, Vítebsk, 1919, N. 23(2), p. 12-13.

43. (Peredvíjnyi obschedostúpnyi teatr. (K ego gastróliam v Vítebske) O teatro itinerante para todos. (Sobre as suas apresentações em Vítebsk). *(Iziéstia Vítebskogo Gubiérnskogo Ispolnítelnogo Komitiéta Soviétov Utchenítcheskikh Deputátov). Notícias do Comitê Executiva dos Conselhos dos Deputados Estudantis da Província de Vítebsk*. 1919, N. 4-5.

44. (1-ia otchiótnaia výstavka v khudójestvennom utchílische). Primeira exposição-relatório na Escola de Artes. *(Prosveschiénie i kultúra) Educação e cultura*, Vítebsk, 1919. N. 4, 6 de julho. p. 2.

45. (resenha) (K. Lvov. Probliema lítchnosti u Dostoiévskogo. "Prestupliénie i nakazánie"). K. Lvov. O problema da personalidade na obra de Dostoiévski. "Crime e Castigo". Edição de Zubálov. 1918 *Notícias do Comitê Executiva dos Conselhos dos Deputados Estudantis da Província de Vítebsk*, 1919, N. 15.

46. (org.) (Vserossíiski vnechkólnyi sezd. Vopróssy vnechkólnogo prosveschiénia). Congresso extraescolar de toda Rússia. Questões da educação extraescolar. Organização de P. N. Medviédev, Vítebsk, 1919.

47. (O proletárskoi kultúre. Iz dokláda na gubiérnskom vnechkólnom sezde). Sobre a cultura proletária. Da apresentação em Congresso extraescolar. *Notícias do Comitê Executiva dos Conselhos dos Deputados Estudantis da Província de Vítebsk*, 1919, N. 15.

48. Programma liéktsii P. N. Medviédeva po istórii rússkoi literatury i óbschestva. (Programa de palestras de P. N. Medviédev sobre a história da literatura e sociedade russa). *Notas da Universidade Proletária de Vítebsk*. 1919, N. 1.

49. (Literatúrnyi dniévnik: Viatch. Ivánov. "Mladiéntchestvo"). O diário literário: Viatch. Ivánov. "A primeira infância" *(Zapíski Peredvijnógo teatra P. P. Gaidebúrova e N. F. Skárskoi – ZPT.) Notas do Teatro Itenerante de P. P. Gaidebúrov e N. F. Skárskaia*, Petrogrado, 1919, N. 21.

50. (Literatúrnyi dniévnik. N. Gumiliov. "Kostior") O diário literário: N. Gumilióv. "A fogueira" *ZPT*, 1919, N. 24-25.

51. ([K 120-liétnei godovschine A. S. Púchkina]) [Para o aniversário de 120 anos de A. S. Púchkin] *(Zapíski Vítebskogo Proletárskogo universitiéta). Notas da Universidade Proletária de Vítebsk*, 1919, N. 4-5.

52. (Literatúrnyi dniévnik: Bolchói i velíki [o knige vospominánii M. Górkogo o L. N. Tolstom]) O diário literário: o Grande e o Grandioso [sobre o livro de memórias de M. Górki sobre L. N. Tolstói] *ZPT*, 1919-1920, N. 26-27.
53. ("Oktiabr" v Moskve i v Skotoprigónievske). O "Outubro" em Moscou e em Skotoprigónievsk *Iskússtvo (Arte)*, Vítebsk, 1921, N. 1.
54. (resenha) (Kónonov, N. N. Vvediénie v istóriu literatúry). Kónonov, N. N. Introdução à história da literatura, Moscou, Zadruga, 1920 *Iskússtvo*, Vítebsk, 1921, N. 1, p. 2-3.
55. (resenha) (Kultúra teatra. Jurnal Mosk. Assotsiirovannykh Teatrov). A cultura do teatro. A revista da Associação dos teatros de Moscou, N. 1, Editora Estatal, 1921 *Iskússtvo*, Vítebsk, 1921, N. 2-3, p. 1.
56. (Teatr Gubnarobraza. Pokazátelnyi spektakl studii pri klube im. Lunatchárskogo). O teatro de Gubnarobraz. O espetáculo demonstrativo do estúdio junto ao clube de Lunatchárski. *Iskússtvo*, Vítebsk, 1921, N. 2-3, 1921, p. 26.
57. (K postanóvke "Dantona" Romaina Rollanda (Vmiésto retsiénzii). Sobre a encenação de "Danton" de Romain Rolland (Ao invés da resenha). *Iskússtvo*, Vítebsk, 1921, N. 2-3.
58. (resenha) (Iskússtvo v proizvódstve. Sb. 1). A arte na produção. Coletânea 1. Moscou, 1920 *Iskússtvo*, Vítebsk, 1921, N. 2-3, p. 29.
59. (Zadátchi momiénta). As tarefas do momento. *Iskússtvo*, Vítebsk, 1921, N. 4-6, p. 2-3.
60. (Skontchálsia Aleksandr Blok). Faleceu Aleksandr Blok *Iskússtvo*, Vítebsk, 1921, N. 4-6, p. 2-3.
61. (O literatúrnom nasliédii Dostoiévskogo). Sobre a herança literária de Dostoiévski. *Iskússtvo*, Vítebsk, 1921, N. 4-6, p. 49.
62. (Gámlet XX viéka). Hamlet do século XX. *(Jizn iskússtva). A vida da arte.* Petrogrado, 1922, N. 31.
63. (Teatralno-literatúrnaia khrónika: [informátsia o naútchnoi déiatelnosti R. O. Gruzenberga i M. M. Bakhtina]). A crônica teatral e literária: informação sobre a atividade científica de R. O. Gruzengberg e M. M. Bakhtin *A vida da arte*, Petrogrado, 1922, N. 33 (856).
64. (Obzor knig o Dostoiévskom). Revista dos livros sobre Dostoiévski. *A vida da arte*, Petrogrado, 1922, N. 42 (865).
65. (Sb. "Pámiati A. A. Bloka"). Coletânea "Em memória de A. A. Blok". [Organização, prefácio e comentários de P. Medviédev], Petersburgo, *Polárnaia Zvezdá (Estrela Polar)*, 1922.
66. (resenha) (Biéketova, M. A. Al. Blok. Biografítcheski ótcherk). Biéketova, M. A. Al. Blok. Ensaio biográfico. Petersburgo, Alkonost, 1922. *ZPT*, 1922, N. 34, p. 5.
67. (resenha) (Kizevetter, A. Teatr). Kizevetter, A. O Teatro. Moscou, Zadruga, 1922, *ZPT*, 1922, N. 34, p. 5.
68. ("Lirítcheski krug") "O círculo lírico" *ZPT*, 1922, N. 34, p. 3.
69. (resenha) (Guber, P. K. Anatole France: krítiko-bibliografítcheski etiud). Guber, P. K. Anatole France: ensaio crítico-bibliográfico. Petersburgo, *Polárnaia Zvezdá*, 1922 *ZPT*, 1922, N. 35, p. 4.
70. (resenha) (Piksánov, N. K. Púchkinskaia stúdia). Piksánov, N. K. O estúdio de Púchkin. Petrogrado: Atenei, 1922, *ZPT*, 1922, N. 35, p. 4.
71. (resenha) (Tchertkov V. G. Ukhod Tolstógo). Tchertkov V. G. A partida de Tolstói. Moscou, 1922 *ZPT*, 1922, N. 36, p. 5.
72. (N. R. Turguiénev. K Turguiénevskoi nediéle v Peredvijnom teátre). N. R. Turguénev. Para a semana de Turguiénev no Teatro Itinerante *ZPT*, 1922, N. 38, p. 1-2.

73. (resenha) (Valtzel, O. Impressionism i ekspressionism v sovremiénnoi Germánii(1890–1920). Valtzel, O. O impressionismo e o expressionismo na Alemanha moderna (1890–1920). Petersburgo, Academia, 1922 *ZPT*, 1922, N. 38, p. 5.
74. (K 12-oi godovschíne smerti L. N. Tolstógo). Para 12º ano após a morte de Tolstói. *ZPT*, 1922, N. 39, p. 1.
75. (Nekrássov i Peredvijnoi teatr). Nekrássov e o Teatro Itinerante. *ZPT*, 1922, N. 40, p. 1.
76. (resenha) (Dostoiévski v izobrajénii ego dótcheri L. Dostoiévskoi). A apresentação de Dostoiévski por sua filha L. Dostoiévskaia. Petrogrado, 1922 *ZPT*, 1922, N. 41, p. 5.
77. (resenha) (Biélyi A. Poésia slova). Biélyi A. A poesia da palavra. Petersburgo, Época, 1922 *ZPT*, 1922, N. 42, p. 4-5.
78. (resenha) (Dostoiévski F. M. Peterbúrgskaia liétopis. Iz neízdannykh proizvediéni) Dostoiévski F. M. A crônica petersburguesa. Das obras não publicadas. Petersburgo-Berlin, Epokha, 1922 *ZPT*, 1922, N. 43, p. 5.
79. (Literatúnria mysl, almanakh 1). O pensamento literário, almanaque 1. Petersburgo, Mysl, 1922 *ZPT*, N. 44, p. 4.
80. (Tótchki nad i) Pontos sobre i *ZPT*, 1922, N. 44, p. 5.
81. (resenha) (Balzac O. de. Ozornýie skázki). Balzac O. de. *Contes drolatiques* / Tradução de F. Sologub. Petersburgo, Poliárnaia zvezdá, 1922, *ZPT*, 1923, N. 47, p. 5.
82. (resenha) (Izdánia "Parfenona", posviaschiónnyie Púchkinu). As edições de "Parthenon" dedicadas a Púchkin. *ZPT*, 1923, N. 47, p. 5.
83. (Innokiénti Ánnenski. K výkhodu vtorym izdániem "Kiparísovogo lartsá"). Innokiénti Ánnenski. Sobre a segunda publicação de "Baú de cipreste." *ZPT*, 1923, N. 49, p. 2-3.
84. (Sólntse v ziénite). O sol em zênite. *ZPT*, 1923, N. 50, p. 2-3.
85. (Pámiati V. F. Komissarjévskoi). Em memória de V. F. Komissarjévskaia. *ZPT*, 1923, N. 51, p. 1.
86. (Rossíiski institut istórii iskússtv). O Instituto Russo da História das Artes. *ZPT*, 1923, N. 51, p. 6-7.
87. (resenha) (Gumilióv, N. R. Písma o rússkoi poésii). Gumilióv, N. R. Cartas sobre a poesia russa. Petrogrado, Mysl, 1923. *ZPT*, 1923, N. 52, p. 5.
88. (resenha) (Gollerbakh, E. V. V. Rózanov. Jizn i tvórtchestvo). Gollerbakh, E. V. V. Rózanov. Vida e obra. Petersburgo, Poliárnaia zvezdá, 1922 *ZPT*, 1923, N. 52, p. 6.
89. (V póiskakh kontsértnogo stilia. Vstupítelnoie slovo k spektákliu "Piésni Vichnióvogo Sáda"). Em busca do estilo de concerto (Discurso introdutório para o espetáculo "As Canções do Jardim das Cerejeiras"). *ZPT*, 1923, N. 53, p. 4-5.
90. (resenha) (Aseiév, N. Izbran. stikhi1912–1922 g.). Aseiév, N. Poesias seletas de 1912-1922. Moscou-Petersburgo, Krug, 1923. *ZPT*, 1923, N. 53, p. 7-8.
91. (Slovo ob Ostróvskom). Discurso sobre Ostróvski. *ZPT*, 1923, N. 55, p. 4-5.
92. (resenha) (Kleiner, I. M. Kazarma. Peça em 1 ato). Kleiner, I. M. Quartel. Peça em 1 ato. Kiev, 1920; (Khram bóji). O templo divino. Tragédia. Kharkov, Unanimisty, 1921; (Kriépost). A fortaleza. Drama (manuscrito). *ZPT*, 1923, N. 56, p. 7-8.
93. (resenha) (Rabindranath Tagore. Kruchiénie). Rabindranath Tagore. A derrota. Romance. Petrogrado, 1923. *ZPT*, 1923, N. 57, p. 8.
94. ("Padiénie Eleny Lei" Adr. Piotrovskogo v Teatre nóvoi dramy). "A queda de Elena Lei" de Adrian Piotróvski no Teatro do novo drama. *ZPT*, 1923, N. 57, p. 8.

95. (resenha) (Muller-Freinfels, R. Poetika). Muller-Freinfels, R. Poética. Kharkov, Trud, 1923. *ZPT,* 1923, N. 58, p. 7.
96. (resenha) (Kudriáchov, K. V. Aleksandr I i tainá Fiódora Kuzmitchá). Kudriáchov, K. V. Aleksandr I e o mistério de Fiódor Kuzmitch. Petersburgo, Vriémia, 1923. *ZPT*, 1923, N. 59, p. 8.
97. (resenha) (Gruzenberg, S. O. Psikhológuia tvórtchestva). Gruzenberg, S. O. A psicologia da arte. Volume 1. Minsk, Beltrestpetchat, 1923. *ZPT*, 1923, N. 59, p. 8.
98. (resenha) André Gide. O amoral. Romance. / Petrogrado, Mysl, 1923. *ZPT*, 1923, N. 60, p. 8.
99. (resenha) (Literatýrnaia mysl). O pensamento literário. Almanaque II. Petersburgo: Mysl, 1923. *ZPT*, 1923, N. 60, p. 8.
100. (resenha) (Literatúrnyie portfieli. Stati, zamiétki i neízdannyie materialy po nóvoi rússkoi literatúre iz sobránia Púchkinskogo Doma). As pastas literárias. Artigos, notas e materiais inéditos sobre a nova literatura russa da coletânea da Casa de Púchkin. *ZPT*, 1923, N. 60, p. 8.
101. (Netcháianaia rádost [o sobránii graviur A. I. Dolivo-Dobrovólskogo]). A alegria inesperada. Sobre a coletânea de gravuras de A. I. Dolivo-Dobrovólski. *ZPT*, 1923, N. 60, p. 3.
102. (Paliéstra peredvijnógo Teátra). A palestra do Teatro Itinerante. *ZPT*, 1923, N. 60, p. 1-2.
103. (resenha) (Solovióv, Vl. Pisma). Solovióv, Vl. Cartas. Petersburgo. Vriémia, 1923. *ZPT*, 1923, N. 60, p. 8.
104. (Avtobiografítcheskaia ankiéta Al. Bloka). O questionário autobiográfico de Al. Blok. *ZPT*, 1923, N. 61, p. 2.
105. (resenha) (Dnevnik Púchkina (1833–1835). O diário de Púchkin (1833–1835). Gosizdat, 1923. *ZPT*, 1923, N. 61, p. 8.
106. (resenha) (Ivanov-Razúmnik. Kniga o Belínskom). Ivanov-Razúmnik. Livro sobre Belínski. Petersburgo, Mysl, 1923. *ZPT*, 1923, N. 62, p. 8.
107. (resenha) (Koni, A. F. Sud-naúka-iskússtvo. Iz vospominánii sudiébnogo diéiatelia). Koni, A. F. Juizo-ciência-arte. Das memórias de um juiz. Petrogrado, Poliárnaia zvezdá, 1923. *ZPT*, 1923, N. 62, p. 8.
108. (resenha) (Kuzmin, M. Uslóvnosti. Statii ob iskússtve). Kuzmin, M. As convenções. Artigos sobre arte. Petrogrado, Poliárnaia zvezdá, 1923. *ZPT*, 1923, N. 62, p. 7.
109. 1898–1923 [Rietch, proiznesiónnaia v tchest iubiliéia Moskóvskogo Khudójestvennogo teátra]. [Discurso pronunciado na ocasião do aniversário do Teatro Artístico de Moscou]. *ZPT*, 1923, N. 64, p. 1.
110. (resenha) (Piast. V. Vospominánia o Bloke). Piast, V. Memórias sobre Blok. Petersburgo, Atenei. 1923; (Babiéntchikov, M. Al. Blok i Rossía). Babiéntchikov, M. Al. Blok e a Rússia. Moscou-Petersburgo, GIZ, 1923; (Achúkin, N. Al. Blok. Bibliográfia). Achúkin, N. Al. Blok. Bibliografia. Moscou, Nóvaia Moskvá, 1923. *ZPT*, 1923, N. 64, p. 9.
111. (Slovo o "Viétre"). Discurso sobre o "Vento". *ZPT*, 1923, N. 65, p. 1.
112. (resenha) Kliúiev, N. Liénin. Moscou-Petrogrado, GIZ, 1924 [?]. *ZPT*, 1923, N. 66, p. 8.
113. ("Velíkoie possólstvo"). "A Grande Embaixada". *ZPT*, 1923, N. 66, p. 8.
114. (resenha) (Trudy Rossískogo Institúta Istórii Iskússtv). Obras do Instituto Russo da História da Arte. *ZPT*, 1923, N. 67, p. 7.
115. (Teatr i masterskáia). O teatro e a oficina. *ZPT*, 1923, N. 67, p. 1-2.
116. (Obriad rússkoi naródnoi svádby v Gosudárstvennom Eksperimentálnom Teátre). O ritual do casamento popular russo no Teatro Estatal Experimental. *ZPT*, 1924, N. 68, p. 8.

117. (resenha) (Ariena. Teatrálnyi almanakh). Arena. Almanaque teatral. Petersburgo, Vriémia, 1924. *ZPT*, N. 68, 1924, p. 9.

118. (resenha) (Dorochiévitch, V. M. Stária teatrálnaia Moskvá). Dorochiévitch, V. M. A antiga Moscou teatral. Petrogrado, Editora Petrogrado, 1923. *ZPT*, 1924, N. 68, p. 9.

119. (Posliédnie knigui F. K. Sologúba). Os últimos livros de F. K. Sologub. *ZPT*, 1924, N. 69, p. 1-2.

120. (resenha) (Epopiéia. Literatúrnyi ejemiésiatchnik pod red. A. Biélogo (Epopeia. Revista mensal literária sob redação de A. Biélyi). N. 1, 2, 3 e 4. Berlin, Gelikon, 1922–1923. *ZPT*, 1924, N. 69, p. 8

121. (resenha) (Nóvyie materiály o dueli i smiérti Púchkina. Trudy Púchkinskogo Doma pri Ross. Akad. Nauk). Os novos materiais sobre o duelo e a morte de A. Púchkin. Obras da Casa de Púchkin junto a Academia de Ciências Russa. Petersburgo, Atenei, 1924. *ZPT*, 1924, N. 69, p. 9.

122. (Pámiati Al. Bloka. – Sb. materiálov pod red. P. N. Medviédeva). Em memória de A. A. Blok. Coletânea de materiais sob redação de P. N. Medviédev. 2ª edição complementar. Petersburgo, *Poliárnia Zvezda*, 1923.

123. (Aleksandr Blok. III. Piessy i teatrálnyie zámysly). Aleksandr Blok. III. Peças e ideias teatrais. *(Rússkii sovremiénnik). Contemporâneo russo*, 1924, N. 3, p. 151-167.

124. (resenha) Rolland, R. Mahatma Gandhi. Leningrado, 1924 *(Rússkii sovremiénnik). Contemporâneo russo*, 1924, N. 3, p. 277 [assinatura: P. Mikháilov]

125. (resenha) (Kleiner, I. U istókov dramaturguii). Kleiner, I. As origens da dramaturgia. Leningrado, RIII, 1924 *(Rússkii sovremiénnik). Contemporâneo russo*, 1924, N. 3, p. 275 [assinatura: P. Mikháilov]

126. Biédnyi. (Ensaio crítico-biográfico). Leningrado, Kubutch, 1925

127. (resenha) (Sovremiénnaia literatura. Sbórnik statei). A literatura moderna. Coletânea de artigos. Leningrado, Mysl, 1925. *Zvezdá*, 1925, N. 2, p. 287–288.

128. (resenha) (Klytchkov, R. Sákharnyi niémets). Klytchkov, R. O alemão açucarado. Moscou, (Sovremiénnyie probliémy) Problemas contemporâneas, 1925. *Zvezdá*, 1925, N. 2, p. 290-291.

129. (resenha) (Erenburg, I. Bubnóvyi valiet i Ko. Rasskázy). Erenburg, I. Valete de ouros e Co. Contos. Leningrado, Ed. Petrogrado, 1925. *Zvezdá*, 1925, N. 2 (8), p. 290-291.

130. (Utchiónyi salierism (O formálnom (morfologuítcheskom) miétode). O salierismo científico (Sobre o método formal (morfológico). *Zvezdá*, 1925, N. 3 (9), p. 264-276.

131. (resenha) (Tomachiévski, B. Teória literatúry (Poétika). Tomachiévski, B. Teoria da literatura (Poética). Leningrado, GIZ, 1925. *Zvezdá*, 1925, N. 3 (9), p. 298-299.

132. (resenha) (Neifeld Ioland. Dostoiévski. Psikhologuítcheski ótcherk, pod red. Z. Freida). Neifeld Ioland. Dostoiévski. Ensaio psicológico sob redação de Z. Freud. Leningrado, ed. "Petrogrado", edição 1925. *Zvezdá*, 1925, N. 3 (9), p. 299-301.

133. (Literatúrnoie nasliédie Al. Bloka). A herança literária de Al. Blok. *(Nóvaia vetchiérniaia gaziéta). Novo jornal vespertino*, N. 120, 7 de agosto de 1925.

134. (Iz dnevniká Al. Bloka). Do diário de Al. Blok. [Publicação]. *Zvezdá*, 1925, N. 4 (10), p. 260-270.

135. (resenha) (Jirmúnski. Vvediénie v miétriku). Jirmúnski, V. Introdução à métrica. Leningrado, Academia, 1925. *Zvezdá*, 1925, N. 4 (10), p. 301-302.

136. (resenha) Tchapýguin, A. P. Plaun-tsviet. Contos. Moscou, Niédra, 1925. *Zvezdá*, 1925, N. 4 (10), p. 296-297.

137. (resenha) (Pilniák, B. Machíny i vólki). Pilniák, B. Máquinas e lobos. Leningrado, GIZ, 1925. *Zvezdá*, 1925, N. 5 (11), p. 274-275.

138. (resenha) (F. M. Dostoiévski. Statii i materiály pod redáktsiei A. R. Dolínina). F. M. Dostoiévski. Artigos e materiais sob redação de A. R. Dolínin. Leningrado, Mysl, 1925. *Zvezdá*, 1925, N. 5 (11), p. 277-278.

139. (Iz istórii sozdánia proizvediénii Al. Bloka (Neopublikóvannyie materiály). Da história de criação das obras de Al. Blok (Materiais inéditos). *Zvezdá*, 1926, N. 1, p. 241-261.

140. (resenha) (Chklóvski, V. Teória Prózy). Chklóvski, V. A teoria da prosa. Moscou, Krug, 1925. *Zvezdá*, 1926, N. 1, p. 265-266.

141. (Psikhológuia khudójestvennogo tvórtchestva za posliédnie gódy). A psicologia da criação artística nos últimos anos. *Zvezdá*, 1926, N. 2, p. 263-266.

142. (Sotsiologuism bez sotsiológuii. (O metodologuítcheskikh rabótakh P. N. Sakúlina). Sociologismo sem sociologia (Sobre os trabalhos metodológicos de P. N. Sakúlin). *Zvezdá*, 1926, N. 2, p. 267-271.

143. Viatcheslav Chichkov (ensaio) *(Krásnaia niva) Campo vermelho*, 1926, N. 41, p. 18.

144. (O Bor. Lavrenióve). Sobre Boris Lavrenióv (Lavrenióv, B. Sórok piérvyi). Lavrenióv, B. Quarenta e um. Khárkov, Proletári, 1926, p. 5-24.

145. (V.V. Muijel. Krátko-biografítcheski ótcherk). V. V. Muijel (Breve ensaio biográfico) (Muijel, V. V. Vozvraschiénie). Muijel, V. V. O Retorno. Moscou–Leningrado, GIZ, 1926, p. 3-8.

146. (Primetchánia) Observações (Blok. A. Neízdannyie stikhotvoriénia (1897–1919). Blok, Al. Poesias inéditas (1897–1919). Org. de P. N. Medviédev. Leningrado, (Jizn iskússtva) Vida da arte, 1926, p. 161-165.

147. (resenha) (Proletári: Khud.-lit. almanakh). Proletário: Almanaque artístico-literário. Kharkov, Proletári, 1926. *Zvezdá*, 1926, N. 6, p. 272-273.

148. (resenha) (Kozakov, Mikhail. Póviest o kárlike Makse, balagánnom aktióre). Kozakov, Mikhail. Novela sobre o anão Maks, ator de teatrinho de feira. Leningrado, Avtor, 1926. *Zvezdá*, 1926, N. 6, p. 274-275.

149. Serguéi Grigóriev (ensaio) *Krásnaia niva*, 1927, N. 25, p. 11.

150. (Tvórtchestvo Viatch. Chichkóva). A obra de Viatcheslav Chichkov, V. Taiga. Leningrado, ZIF, 1927, p. 7-42.

151. (Ot redáktora. (Predisslóvie). Do redator (Prefácio) Blok, A. (Stikhotvoriénia). Poesias. Moscou-Leningrado, GIZ, 1927, p. 9-10.

152. (Predisslóvie). Prefácio. Gárin, N. G. (Guimnazísty) Os alunos de ginásio. Moscou-Leningrado, GIZ, 1927, p. 3-7.

153. (resenha) Púchkin, A. S. (Písma). Cartas. *Zvezdá*, 1927, N. 1, p. 181-182.

154. (resenha) Púchkin, A. S. (Sotchiniénia). Obras. *Zvezdá*, 1927, N. 1, p. 262-264.

155. (Kliúiev, Nikolai, Medviédev, P. N. Puti i perepútia Sergueia Essiénia). Kliúiev, Nikolai, Medviédev, P. N. Caminhos e encruzilhadas de Serguei Essiénin. Leningrado, Priboi, 1927.

156. (Predisslóvie). [Prefácio] (Blok, Aleksandr. Ízbrannyie stikhotvotiénia). Blok, Aleksandr. Poesias selecionadas. Sob redação de P. N. Medviédev. Moscou-Leningrado, GIZ, 1927.

157. (O "Sodrújestvie"). Sobre "Sodrújestvo." (Sodrújesvto. Literatúrnyi almanakh). Sodrújesvto. *(Literatúrnyi almanakh). Almanaque literário.* Leningrado, Priboi, 1927.

158. (Dramy i poemy Al. Bloka (Iz istórii ikh sozdánia). Dramas e poemas de Al. Blok (Sobre a história da sua criação). Leningrado. (Izdátelstvo pissátelei v Leningráde). Editora dos escritores em Leningrado, 1928.

159. (O dnevnikakh Al. Bloka). Sobre os diários de Al. Blok (Dnevnik Al. Bloka (1911-1913). Diário de Al. Blok (1911-1913). Sob redação de P. N. Medviédev, Leningrado, (Izdátelstvo pissátelei v Leningráde). Editora dos escritores em Leningrado, 1928, p. 7-14.

160. In memoriam Coletânea ("Pámiati A. L. Volýnskogo") "Em memória de A. L. Volýnski". Sob redação de P. N. Medviédev. Leningrado, (Izd. Vserossíiskogo soiuza pissátelei). Editora da União dos escritores de toda a Rússia, 1928, p. 39-43.

161. (Tvórtchestvo O. Forch). A obra de O. Forch. Forch, O. Obra, volume 1, Moscou-Leningrado, GIZ, 1928, p. 5-28.

162. (resenha) ("Zemlia i fábrika". Literatúrno-khudójestvennyi almanakh). "Terra e fábrica". Almanaque literário e artístico. Livro I. Moscou, ZIF, 1928. *Zvezdá*, 1928, N. 1, p. 150-152.

163. [Introdução] — Nikítin, N. N. Obras, volume 1. Kharkov, Proletári, 1928.

164. (Otcherednýie zadátchi istóriko-literatúrnoi naúki). As tarefas imediatas da ciência histórico-literária. *(Literatúra i marksizm)*. *Literatura e marxismo*, livro III, 1928, p. 65-87.

165. (Formalizm i istória literatúry. Fragmiénty iz knigui "Formálnyi miétod v literaturoviédenii"). Formalismo e a história da literatura. Fragmentos do livro "O método formal nos estudos literários". *Zvezdá*, 1928, N. 9, p. 114-134.

166. (Formálnyi miétod v literaturoviédenii. Kritítcheskoie vvediénie v sotsiologuítcheskuiu poétiku). O método formal nos estudos literários. Introdução crítica à poética sociológica. Leningrado, Priboi, 1928.

167. (resenha) (Panáieva, Avdótia. Semiéistvo Tálnikovykh. Póviest). Panáieva, Avdótia. A família dos Tálnikov. Novela. Leningrado, Academia, 1928. *Zvezdá*, 1928, N. 6, p. 128-130.

168. (Neopublikóvannoie pismo Al. Bloka [R. N. Tutomlinói]). Carta inédita de Al. Blok [para R. N. Tutolminá]. *(Krásnaia gaziéta) Jornal vermelho*, 1928, 6 de agosto, edição noturna.

169. (Neopublikóvannyie strófy Al. Bloka). Estrofes inéditas de Al. Blok. *Zvezdá*, 1929, N. 8, p. 213-223.

170. Aleksei Nikoáievitch Tolstói. (Ensaio crítico). A. Tolstói A. Obras, volume 1, Moscou-Leningrado, GIZ, 1929, p. 5-58.

171. (Po póvody "Prava na uklon"). Sobre o "Direito para a inclinação". *Krásnaia gaziéta*, edição noturna, 5 de janeiro de 1930, p. 2.

172. (Ot izdátelstva) Da editora [P. N. Medviédev] (V. V. Vinográdov. O khudójestvennoi proze). V. V. Vinográdov. Sobre a prosa artística. Moscou-Leningrado, GIZ, 1930, p. 3-8.

173. (Predisslóvie). Prefácio (Zapisnyie knijki Al. Bloka). Cadernos de anotações de Al. Blok. [Org. e notas de P. N. Medviédev]. Leningrado, Pribói, 1930, p. 3-6, 205-251.

174. (Tvórtchestvo Boríssa Lavrenióva). A obra de Boris Lavrenióv B. Lavreniów. Obra, volume 1, Moscou-Leningrado, GIZ, 1931, p. 5-35.

175. (Probliemy khudójestvennogo tvórtchesta). Os problemas da criação artística. Leningrado, 1931, N. 8, p. 71-77.

176. (Neopublikóvannyie strofy A. Bloka). Estrofes inéditas de A. Blok. *Zvezdá*, 1931, N. 10, p. 123-125.

177. (Neopublikóvannyie písma A. Bloka). Cartas inéditas de A. Blok. (Publicação e notas) *(Construção)*. *Stroika*, 1931, N. 20-21.

178. (Voiénnaia tiéma v tvórtchestve B. Labreníova). O tema militar na obra de B. Lavreniów. *Zalp*, 1931, N. 11, p. 49-54.

179. (Jivói Aleksandr Blok (K odínnadstatoi godovschíne smiérti poeta). Aleksandr Blok vivo. (Para 11º aniversário da morte do poeta). *Krásnaia gaziéta*, 15 de agosto de 1932.

180. Prefácio ("Liénin o Górkom. Izvletchiénia iz statéi i píssem 1901–1921 gg."). "Liénin sobre Górki". Extrações dos artigos e cartas de 1901–1921. Org.: P. N. Medviédev e B. D. Viékker. Leningrado – Moscou, GIKHL, 1932, p. 3-8.
181. (V laboratórii pissátelia). No laboratório do escritor. Leningrado, (Izdátelstvo pissátelei v Leningrade). Editora dos escritores de Leningrado, 1933.
182. (Metodologuítcheskaia razrabótka pó kúrsu "Istória rússkoi literatúry epokhi imperializma i proletárskoi revolíutsii"). Plano metodológico do curso "História da literatura russa da época do imperialismo e da revolução proletária". Leningrado, izd. Leningrádskogo pedinstitúta im. A. Hertzena (Editora do Instituto Pedagógico de Leningrado), 1933.
183. (Formalizm i formalísty). O formalismo e os formalistas. Leningrado, Editora dos escritores de Leningrado, 1934. Reprint: Georg Olms Verlag. Hildesheim – New York, 1973.
184. Górki Maksim Górki. Leningrado, (Izd. Gorkóma pissátelei). Editora de Comitê urbano dos escritores, 1934.
185. (Aleksandr Blok i dekadiéntstvo (Neopublikóvannyie materiály)). Aleksandr Blok e decadentismo (materiais inéditos). *(Literatúrnyi sovremiénnik). Contemporâneo literário*, 1934, N. 8, p. 170-173.
186. (Aleksandr Blok i proletárskaia revoliútsia). Aleksandr Blok e a revolução proletária *Rezets*, 1936, N. 15, p. 17-19.
187. (resenha) Eduard Bagritski. Almanaque. Moscou, (Soviétski Pisátel) Escritor soviético, 1936 *Contemporâneo literário*, 1936, N. 8, p. 220-221.
188. Blok A. (Rietch na viétchere Soiuza poétov) Discurso no encontro em União dos poetas [Publicação e notas de P. N. Medviédev]. *Contemporâneo literário*, 1936, N. 9, p. 183-185.
189. (Neizviéstnyi roman V. K. Küchelbeckera) [Posleslóvie k publikátsii romana V. Küchelbeckera "Posliédni Kolonna"]. O romance desconhecido de V. K. Küchelbecker [Posfácio para publicação do romance de V. Küchelbecker "O último Kolonna"]. *Zvezdá*, 1937, N. 4, p. 86-91.
190. (V. K. Küchelbecker i ego roman) V. K. Küchelbecker e o seu romance Küchelbecker V. (Posliédni Kolonna). O último Kolonna. Leningrado, GIKHL, 1937, p. 98-119.
191. Medvedev, P. N. 1964 [1928]. (Formal'nyi metod v literaturovedenii: Kriticheskoe vvedenie v sotsiologicheskuiu poetiku). O método formal nos estudos literários. Ann Arbor, MI: University Microfilms.
192. Coletânea: ("V laboratórii pissátelia") "No laboratório do escritor". Leningrado, Soviétski Pisátel, 1960.
193. Coletânea: ("V laboratórii pissátelia") "No laboratório do escritor". Leningrado, Soviétski Pisátel, 1971.
194. (Formalizm i formalisty). O formalismo e os formalistas. [Reprint]. 1973. Georg Olms Verlag.
195. (Formal'nyj metod v literaturovedenii). O método formal nos estudos literários. [Reprint]. Mit einem Nachwort von Hans Günter. 1974. Georg Olms Verlag. Hildesheim – New York.
196. (Prbliéma janra). O problema do gênero. [Trecho do livro "O método formal nos estudos literários". Moscou, Iskússtvo, 1980.
197. (Iz vstrietch s Andriéem Biélym). Dos encontros com Andrei Biély. [Prefácio, organização e notas de Iu. P. Medviédev] (Andrei Biély. Probliémy tvórtchestva). Andrei Biély. Os problemas da criação. Moscou, Soviétski Pisátel, 1988, p. 592–596; (Vospominánia ob Andriée Biélom). Memórias sobre Andréi Biélyi. Moscou, Respúblika, 1995.
198. [Memórias de P. N. Medviédev sobre N. A. Kliúiev]: Iu. Medviédev. "Nikolái Kliúiev e Pável Medviédev" *(Viéstnik rússkogo khristiánskogo dvijénia) Mensageiro do movimento cristão russo.* (Paris – Nova Iorque – Moscou), N. 171, 1995, p. 152-164; ("Nikolai Kliúiev i Pável Medviédev. K istórii dialoga" "Nikolái Kliúiev e Pável Medviédev. Para a história do diálogo" *(Dialog. Karnaval.*

Khronotop.) Diálogo. Carnaval. Cronotopo, N. 1, 1998; (Nikolái Kliúiev glazámi sovremiénnikov) Nikolái Kliúiev pelos olhos dos contemporâneos. São Petersburgo, Rostok, 2005, p. 108-117.

199. (Fragment knigi "Formalnyi miétod v literaturoviédenii") Fragmento do livro "O método formal nos estudos literários". (Estetítcheskoe samosoznánie rússkoi kultúry: 20-e gody XX viéka). A autoconsciência estética da cultura russa: anos 20 do século XX). Antologia. Moscou, RGGU, 2003. p.591-620.

200. (Prográmmy lektsiónnykh kúrsov1919-1920 gg.) Os programas dos cursos de palestras de 1919-1920: Proceedings of the XII International Bakhtin Conference. Jyvaskyla, Finland, 18-22 July, 2005, p. 19-22; p. 31-33; *Zvezdá*. 2006, N. 7, p. 197-8.

Não mencionamos aqui as múltiplas traduções da monografia "O método formal nos estudos literários" para as línguas estrangeiras.

As reedições ilegais dos textos de P. N. Bakhtin na série ("Bakhtin pod máskoi") "Bakhtin sob máscara" (Moscou, Labirint, 1993-2003) contradizem a lei e a ciência, de acordo com muitas avaliações expressas na imprensa russa: *("Vopróssy filossófii") "Questões da filosofia"*, 1994, N. 9; *("Segódnia")"Hoje"*, 1994, 4 de maio e 20 de outubro; *"Nóvoe Literatúrnoe Obozriénie" (NLO)*, 1995, N. 12; *"Ex libris NG"*, 28.01.99, 12.02.99; (*"Dialog. Karnaval. Khronotop."*) *"Diálogo. Carnaval. Cronotopo"*, 2000, N. 1, bem como as resoluções das conferências internacionais: (Bakhtínskie tchtiénia) Leituras Bakhtinianas em Vítebsk (1998) e em Sheffield (Grão-Bretânia, 1999). Veja anotação na capa do livro *The Bakhtin Circle in the Master's absence*. Ed. by Craig Brandist, David Shepherd & Galin Tihanov. Manchester and New York, 2004:

> The Russian philosopher and cultural Theorist Mikhail Bakhtin has traditionally been seen as the leading figure in the group of intellectuals known as the Bakhtin Circle. The writings of other members of the Circle, when not attributed to Bakhtin himself, are considered much less important than his work. However, Bakhtin's achievement has been exaggerated in proportion to the downgrading of the thinkers with whom he associated in the 1920s.

As tradutoras

Ekaterina Vólkova Américo é formada pela Universidade Estatal de Humanidades de Moscou. Possui mestrado pela Universidade de São Paulo e atualmente é aluna de doutorado na área de Literatura e Cultura Russa da USP. Tem experiência na área de Literatura, Cultura e Língua Russa. É tradutora para os idiomas russo e português. Desde 2004, é professora ministrante do curso de Russo no Campus do Departamento de Letras Orientais da Universidade de São Paulo.

Sheila Camargo Grillo é professora, pesquisadora, tradutora e orientadora na área de Filologia e Língua Portuguesa do Departamento de Letras Clássicas e Vernáculas da Universidade de São Paulo e doutora em Linguística pela mesma universidade. Atuou como doutoranda, pós-doutoranda e pesquisadora nas Universidades de Paris X-Nanterre, Stendhal Grénoble III e Instituto Górki da Literatura Mundial (Moscou). É líder do grupo de pesquisa GEDUSP (Grupo de Estudos do Discurso da USP).